"十四五"职业教育国家规划教材

航空运输类专业系列教材
基于民航行业标准系列教材

民航国内客票销售实务

慕 琦 许夏鑫 主 编
郭珍梅 王 蓉 马晓虹 副主编

电子工业出版社
Publishing House of Electronics Industry
北京·BEIJING

内 容 简 介

本书依据民航国内客票销售岗位的职业技能、知识要求，提炼出民航国内客票销售综合知识、民航国内客票销售地理知识、民航国内客票销售业务和民航国内客票销售系统等部分的工作内容和技能要求，并从全新的视角展现相关内容。本书共包括五章：第一章为民航国内客票销售综合知识，第二章为民航国内客票销售地理知识，第三章为民航国内客票销售业务，第四章为民航国内客票销售系统，第五章为解析真情服务理论和弘扬当代民航精神。本书的特色是紧跟行业发展趋势，务求阐述系统、全面的民航国内客票销售知识。

本书可作为各层次院校民航运输、空中乘务、航空服务、市场营销等专业相关课程的教材，也可作为航空公司、销售代理、电商营销等民航相关单位的培训教材。

未经许可，不得以任何方式复制或抄袭本书之部分或全部内容。
版权所有，侵权必究。

图书在版编目（CIP）数据

民航国内客票销售实务／綦琦，许夏鑫主编．—北京：电子工业出版社，2020.8（2025.7 重印）
ISBN 978-7-121-39366-2

Ⅰ.①民… Ⅱ.①綦… ②许… Ⅲ.①民用航空-旅客运输-售票-中国-高等学校-教材 Ⅳ.①F562.5

中国版本图书馆 CIP 数据核字（2020）第 147477 号

责任编辑：李　静　　　特约编辑：田学清
印　　刷：北京七彩京通数码快印有限公司
装　　订：北京七彩京通数码快印有限公司
出版发行：电子工业出版社
　　　　　北京市海淀区万寿路 173 信箱　　邮编：100036
开　　本：787×1092　1/16　　印张：13.5　　字数：346 千字
版　　次：2020 年 8 月第 1 版
印　　次：2025 年 7 月第 6 次印刷
定　　价：42.00 元

凡所购买电子工业出版社图书有缺损问题，请向购买书店调换。若书店售缺，请与本社发行部联系，联系及邮购电话：(010) 88254888，88258888。

质量投诉请发邮件至 zlts@phei.com.cn，盗版侵权举报请发邮件至 dbqq@phei.com.cn。
本书咨询联系方式：(010) 88254604，lijing@phei.com.cn。

航空运输类专业系列教材
建设委员会

主任委员

马广岭（海航集团）

马　剑（北京临空国际技术研究院）

杨涵涛（三亚航空旅游职业学院）

李宗凌（奥凯航空有限公司）

李爱青（中国航空运输协会）

李殿春（香港航空公司）

吴三民（郑州中原国际航空控股发展有限公司）

李　赛（国际航空运输协会）

迟　焰（北京航空航天大学）

张武安（春秋航空股份有限公司）

张宝林（西安交通大学）

陈　燕（中国航空运输协会）

郑　越（长沙航空职业技术学院）

耿进友（北京外航服务公司）

黄　伟（重庆机场集团）

綦　琦（广州民航职业技术学院）

副主任委员

| 王帅 | 江洪湖 | 汤黎 | 陈卓 | 何梅 | 何蕾 |
| 罗良翌 | 赵晓硕 | 赵淑桐 | 廖正非 | 熊盛新 | |

委　员

马晓虹	马爱聪	王东	王春	王珺	王蓓	王冉冉	王仙萌	王若竹
王远梅	王慧然	方凤玲	邓娟娟	孔庆棠	石月红	白冰如	宁红	邢蕾
先梦瑜	刘科	刘琴	刘舒	刘连勋	刘晓婷	许赟	许夏鑫	江群
范晔	杜鹤	杨敏	杨青云	杨祖高	杨振秋	李广春	吴甜甜	吴啸骅
汪小玲	张进	张琳	张敬	张桂兰	陆蓉	陈李静	陈晓燕	金恒
金良奎	周科慧	庞荣	郑菲菲	赵艳	郝建萍	胡元群	胡成富	冒耀祺
鸥志鹏	钟波兰	姜兰	拜明星	姚虹华	姚慧敏	夏爽	党杰	徐竹
徐月芳	徐婷婷	高文霞	郭凤	郭宇	郭沙	郭婕	郭珍梅	郭素婷
郭雅荫	郭慧卿	唐红光	曹义莲	曹建华	崔学民	黄山	黄华	黄华勇
章健	韩奋畤	韩海云	程秀全	傅志红	焦红卫	湛明	温俊	谢芳
谢苏	路荣	谭卫娟	熊忠	潘长宏	霍连才	魏亚波		

总策划　江洪湖

协助建设单位

国际航空运输协会	长沙南方职业学院	武汉东湖光电学校
春秋航空股份有限公司	长沙商贸旅游职业技术学院	闽西职业技术学院
奥凯航空有限公司	长沙民政学院	黄冈职业技术学院
香港快运航空公司	南京航空航天大学	衡水职业技术学院
重庆机场集团	浙江旅游职业学院	山东海事职业学院
北京外航服务公司	潍坊工程职业学院	安徽建工技师学院
北京临空国际技术研究院	江苏工程职业技术学院	安徽国防科技职业学院
郑州中原国际航空控股发展有限公司	江苏安全技术职业学院	惠州市财经职业技术学院
	湖南生物机电职业技术学院	黑龙江能源职业学院
杭州开元书局有限公司	河南交通职业技术学院	北京经济技术管理学院
三亚航空旅游职业学院	浙江交通职业技术学院	四川文化传媒职业学院
广州民航职业技术学院	新疆天山职业技术学院	济宁职业技术学院
浙江育英职业技术学院	正德职业技术学院	泉州海洋职业学院
西安航空职业技术学院	山东外贸职业学院	辽源职业技术学院
武汉职业技术学院	山东轻工职业学院	江海职业技术学院
武汉城市职业学院	三峡旅游职业技术学院	云南经济管理学院
江西青年职业学院	郑州大学	江苏航空职业技术学院
长沙航空职业技术学院	滨州学院	山东德州科技职业学院
成都航空职业技术学院	九江学院	河南工业贸易职业学院
上海民航职业技术学院	安阳学院	兰州航空工业职工大学
南京旅游职业学院	河南工学院	四川交通职业技术学院
西安交通大学	中国石油大学	烟台工程职业技术学院
三峡航空学院	厦门南洋学院	重庆第二师范学院
西安航空学院	广州市交通技师学院	南阳师范学院
北京理工大学	吉林经济管理干部学院	成都文理学院
北京城市学院	石家庄工程职业学院	郑州工商学院
烟台南山学院	陕西青年职业学院	云南旅游职业学院
青岛工学院	廊坊职业技术学院	武汉外语外事职业学院
西安航空职工大学	廊坊燕京职业技术学院	德阳川江职业学校
南通科技职业学院	秦皇岛职业技术学院	武汉外语外事职业学院
中国民航管理干部学院	广州珠江职业技术学院	湖北交通职业技术学院
郑州航空工业管理学院	广州涉外经济职业技术学院	

《民航国内客票销售实务》
编委会

主 编 綦 琦 许夏鑫

副主编 郭珍梅 王 蓉 马晓虹

参 编 董裴君 唐红光

前言

本书可作为各层次院校民航运输、空中乘务、航空服务、市场营销等专业相关课程的教材，同时适用于航空公司、销售代理、电商营销等民航相关单位的员工岗前培训。本书共包括五章，主要介绍了民航国内客票销售综合知识、民航国内客票销售地理知识、民航国内客票销售业务、民航国内客票销售系统，以及解析真情服务理论和弘扬当代民航精神。

本书的编排符合国务院印发的《关于加快发展现代职业教育的决定》的精神，遵循以就业为导向的现代职业教育发展要求。本书主编从事民航国内客票销售课程校内教学和对外培训工作多年，加之曾组织和参与校外实习多年，对民航国内客票销售行业及企业有着深入的了解，熟知就业岗位对人才的知识要求。

綦琦负责编写第一章、第五章；许夏鑫负责编写第四章；郭珍梅负责编写第三章的第三节、第四节和附录部分；郭珍梅和王蓉负责编写第二章；董裴君和唐红光负责编写第三章的第一节和第二节。

本书注重思政育人，挖掘思政元素融入教材，在本书中有机融入课程思政元素，体现思政教学目标。为贯彻落实党的二十大精神，本书设置绪论部分"中国式现代化为新时代民航专业人才培养指明方向"，供师生学习。

本书是新形态一体化教材，配套电子课件、课程标准、授课计划、测试题库、相关素材，以及微课等丰富的教学资源，读者可以通过扫描书中的二维码获取。本书提供丰富的教学资源，帮助师生快速开课，满足线上线下混合式教学要求。

如有老师需要教学资源，请和作者联系，QQ：228651816（邮箱：228651816@qq.com）。

本书在编写过程中参考了众多相关内部资料，并得到中国航空运输协会、中国南方航空集团有限公司、中国东方航空集团有限公司、中国民航信息集团有限公司等有关单位的领导和专家、广州民航职业技术学院民航经营管理学院的领导和老师，以及三亚航空旅游职业学院、北京城市学院的大力支持,在此一并表示感谢!最后,还要感谢我的妻子和女儿给予我从事本书编书工作的理解和支持!

慕 琦

2020 年 5 月

本书素材　　　　　测试题库　　　　　民航国内售票员
　　　　　　　　　　　　　　　　　国家职业标准

电子课件　　　　课程标准和授课计划

目录

第一章 民航国内客票销售综合知识 1

第一节 我国民用航空概况 1
一、民航运输概况 1
二、中国民用航空局介绍 13
三、中国航空运输协会介绍 14

第二节 国内航空运输企业概况 16
一、航空运输企业 16
二、航空运输企业的组织和运营 16
三、我国主要航空运输企业概况 17

第三节 民航运输基础知识 24
一、航班运行 24
二、代码共享 27
三、民航飞机类型介绍 28

第四节 民航国内客票销售基础知识 33
一、民航客票销售经典案例 33
二、民航运输生产基础知识 37
三、民航客票销售基础知识 40

第二章 民航国内客票销售地理知识 46

第一节 我国地理知识简介 46
一、我国自然地理环境 46
二、我国经济地理环境 47
三、我国人文地理环境 48
四、我国航空区划介绍 48

第二节 我国三大核心城市简介 49
一、北京简介 50

二、上海简介 ··· 51
三、广州简介 ··· 52
第三节　航空地理知识 ·· 53
一、地球运动的知识 ··· 53
二、大气层及飞行环境 ··· 54
三、影响飞行的天气 ··· 55

第三章　民航国内客票销售业务 ·· 58

第一节　民航国内客票销售一般规定 ·· 58
一、我国民航运价体系概述 ··· 58
二、国内客票及行李票识读 ··· 61
三、国内客票使用一般规定 ··· 70
第二节　民航特殊旅客及其购票规定 ·· 74
一、民航特殊旅客概述 ··· 74
二、民航特殊旅客购票规定 ··· 76
第三节　民航电子客票销售业务 ·· 88
一、民航电子客票基础知识 ··· 88
二、民航电子客票识读 ··· 90
三、民航电子客票退改签业务 ··· 94
第四节　民航国内客票销售渠道 ··· 103
一、售票处销售渠道介绍 ·· 103
二、呼叫中心销售渠道介绍 ·· 104
三、互联网销售渠道介绍 ·· 105
四、移动终端销售渠道介绍 ·· 107

第四章　民航国内客票销售系统 ·· 108

第一节　民航代理人分销系统 ··· 108
一、分销系统控制指令 ·· 109
二、航班信息查询指令 ·· 113
三、建立旅客订座记录 ·· 116
四、分销系统自动出票操作 ·· 119
五、旅客订座记录修改指令 ·· 128
第二节　开账与结算计划 ··· 131
一、国际航协代理人计划简介 ·· 131
二、代理人资格认可和保持条件 ·· 133

　　三、中国开账与结算计划概述 ································· 135

第五章　解析真情服务理论和弘扬当代民航精神 ···················· 137

第一节　民航真情服务底线思维的重要现实意义 ···················· 137
　　一、民航运输场景的服务痛点 ································· 137
　　二、真情服务为何成为民航发展的底线之一 ···················· 138
　　三、真情服务是新时代民航高质量发展的关键 ·················· 138
　　四、真情服务为民航高质量发展指明方向 ······················ 139

第二节　基于民航运输场景的真情服务理论框架 ···················· 140
　　一、辩证唯物视角的真情服务解析 ···························· 140
　　二、民航真情服务的具体特征诠释 ···························· 141

第三节　弘扬和践行当代民航精神应关注"4个关系" ················ 142
　　一、正确认识行业精神与行业文化的相互关系 ·················· 142
　　二、正确认识行业精神与行业使命、愿景的联动关系 ············ 142
　　三、正确认识行业精神形成与内外部影响因素的关系 ············ 143
　　四、正确认识行业精神与行业价值体系的关系 ·················· 143

第四节　行业发展需要弘扬和践行当代民航精神 ···················· 144
　　一、民航砥砺奋进发展实践孕育当代民航精神 ·················· 144
　　二、民航发展新时代亟须行业思想认知新高度 ·················· 146

第五节　夯实以当代民航精神为内核的民航行业文化新基础 ·········· 147
　　一、铸就忠诚担当的政治品格，增强政治责任感 ················ 147
　　二、塑造严谨科学的专业精神，寻求行业归属感 ················ 148
　　三、形成团结协作的工作作风，启迪事业认同感 ················ 149
　　四、坚守敬业奉献的职业操守，增加职业荣誉感 ················ 150

附录A　常见民航飞机信息汇总表 ································· 152

附录B　国内主要城市/机场三字代码 ······························ 156

附录C　国内各主要航空公司退改签政策 ···························· 161

参考文献 ··· 204

第一章　民航国内客票销售综合知识

学习目标

(1) 了解5种交通运输方式及其特点。
(2) 掌握航空运输的特点。
(3) 了解航空运输企业及其相关知识。
(4) 了解常见民航飞机类型。
(5) 掌握民航运输生产的基础知识。
(6) 掌握民航客票销售的基础知识。

绪论

学习内容

(1) 我国民用航空概况。
(2) 国内航空运输企业及其相关知识。
(3) 民航运输基础知识。
(4) 民航国内客票销售基础知识。

第一节　我国民用航空概况

一、民航运输概况

(一) 交通运输业的性质及其在国民经济中的作用

交通运输是人类社会的基本活动之一，是每个人生活的重要组成部分，同时也是现代社会经济活动中不可缺少的重要环节。人类社会的发展历史就是由散乱走向有序、不断迈向文明的历史，交通运输在人类文明发展的过程中发挥了不可估量的关键作用。纵观人类社会发展过程中的每一个标志性进程或里程碑事件，几乎都与交通运输领域的创新、发展、演进相伴。例如，古埃及的强大与尼罗河息息相关；世界奇观金字塔的修建，离开了运输是不可想象的。又如，我国古老灿烂的文化与黄河、长江密切相连；丝绸之路是我国走向世界的一条漫漫长路，促进了我国与世界的文化交流，促进了我国的经济发展，却也映衬了原始运输方式的艰辛与落后。机械运输工具的出现，给经济发展和社会进步带来了全新的发展机遇，使得人类社会的高速发展成为可能。蒸汽轮船的采用提高了海上的运输速度、载运能力与行驶距离，使得必须跨越茫茫大洋的洲际运输成为现实；铁路及公路的发展与普及，使得人类在陆地上克服空间阻隔的能力大大提高，这为加强各内陆区域间的经济联系创造了机会；航空运输的发展更是使交通运输在速度方面产生了质的飞跃，这使得空间距离不再成为阻隔人类彼此间联系的瓶颈。"地球村"的说法使原本广阔无比的地球变为"村落"，这恰恰是通过发达的现代交通运输体系实现的。目前，交通运输已经渗透到人类社会生活的方方面面，并发展成为备受关注的社会经济活动之一。

交通运输是指人和物借助交通工具的载运，产生有目的的空间位移。它是经济发展的基本需要和先决条件，是现代社会的生存基础和文明标志，是社会经济的基础设施和重要纽带，是现代工业的先驱和国民经济的先行部门，是资源配置和宏观调控的重要工具，是国土开发、城市和经济布局形成的重要因素。交通运输对促进社会分工、大工业发展和规模经济的形成，巩固国家的政治统一和加强国防建设，扩大国际经济贸易合作和人员往来发挥了重要作用。交通运输具有以下明显的特征。

（1）交通运输是一个不生产新的实物形态产品的物质生产部门。其产品是运输对象的空间位移，用旅客人公里或货物吨公里计量。交通运输的劳动对象既可以是物，也可以是人，且劳动对象不必为运输业所有。交通运输参与社会总产品的生产和国民收入的创造，却不增加社会产品的实物总量。

（2）交通运输的劳动对象是旅客和货物，运输业不改变劳动对象的属性或形态，只改变劳动对象的空间位置。交通运输提供的是一种运输服务，它对劳动对象只有生产权（运输权），不具有所有权。

（3）运输与流通是紧密相连的，交通运输是社会生产过程在流通领域内的继续。产品在完成了生产过程后，必然要从生产领域进入消费领域，这就需要运输。产品只有完成这个运输过程，才能变成消费品。

（4）交通运输的生产和消费同时进行。运输的产品不能储存、不能调配，生产出来的产品如果不及时消费就会被浪费。运输产品的效用和运输的生产过程密不可分：生产过程开始，消费过程随之开始；生产过程结束，消费过程随之结束。这一特点要求运输业一方面应留有足够的运输能力储备，以避免由于能力不足而影响消费者需求；另一方面要求运输业对运输过程进行周密的规划和管理，因为运输过程中出现的任何差错都无法通过对运输产品的"修复"而使消费者免受侵害或影响。

（5）交通运输具有网络型特征。交通运输的生产具有网状特征，它的场所遍及广阔的空间。交通运输的网络型生产特征决定了其内部各个环节及各种运输方式相互间密切协调的重要性。

(6) 交通运输的资本结构有其特殊性。交通运输的固定资本投入多、所占比重大，流动资本所占比重小，资本的周转速度相对较慢。

（二）交通运输方式及现代综合交通运输系统

根据交通运输工具的不同，可将现代交通运输划分为铁路运输、公路运输、水路运输、航空运输和管道运输。这5种交通运输方式彼此互联、有机互通，组成一张支撑社会经济发展的现代综合交通运输网络。下面分别介绍这五种交通运输方式。

（1）铁路是供火车等交通工具行驶的轨道。铁路运输是一种陆上运输方式，以机车牵引列车在两条平行的铁轨上行走。但广义的铁路运输还包括磁悬浮列车、缆车、索道等非钢轮行进的方式，或称轨道运输。铁轨能提供极光滑且坚硬的媒介让列车车轮在上面以最小的摩擦力滚动，使列车上的人感到更舒适，而且它还能节省能量。如果配置得当，铁路运输可以比路面运输在运载同一重量物时节省50%~70%的能量。而且，铁轨能平均分散列车的重量，令列车的载重力大大提高。特别是在我国，铁路运输是国民经济的"大动脉"，是交通运输系统的骨干，具有速度快、运量大、可靠性强、投资大、运营成本高、可达性差、批量大、距离长、运费较低、风险低的特点，是大宗物资和中长途客货运输的主力。更值得一提的是，我国高速铁路迅猛发展（见图1-1），截至2019年年底，我国铁路通车总里程达13.9万公里。其中，高速铁路通车里程达3.5万公里，"八纵八横"的干线网络初见雏形。预计到2020年年底，全国铁路营业总里程将达14.6万公里，覆盖约99%的20万人口及以上的城市。其中，高速铁路（含城际铁路）通车里程大约为3.9万公里，继续领跑世界。中国高速铁路已经成为"中国创新""中国制造""中国速度"的代名词，是我国闪亮的国家名片。

图1-1 中国高速铁路列车

（2）公路是城市之间、乡村之间、城市与乡村之间，以及工矿基地之间，按照国家技术标准修建的，由公路主管部门验收认可的，主要供汽车行驶并具备一定技术标准和设施的道路。公路运输具有速度快、机动性强、投资少、运量小、运营成本高、可靠性一般、环境污染大、多批次、中短距离、灵活机动的特点，能实现门对门的运输，是客货短途运输的主力，可以深入边远山区，是运输脉络中的"微血管"。公路运输，特别是我国高速公路网络（见图1-2）的打造，对我国国内经济发展的贡献厥功至伟。我国公路运输网络的建成直接带动了房地产、汽车制造及旅游业的迅猛发展，同时促进了区域经济的活跃度。

图1-2　我国高速公路网络

（3）水路运输是使用船舶运送客货的一种运输方式，包括内河（沿海）运输和远洋运输（见图1-3）。水运主要承担大数量、长距离的运输，在干线运输中起主力作用。在内河及沿海，水运也常担任补充及衔接大批量干线运输的任务。水路运输具有运量大、投资少、运营成本低、速度慢、可靠性较差、可达性差的特点。其中，内河（沿海）运输具有满足各种距离、最低运费、定期客货运的优势；远洋运输具有长或超长距离、最低运费、定期货物运输的优势，适于中长途大宗散货的运输。水路运输在我国能源和矿产品运输中占有重要地位，在对外贸易中有明显优势。我国作为全球能源消耗大国和制造业大国，水路运输特别是远洋运输是将石油、铁矿石等资源输入我国，将大量工业制成品输出至全球各地的重要方式，确保水路运输安全对我国经济的持续发展具有重要战略意义。

图1-3　远洋运输油轮

（4）航空运输是用飞机或其他航空器作为载体的一种运输方式。航空运输主要服务于旅客的长距离空间移动，同时也承担部分对时间要求比较紧急的货物运输（见图1-4）。航空运输具有速度快、机动性强、通达性强、投资大、运营成本高、可靠性一般、可达性差、环境污染、小批量、超长距离、时效性强、运费高的特点，在长途客运和精密仪器、鲜活易腐货物运输中具有明显的优势。随着对外贸易的迅速增长、旅游业的发展和国际交流的不断加强，民用航空事业将有更大的发展。

（5）管道是用管子、管子连接件和阀门等连接成的用于输送气体、液体或带固体颗粒的流体的装置（见图1-5）。通常流体经鼓风机、压缩机、泵和锅炉等增压后，从管道的高压处流向低压处，也可利用流体自身的压力或重力输送。管道的用途很广泛，主要用在给水、排水、供热、供煤气、长距离输送石油和天然气、农业灌溉、水利工程和各种工业装置中。管道运输具有连续性强、通达性强、可靠性强、不占土地资源、运营成本低、投资高、适应性差、固定货种、固定路线、持续性好的特点。由于我国经济发展需要更多的石油、天然气等资源，管道运输有着极大的发展潜力。

图1-4 航空货运运输

图1-5 石油管道运输

交通运输是一项社会性生产行为，与其他社会生产行为相互依赖、相互制约和相互促进，彼此之间形成一个紧密联系的社会经济机体。国家社会经济的发展，要求交通运输系统在社会生产过程中具有先行性，科学地确定各种运输方式在交通运输系统中的地位和作用，建立一个经济协调、合理发展的综合运输系统。

我国幅员辽阔，各地区的自然条件不同，资源和生产力分布极不平衡，各地区的自然条件与经济发展水平差异很大，各种交通运输方式对自然条件的适应程度也不一样。这就要求我们在规划国民经济与交通运输协调发展时，必须充分考虑各种运输方式的优劣和适用条件，结合国土综合开发规划和生产力布局，实行合理分工与协同。在线路建设的布局上，要因地制宜，宜水则水，宜陆则陆，根据各地区的自然条件和经济特点，有所侧重，科学、合理、高效地构建现代综合交通运输系统，更好地发挥交通运输系统的整体功能和综合经济效益。

(三) 航空运输的特点

航空运输的迅速发展是和其本身具有的经济特性分不开的，它的主要特点如下所述。

(1) 速度快。速度快是航空运输最大的优势和主要的特点。涡轮螺旋桨和喷气式民用飞机的时速比海轮快20~30倍，比火车快5~10倍。与地面运输相比，航空运输的运输距离越长，所能节约的时间就越多，快速的优势就越显著。同时，航班正点率、办理旅客出发及到达手续的速度、机场与市区之间的交通运输的便利、是否有经停点等多方面的因素都直接或间接地影响航空运输的速度。利用航空运输节省的时间、所创造的机会和经济价值都是难以估量的。

(2) 机动灵活。航空运输是由飞机在空中完成的运输服务，在两地之间只要有机场和必备的通信导航设施就可以开辟航线。与其他交通运输方式相比较，航空运输不受地面条件的限制，运输距离也比其他运输方式短。飞机可以按班期飞行，也可以沿非固定航线飞行，还可以根据客货流量的大小和流向的变化及时调整航线和机型。民用航空飞机可以在短时间内完成政治、军事、经济上的紧急任务，如抢险救灾、医疗急救、近海油田的后勤支援工作等。

（3）安全舒适。喷气式民用飞机的飞行高度一般为1万米左右，不受低空气流的影响，飞行平稳、舒适。宽体飞机的客舱宽敞，噪声小，机内设有餐饮娱乐设施，舒适程度又大有提高。由于航空技术的发展，航空运输的安全性高于铁路运输、水路运输，以及公路运输。根据国际民航组织的统计，世界民航定期航班飞机失事，20世纪40年代每亿客公里旅客死亡率平均为3人，50年代降到0.9人，60年代降到0.4人，70年代降到0.15人，90年代降到0.04人。20世纪80年代美国运输部公布的资料显示，1982年美国私用和公用汽车运输旅客周转量占总运输周转量的84%，而死亡人数却占死亡总数的95.5%；航空运输旅客周转量占总运输周转量的14.5%，但死亡人数仅占死亡总数的0.043%；铁路运输旅客周转量占总运输周转量的0.7%，死亡人数占死亡总数的0.67%。由此可见，民用航空已成为目前最为安全的运输方式。

（4）准军事性。由于航空运输所具有的快速性和机动性，以及民航所拥有的机场和空勤人员对军事交通运输的潜在作用，各国政府都视民航为准军事部门。一旦发生战争或紧急事件，军事部门可依据有关条例征用民航设施和人员。

（5）国际性。航空运输具有国际性的特点。随着世界航空运输相互依赖和合作关系的发展，以及多国航空公司的建立，航空运输国际化的特点越来越明显。国际化的目的是让旅客、货物或邮件，能够随时从世界上任何一个地方，快捷、方便、安全、经济、可靠地被运送到另一个地方，这是航空运输对国际交往和人类文明做出的巨大贡献。

（6）运营成本高。飞机的商务业载较小，即使是大型宽体飞机的业载也仅为100吨左右。而航空运输业又属于资金和技术密集型行业，投资大，飞行成本高。由于航空运输的运营成本高，与其他运输方式相比较，航空客货运价高。目前，航空运输只适用于人员往来，以及时间性较强的货物和邮件等的运输。

（四）我国民航的发展现状及2018年度统计数据

依据中国民用航空局2019年年中发布的《2018民航行业发展统计公报》中披露的信息可知，2018年民航全行业坚持稳中求进的总基调，坚持供给侧结构性改革，全面落实"一二三三四"民航总体工作思路，积极推进"一加快、两实现"战略进程。以下从运输航空、通用航空、运输效率与经济效益3个方面阐释我国民航现阶段的发展情况。

1. 运输航空

2018年，我国经济发展面临国内外复杂而严峻的形势，经济出现新的下行压力，民航业紧扣发展的主要矛盾和制约瓶颈，攻坚克难，全年行业发展保持了稳中有进的良好态势。

(1) 运输周转量。

2018 年，民航业完成运输总周转量 1206.53 亿吨公里，比上年增长 11.40%（见图 1-6）。国内航线完成运输周转量 771.51 亿吨公里，比上年增长 11.10%，其中港澳台航线完成运输周转量 17.51 亿吨公里，比上年增长 8.80%；国际航线完成运输周转量 435.02 亿吨公里，比上年增长 12.00%。

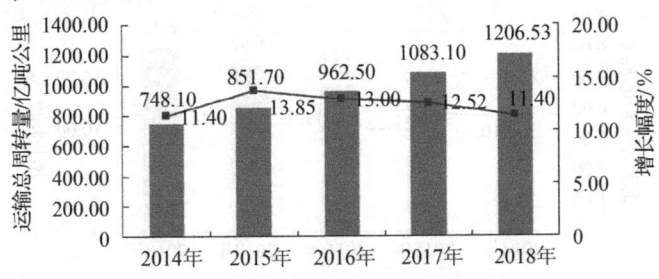

图 1-6　2014—2018 年民航运输总周转量

2018 年，民航全行业完成旅客周转量 10712.32 亿人公里，比上年增长 12.60%（见图 1-7）。国内航线完成旅客周转量 7889.70 亿人公里，比上年增长 12.10%，其中港澳台航线完成旅客周转量 165.05 亿人公里，比上年增长 11.30%；国际航线完成旅客周转量 2822.61 亿人公里，比上年增长 14.00%。

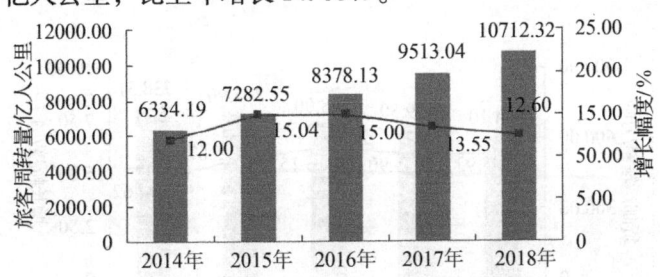

图 1-7　2014—2018 年民航旅客周转量

2018 年，民航全行业完成货邮周转量 262.50 亿吨公里，比上年增长 7.78%（见图 1-8）。国内航线完成货邮周转量 75.47 亿吨公里，比上年增长 3.40%，其中港澳台航线完成货邮周转量 3.01 亿吨公里，比上年下降 1.20%；国际航线完成货邮周转量 187.03 亿吨公里，比上年增长 9.60%。

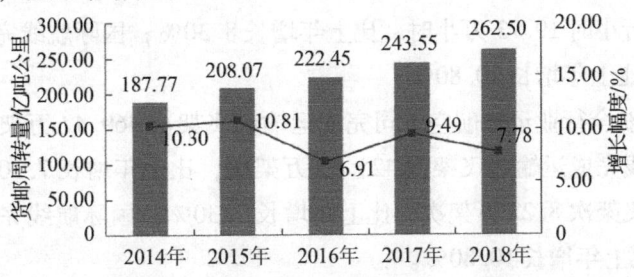

图 1-8　2014—2018 年民航货邮周转量

(2) 旅客运输量。

2018 年，民航全行业完成旅客运输量 6.12 亿人次，比上年增长 10.90%（见图 1-9）。国内航线完成旅客运输量 5.48 亿人次，比上年增长 10.50%，其中港澳台航线完成旅客运输量 1127.09 万人次，比上年增长 9.80%；国际航线完成旅客运输量 6367.27 万人次，比上年增长 14.80%。

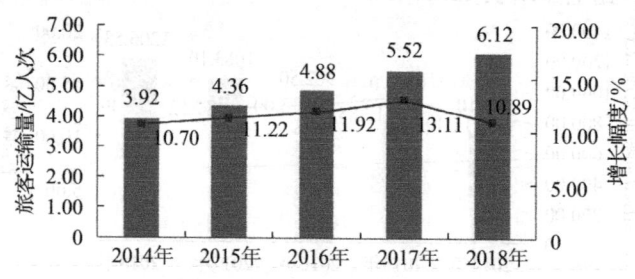

图 1-9 2014—2018 年民航旅客运输量

(3) 货邮运输量。

2018 年，民航全行业完成货邮运输量 738.51 万吨，比上年增长 4.60%（见图 1-10）。国内航线完成货邮运输量 495.79 万吨，比上年增长 2.50%，其中港澳台航线完成货邮运输量 23.48 万吨，比上年下降 2.80%；国际航线完成货邮运输量 242.72 万吨，比上年增长 9.30%。

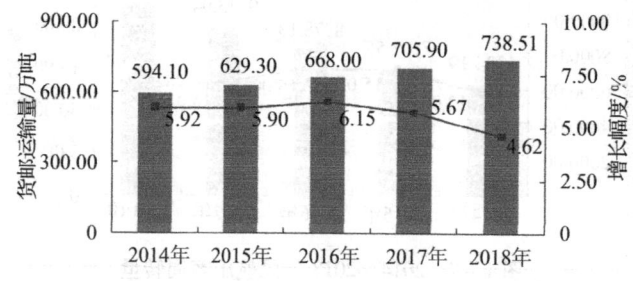

图 1-10 2014—2018 年民航货邮运输量

(4) 运输飞行小时和起飞架次。

2018 年，民航全行业运输航空公司完成运输飞行小时 1153.52 万小时，比上年增长 8.90%。国内航线完成运输飞行小时 934.00 万小时，比上年增长 8.40%，其中港澳台航线完成运输飞行小时 19.73 万小时，比上年增长 8.30%；国际航线完成运输飞行小时 219.52 万小时，比上年增长 10.80%。

2018 年，民航全行业运输航空公司完成运输起飞架次 469.47 万架次，比上年增长 7.60%。国内航线完成运输起飞架次 425.95 万架次，比上年增长 7.30%，其中港澳台航线完成运输起飞架次 8.22 万架次，比上年增长 7.30%；国际航线完成运输起飞架次 43.52 万架次，比上年增长 10.80%。

2018 年，民航全行业运输航空公司完成非生产飞行小时 4.46 万小时，其中训练飞行 1.63 万小时；完成非生产起飞架次 7.29 万架次。

（5）运输航空企业数量。

截至 2018 年年底，我国共有运输航空公司 60 家，比上年年底净增 2 家，按不同所有制类别划分：国有控股公司 45 家、民营和民营控股公司 15 家。在全部运输航空公司中，全货运航空公司 9 家，中外合资航空公司 10 家，上市公司 8 家。

（6）运输机队。

截至 2018 年年底，民航全行业运输飞机期末在册架数 3639 架，比上年年底增加 343 架，如图 1 – 11 所示。

飞机分类	飞机数量/架	比上年增加/架	在运输机队的占比
合计	3639	343	100.00%
客运飞机	3479	331	95.60%
其中：宽体飞机	409	47	11.24%
窄体飞机	2883	273	79.22%
支线飞机	187	11	5.14%
货运飞机	160	12	4.40%

图 1 – 11　2018 年民航运输机队情况

（7）航线网络。

截至 2018 年年底，我国共有定期航班航线 4945 条。国内航线 4096 条，其中港澳台航线 100 条；国际航线 849 条。按重复距离计算的航线里程为 1219.06 万公里，按不重复距离计算的航线里程为 837.98 万公里。

截至 2018 年年底，我国航空公司定期航班国内通航城市 230 个（不含港澳台）。我国航空公司国际定期航班通航 65 个国家的 165 个城市，国内航空公司定期航班从 32 个内地城市通航香港、从 14 个内地城市通航澳门，大陆航空公司从 48 个大陆城市通航台湾。

（8）运输航空（集团）公司生产。

2018 年，中航完成飞行小时 270.75 万小时；完成运输总周转量 312.53 亿吨公里，比上年增长 9.10%；完成旅客运输量 1.37 亿人次，比上年增长 8.60%；完成货邮运输量 209.11 万吨，比上年增长 4.00%。

2018 年，东航完成飞行小时 224.77 万小时；完成运输总周转量 232.73 亿吨公里，比上年增长 9.10%；完成旅客运输量 1.21 亿人次，比上年增长 9.40%；完成货邮运输量 144.30 万吨，比上年增长 0.30%。

2018 年，南航完成飞行小时 277.20 万小时；完成运输总周转量 303.34 亿吨公里，比上年增长 11.20%；完成旅客运输量 1.40 亿人次，比上年增长 10.80%；完成货邮运输量 173.23 万吨，比上年增长 3.60%。

2018 年，海航完成飞行小时 185.19 万小时；完成运输总周转量 194.42 亿吨公里，比上年增长 15.50%；完成旅客运输量 1.09 亿人次，比上年增长 10.30%；完成货邮运输量 86.14 万吨，比上年增长 10.10%。

2018年，其他航空公司共完成飞行小时195.61万小时；完成运输总周转量163.51亿吨公里，比上年增长14.90%；完成旅客运输量1.05亿人次，比上年增长16.80%；完成货邮运输量125.73万吨，比上年增长8.90%。

2018年各航空（集团）公司运输总周转量所占比重如图1-12所示。

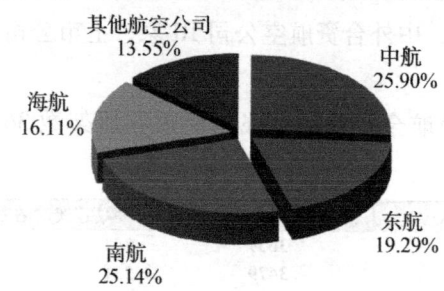

图1-12　2018年各航空（集团）公司运输总周转量所占比重

注：此图中数据因四舍五入原因，存在分项与总计不等的情况。

（9）运输机场。

截至2018年年底，我国共有颁证运输机场235个，比上年年底增加6个。2018年新增机场分别为甘肃陇南机场、新疆若羌机场、青海海北机场、河南信阳机场、湖南岳阳机场、新疆图木舒克机场。

2018年，安康机场和梧州长洲岛机场停航。

颁证运输机场按飞行区指标分类：4F级机场12个，4E级机场35个，4D级机场40个，4C级机场142个，3C级机场5个，3C级以下机场1个。

2018年，民航全行业全年新开工、续建机场项目174个，新增跑道6条、停机位305个、航站楼面积133.1万平方米。截至2018年年底，民航全行业运输机场共有跑道255条、停机位5800个、航站楼面积1454.58万平方米。

（10）机场业务量。

2018年，全国民航运输机场完成旅客吞吐量12.65亿人次，比上年增长10.19%（见图1-13）。

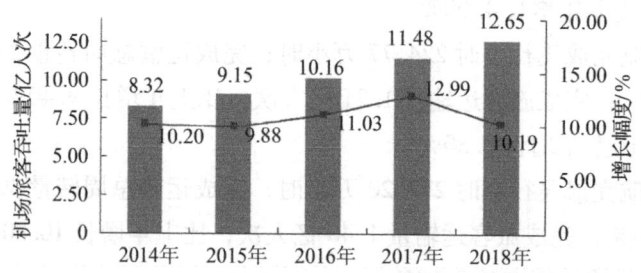

图1-13　2014—2018年民航运输机场旅客吞吐量

其中，2018年东部地区完成旅客吞吐量6.73亿人次，比上年增长9.70%；东北地区完成旅客吞吐量0.79亿人次，比上年增长9.70%；中部地区完成旅客吞吐量1.40亿人次，比上年增长14.80%；西部地区完成旅客吞吐量3.72亿人次，比上年增长9.40%。2014—2018年各地区民航运输机场旅客吞吐量分布如图1-14所示。

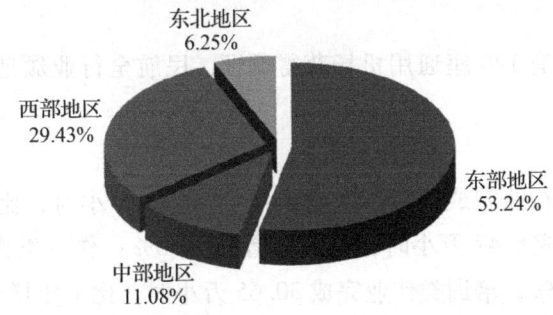

图1-14　2014—2018年各地区民航运输机场旅客吞吐量分布

2018年，全国民航运输机场完成货邮吞吐量1674.02万吨，比上年增长3.50%。其中，2018年东部地区完成货邮吞吐量1245.75万吨，比上年增长2.50%；东北地区完成货邮吞吐量55.07万吨，比上年增长0.60%；中部地区完成货邮吞吐量113.42万吨，比上年增长10.50%；西部地区完成货邮吞吐量259.78万吨，比上年增长6.30%。

2018年，全国民航运输机场完成起降架次1108.83万架次，比上年增长8.20%。其中运输架次937.27万架次，比上年增长7.40%。

2018年，我国年旅客吞吐量达100万人次以上的运输机场为95个，如图1-15所示。其中，北京、上海和广州三大城市机场旅客吞吐量占全部境内机场旅客吞吐量的23.30%，比上年降低1.00%。

年旅客吞吐量	机场数量/个	比上年增加	吞吐量占全国比例
1000万人次以上	37	5.08%	83.60%
100万～1000万人次	58	6.00%	12.70%

图1-15　2018年年旅客吞吐量达100万人次以上的机场数量

2018年，我国年货邮吞吐量1万吨以上的运输机场为53个。其中，北京、上海和广州三大城市机场货邮吞吐量占全部境内机场货邮吞吐量的48.80%，比上年降低1.10%。

2018年，北京首都机场完成旅客吞吐量1.01亿人次，连续9年位居世界第二；上海浦东机场完成货邮吞吐量376.86万吨，连续11年位居世界第三。

2. 通用航空

（1）通用航空企业数量。

截至2018年年底，我国获得通用航空经营许可证的通用航空企业为422家。其中，华北地区为96家，中南地区为37家，华东地区为106家，东北地区为89家，西南地区为52家，西北地区为27家，新疆地区为15家。

（2）机队规模。

2018年年底，我国通用航空在册航空器总数达到2495架，其中教学训练用飞机为692架。

（3）通航机场。

2018年，我国共有126座通用机场获得颁证，民航全行业颁证通用机场数量达到202座。

（4）飞行小时。

2018年，民航全行业完成通用航空生产飞行93.71万小时，比上年增长11.90%。其中，载客类作业完成8.47万小时，比上年增长7.90%；作业类作业完成15.39万小时，比上年增长6.40%；培训类作业完成30.65万小时，比上年增长18.60%；其他类作业完成4.99万小时，比上年增长200.50%；非经营性完成34.21万小时，比上年增长0.80%。

（5）无人机情况。

截至2018年年底，我国民航全行业无人机拥有者注册用户达27.10万个。其中，个人用户为24.00万个，企业、事业、机关法人单位用户为3.10万个。

2018年，我国民航全行业无人机有效驾驶员执照为44573本。

2018年，我国民航全行业注册无人机共28.70万架，无人机经营性飞行活动达37.00万小时。

3. 运输效率与经济效益

（1）运输效率。

2018年，我国民航全行业在册运输飞机平均日利用率为9.36小时，比上年减少0.13小时。其中，大中型飞机平均日利用率为9.48小时，比上年减少0.15小时，小型飞机平均日利用率为6.91小时，比上年减少0.13小时。

2018年我国民航行业正班客座率和正班载运率如图1-16所示。其中，正班客座率平均为83.20%，与上年持平；正班载运率平均为73.20%，比上年降低0.30%。

指标	指标值	比上年增加
正班客座率	83.20%	0
国内航线	84.80%	0
其中：港澳台航线	80.90%	0.70%
国际航线	78.90%	0
正班载运率	73.20%	-0.30%
国内航线	75.60%	-0.30%
其中：港澳台航线	67.70%	0.20%
国际航线	69.50%	-0.10%

图1-16　2018年我国民航行业正班客座率和正班载运率

(2) 经济效益。

据初步统计，2018年，我国民航全行业累计实现营业收入为10142.50亿元，比上年增长18.50%，利润总额为536.60亿元，比上年减少122.70亿元。其中，航空公司实现营业收入为6130.20亿元，比上年增长14.50%，利润总额为250.3亿元，比上年减少160.40亿元；机场实现营业收入为1104.20亿元，比上年增长16.00%，利润总额为173.20亿元，比上年增加28.20亿元；保障企业实现营业收入2908.1亿元，比上年增长29.20%，利润总额为113.10亿元，比上年增加9.4亿元。

据初步统计，2018年，我国民航全行业运输收入水平为4.69元/吨公里，比上年提高0.11元/吨公里。其中，客运收入水平为5.61元/吨公里，比上年提高0.09元/吨公里；货邮运输收入水平为1.56元/吨公里，比上年提高0.07元/吨公里。

据初步统计，2018年，我国民航全行业应交税金为366.80亿元，比上年减少10.60%。

二、中国民用航空局介绍

中国民用航空局是中国政府管理和协调中国民用航空运输业务的职能部门，对中国民航行业实施行业管理，其VI标识如图1-17所示。

图1-17 中国民用航空局VI标识

（一）中国民用航空局的职能

1980年，中国民用航空局进行了重大的体制改革，不直接经营航空业务，主要行使政府职能，进行行政宏观管理调控。2002年，民航行业进行了一次大规模重组，组建六大集团公司并划归国务院国有资产监督管理委员会（简称国资委）统一管理。中国民用航空局确立了以下新的职责。

(1) 提出民航行业发展战略和中长期规划、与综合运输体系相关的专项规划建议，按规定拟订民航有关规划和年度计划并组织实施和监督检查。起草相关法律法规草案、规章草案、政策和标准，推进民航行业体制改革工作。

(2) 承担民航飞行安全和地面安全监管责任。负责民用航空器运营人、航空人员训练机构、民用航空产品及维修单位的审定和监督检查，负责危险品航空运输监管、民用航空器国籍登记和运行评审工作，负责机场飞行程序和运行最低标准监督管理工作，承担民航航空人员资格和民用航空卫生监督管理工作。

(3) 负责民航空中交通管理工作。编制民航空域规划，负责民航航路的建设和管理，负责民航通信导航监视、航行情报、航空气象的监督管理。

（4）承担民航空防安全监管责任。负责民航安全保卫的监督管理，承担处置劫机、炸机及其他非法干扰民航事件相关工作，负责民航安全检查、机场公安及消防救援的监督管理。

（5）拟订民用航空器事故及事故征候标准，按规定调查处理民用航空器事故。组织协调民航突发事件应急处置，组织协调重大航空运输和通用航空任务，承担国防动员有关工作。

（6）负责民航机场建设和安全运行的监督管理。负责民用机场的场址、总体规划、工程设计审批和使用许可管理工作，承担民用机场的环境保护、土地使用、净空保护有关管理工作，负责民航专业工程质量的监督管理。

（7）承担航空运输和通用航空市场监管责任。监督检查民航运输服务标准及质量，维护航空消费者权益，负责航空运输和通用航空活动有关许可管理工作。

（8）拟订民航行业价格、收费政策并监督实施，提出民航行业财税等政策建议。按规定权限负责民航建设项目的投资和管理，审核（审批）购租民用航空器的申请。监测民航行业经济效益和运行情况，负责民航行业统计工作。

（9）组织民航重大科技项目开发与应用，推进信息化建设。指导民航行业人力资源开发、科技、教育培训和节能减排工作。

（10）负责民航国际合作与外事工作，维护国家航空权益，开展与港澳台的交流与合作。

（11）管理民航地区行政机构、直属公安机构和空中警察队伍。

（12）承办国务院及交通运输部交办的其他事项。

（二）中国民用航空局管理机构

中国民用航空局现有内设机构如下：综合司、航空安全办公室、政策法规司、发展计划司、财务司、人事科教司、国际司、运输司、飞行标准司、航空器适航审定司、机场司、空管行业管理办公室、公安局、直属机关党委、全国民航工会、离退休干部局。中国民用航空局下设7个地区管理局，即中国民用航空华北地区管理局、中国民用航空华东地区管理局、中国民用航空中南地区管理局、中国民用航空东北地区管理局、中国民用航空西北地区管理局、中国民用航空西南地区管理局、中国民用航空新疆管理局。每个地区管理局所辖范围又设立民航安全监察局，并在其所辖省（市、自治区）设立民航安全监督管理机构。

三、中国航空运输协会介绍

中国航空运输协会（China Air Transport Association，CATA）简称中国航协。其标识如图1-18所示。

图1-18 中国航协标识

中国航协是依据我国有关法律规定，以民用航空公司为主体，由企事业单位法人和社团法人自愿参加结成的、行业性的、不以营利为目的，经中华人民共和国民政部核准登记注册的全国性社团法人，成立于2005年9月26日。中国航协是民航协会体制改革后成立的第一个民间社会团体，是依据原中国民用航空总局（简称民航总局）党委《关于民航协会改革指导意见》于2004年8月24日开始筹备的，由中国航空集团有限公司（简称国航）牵头，东航、南航、海南航空控股股份有限公司（简称海航）、上海航空股份有限公司（简称上航）、中国民用航空飞行学院、厦门航空有限公司（简称厦航）、深圳航空有限责任公司（简称深航）、四川航空股份公司（简称川航）等九家单位发起设立。其主要职能如下。

（1）宣传、贯彻党和国家关于民航业的方针政策和法律法规。

（2）代表会员利益，反映会员诉求，维护会员权益。

（3）研究行业发展和改革的重大问题，改善企业经营环境，促进科学发展。

（4）协助政府有关部门和会员单位开展航空安全工作，促进持续安全。

（5）开展行业自律，推进诚信体系建设，维护市场秩序。

（6）经政府有关部门批准，组织和参与航空运输相关行业标准规范的制定和修订，并开展宣传贯彻工作，推动标准规范实施。

（7）开展教育科技和文化工作。组织进行专业技术和管理培训，支持提高职工队伍素质和管理水平；依照有关规定，经批准，开展科技项目的研究、成果鉴定和科学技术奖的评选。

（8）为会员单位搭建交流合作平台，促进开展国内外交流与合作。

（9）根据有关规定，收集储存信息资料，编辑出版协会书刊，提供信息咨询服务。

（10）协助政府主管部门和会员单位开展海峡两岸及港澳民航业的交流与合作。

（11）接受政府有关部门和会员的委托，提供其他服务。

除此之外，中国航协的宗旨是"积极承担社会组织责任，努力为全体会员服务，促进航空运输发展和持续安全。"其工作的总体思路是"坚持以习近平新时代中国特色社会主义思想为指导，深入学习贯彻习近平总书记对民航工作的重要指示精神，认真落实民航总体工作部署，紧密围绕行业发展和会员需要开展工作，促进科学发展、促进持续安全，维护会员权益、维护市场秩序、强化科技教育、强化合作交流，充分发挥引导协调、支持保证和桥梁纽带作用，努力建设研究型、协同型、服务型社会组织，为实现建成民航强国目标贡献力量。"

第二节　国内航空运输企业概况

一、航空运输企业

航空运输企业是指利用民用航空器为主要手段从事以盈利为目的的生产运输，为社会机构和公众提供服务并获取收入的企业，又称为航空公司。根据其主营业务的不同，航空运输企业可以划分为客运航空公司、货运航空公司、通用航空公司三类。航空运输企业的主要经营特征如下。

（1）航空运输企业是一种资本集中、技术集中的企业，市场准入的技术标准要求高。航空运输企业的主要生产工具——飞机是高技术、高价值的产品，没有足够的资本是无法进入航空运输市场的。由于安全的要求，政府对运载工具和人员的技术水平都有着严格的要求，使得航空运输企业的资本集中程度和技术要求要远高于其他运输企业。

（2）航空运输企业要求具有一定的规模经济。由于航空运输企业的高投资，需要达到一定的产量才能降低成本，取得高回报，同时高水平技术的专业人员需要在一定的生产规模下才能充分发挥作用。再加上航空运输严格的时间要求，航空运输企业必须有一定量的运载能力才能保证运输的持续、顺利周转。通常只有在具备10架以上的同一级别的运输飞机时，航空运输企业才能在市场竞争中生存。

（3）航空运输企业之间有较紧密的依存关系。航空运输企业之间开展联运或者相互代理会使双方的市场得以拓展并且减少经营的成本。同时在市场竞争中如果航空市场份额达到了一定的平衡状态，通常依靠服务或广告进行竞争，而不依靠价格进行竞争，因为价格竞争的最终结果只会降低总体利润，两败俱伤。

（4）航空运输企业通过合并来扩大规模。由于航空运输企业的高投资、高成本和高技术，以及它的规模效益，只靠扩大投资来扩大规模往往是不成功的。从航空运输业的发展上看，大多数的小企业通过合并形成了大的集团企业才能在航空运输业中站稳脚跟，或者大的企业通过吞并小企业使自己的规模迅速扩大。

二、航空运输企业的组织和运营

任何航空运输企业的基本业务职能及相对应的基本组织结构都包括飞行与航务、机务维修、市场营运和行政管理4个部分。

（一）飞行与航务

飞行与航务机构主要负责处理整个企业有关飞行和空中服务的事务，其组织结构如下所述。

(1) 飞行人员的管理机构：针对本企业使用的机型及现有飞行人员状况进行科学有效的日常管理，制订符合企业正常运营所要求的飞行人员工作计划。

(2) 空中乘务人员的管理机构：对企业的乘务人员进行日常管理，并根据企业不同机型对乘务人员的配备要求进行培训，保证企业正常运营对乘务人员的数量和技能水平的要求。

(3) 空中交通和安全部门：负责飞行安全的检查，保障导航设备的完好和无线电通信的通畅，以保证企业飞机飞行的安全。

(4) 飞行程序和训练部门：制定和执行程序与标准，安排模拟器训练及管理人员训练。

(5) 飞行签派机构：组织安排企业内航空器的放行和整个运行，必须与民航各级空中交通服务部门密切协作才能使整个空中交通有序进行。

（二）机务维修

机务维修机构的主要任务是负责保证航空运输企业的飞机处于"适航"和"完好"状态，并保证航空器能够安全运行。"适航"意味着航空器应符合民航行业有关适航的标准和规定；"完好"表示航空器应保持美观和舒适的内外形象和装修。

（三）市场营运

市场营运机构管理着航空运输企业的整个运输的销售、集散和服务环节，航空运输企业的收入主要依靠这些环节来完成。其组织结构如下所述。

(1) 广告和市场部：负责媒体上和实际的广告策划和显示，研究及预测市场情况，制订航班计划和确定实际运价。

(2) 销售部：负责客运和货运的销售，并协调代理客货运公司、其他航空运输企业之间的业务。

(3) 运输服务部门：负责飞机客舱内的乘务服务、物品的配发和机场及地面的各项服务。

(4) 饮食服务部门：主要负责航班的配餐服务。

(5) 各地区的办事处及营业部：作为二级机构负责处理当地的上述各项业务。

（四）行政管理

行政管理机构是航空运输企业的核心管理部门，负责整个企业的管理和运行，包括财务管理、人事管理、计划管理、公共关系、信息服务、法律事务及卫生等部门。

三、我国主要航空运输企业概况

（一）中国国际航空股份有限公司简介

中国国际航空股份有限公司（Air China Limited，Air China），简称国航。CA 为其国际标准两字代码，999 为其标准结算代码，其标识如图 1-19 所示。

图1-19 国航标识

国航的前身中国国际航空公司成立于1988年。根据国务院批准通过的《民航体制改革方案》，2002年10月，国航联合中国航空总公司和中国西南航空公司，成立了中国航空集团公司，并以联合三方的航空运输资源为基础，组建新的中国国际航空公司。2004年9月30日，经国务院国有资产监督管理委员会批准，国航在北京正式成立。2004年12月15日，国航在香港（股票代码0753）和伦敦（交易代码AIRC）成功上市。

国航的企业标识由一只艺术化的凤凰和中国改革开放的总设计师邓小平同志书写的"中国国际航空公司"，以及英文"AIR CHINA"构成。国航标志是凤凰，同时又是英文"VIP"（尊贵客人）的艺术变形，颜色为中国传统的大红，具有吉祥、圆满、祥和、幸福的寓意，寄寓着国航人服务社会的真挚情怀和对安全事业的永恒追求。国航的愿景和定位是"具有国际知名度的航空公司"，其内涵是实现"竞争实力世界前列，发展能力持续增强，客户体验美好独特，相关利益稳步提升"的四大战略目标；企业精神强调"爱心服务世界，创新导航未来"；企业使命是"满足顾客需求，创造共有价值"；企业价值观是"服务至高境界，公众普遍认同"；服务理念是"放心、顺心、舒心、动心"。

国航是中国唯一载国旗飞行的民用航空公司、星空联盟成员及2008年北京奥运会航空客运合作伙伴，在航空客运、货运及相关服务诸方面，均处于国内领先地位。

国航承担着中国国家领导人出国访问的专机任务，也承担许多外国元首和政府首脑在国内的专包机任务，这是国航独有的国家载旗航的尊贵地位。国航总部设在北京，辖有西南、浙江、重庆、内蒙古、天津、上海、湖北和贵州分公司，华南基地以及工程技术分公司等。国航主要控股的子公司有中国国际货运航空有限公司、澳门航空有限公司、深航、大连航空有限责任公司、北京航空有限责任公司等，合营公司主要有北京飞机维修工程有限公司。此外，国航还参股香港国泰航空有限公司、山东航空股份有限公司（简称山航）等公司，是山航最大的股东。

截至2019年12月31日，国航（含控股公司）共拥有以波音、空中客车为主的各型飞机699架，平均机龄为6.96年；经营客运航线达770条，其中国际航线为137条、地区航线为27条、国内航线为606条；通航国家（地区）为43个；通航城市为187个，其中国际为65个、地区为3个、国内为119个；通过与星空联盟成员等航空公司的合作，将服务进一步拓展到195个国家（地区）的1317个目的地。

国航致力于为旅客提供放心、顺心、舒心、动心的"四心"服务，拥有中国历史最长的常旅客计划——"国航知音"，又通过整合控股、参股公司多品牌常旅客会员，统一纳入"凤凰知音"品牌。截至2019年12月，凤凰知音会员已达6359.53万人。国航在中国民航业内首家推出了以"平躺式座椅"和"全流程尊贵服务"为核心内容的中远程国际航线两舱服务，为旅客提供尊贵、舒适、便捷的出行空间和全程服务。国航坚持以客户导向来创新服务，陆续推出"飞行管家""国航无线"等系列产品。国航具有很强的国内国际联程运输能力和销售网络，拥有广泛的高品质客户群体，已经成为众多中国政府机构及公司商务客户首选的航空公司。

国航拥有一支业务技术精湛、作风严谨、服务良好的飞行员和乘务员队伍。国航的飞行队伍曾获得"国际民航组织荣誉奖章""全国安全生产先进集体""安全飞行标兵单位"等诸多荣誉，创造了令人瞩目的安全飞行纪录，成功进行了极地飞行，在飞行难度曾经被国际民航界视为"空中禁区"的成都—拉萨航线上创造了安全飞行55年（1965年开始）的奇迹，2008年又成功实现了夜航。国航的空中乘务队伍显示了国际化水准，日籍、韩籍、德籍、俄籍、泰籍、意籍乘务员陆续加盟，这支乘务队伍具有良好的职业素质和敬业精神，是旅客在蓝天上最好的朋友。他们持续推进让旅客"放心、顺心、舒心、动心"的"四心"服务工程，服务品质一直受到广大旅客的赞赏。

国航的飞机拥有专业化、规范化的技术保障。2015年6月，原国航股份工程技术分公司与原北京飞机维修工程有限公司进行资源整合，成立全新的北京飞机维修工程有限公司（也称新Ameco）。新Ameco的总部设在北京，下辖北京基地、华北航线中心、成都分公司、西南航线中心4个事业部，17个运行和管理支持部门，以及重庆、杭州、天津、呼和浩特、上海、武汉、贵阳、广州、温州等航线分公司，拥有160多个国内维修站点和国际维修站点，形成了辐射国内外的维修网络。国航机务系统持有中国民用航空局（CAAC）、美国联邦航空局（FAA）及欧洲航空安全局（EASA）等在内的近30个国家或地区颁发的维修执照，是中国民用航空局授权的民用航空器改装设计委任单位代表（DMDOR），拥有11座大型机库和先进的设施设备，具备强大的维修能力，赢得了全球100余家航空公司的选择和信赖。从20世纪80年代末至今，国航机务共取得了近20项国内维修项目的突破，100余项科技研发项目先后获得国家或中国民用航空局的科技奖，填补了中国民航维修业诸多的技术空白。

国航推行一体化运营，具有强大的运行控制能力。遍布全球的国航航班皆在运行组织指挥和协调中枢的控制之下，计算机飞行计划系统从飞机性能数据库、全球导航数据库、全球机场数据库和高空气象数据库中提取信息，优选航路，制订飞行计划，把握飞机性能，确认飞行资格，严格把关放行。国航自行研制开发了运行管理系统，集成了卫星电话系统、空地数据通信系统和短波无线电系统等，成为国内第一家具有超远程监控能力的航空公司。

国航在北京首都机场为国内外航空公司提供包括旅客进出港、中转服务，特殊旅客服务，要客、"两舱"旅客服务，旅客行李服务，航班载重平衡服务，航班离港系统服务，站坪装卸服务，客舱清洁服务，特种设备维修等方面的地面服务业务，同时是国内首家使用旅客自助办理乘机手续、旅客自助办理托运行李手续及自主分配航站楼部分机位的航空公司。国航现已在国内100多个航站开通了国航中心配载业务，是国内第一家采用中心配载工作模式的航空公司。

国航高度重视人才的储备和培训。飞行训练大队承担国航飞行学员和新雇飞行员的培养和管理。飞行运行培训中心是国航飞行员训练基地，拥有高素质教员队伍和一流的训练设备，持续为公司培养作风优良、技术精湛、尽职尽责的专业人才。乘务培训中心是中国首家培训空中乘务员的大型多功能训练基地，是原民航总局确认的首家具备培训资格的乘务训练机构，被誉为"亚洲第一舱"。乘务培训中心拥有一支具有空中服务工作经验的专、兼职教员队伍，由国航优秀的客舱乘务员组成，他们在多年的飞行和训练工作中积累了丰富的教学培训经验。

国航管理水平明显提升，在中国民航居于领先地位，品牌价值不断扩大。2019年，国航连续第十三年被世界品牌实验室评为"世界品牌500强"，是中国民航唯一一家进入"世界品牌500强"的企业，并连续第十三年获得了"中国品牌年度大奖NO.1（航空服务行业）"和"中国年度文化品牌大奖"；2019年6月，国航被世界品牌实验室评为"中国500最具价值品牌"第二十一名，位列国内航空服务业第一名；2017年9月，国航荣膺"亚洲品牌500强"，位居中国民航行业第一名；国航荣获国资委2013—2015年任期"品牌建设优秀企业"荣誉称号；国航品牌曾被英国《金融时报》和美国麦肯锡管理咨询公司联合评定为"中国十大世界级品牌"；在品牌中国总评榜系列评选活动中，荣膺"品牌中国华谱奖——中国年度25大典范品牌"称号；在各类社会评选中多次获得"最佳中国航空公司""年度最佳航空公司奖""极度开拓奖""最佳企业公众形象奖""全国企业文化优秀成果奖""中国经济十大领军企业"等称号。

国航自觉履行社会责任，始终视承担公共责任为己任。通过自身的持续发展，稳定为国家创造税收，提供就业机会；积极参与社会公益实践，投身赈灾救灾，为国家和社会做出贡献。国航领导班子曾被中组部、国资委党委评为"全国国有企业创建'四好班子'先进集体"。国航出色完成了奥运会、残奥会的服务保障任务，创下中国民航史上诸多之最。2008年9月29日，党中央、国务院在人民大会堂隆重召开北京奥运会、残奥会总结表彰大会，国航被授予"北京奥运会、残奥会先进集体"荣誉称号。在承担国内外各种紧急救援运输飞行任务时，如2003年抗击"非典"疫情、2008年年初抗击冰雪灾害、2008年汶川抗震救灾、2009年玉树抗震救灾、2010年海地救援、2011年日本海啸救灾和利比亚撤侨、2015年尼泊尔地震救援、2020年抗击新冠肺炎疫情等包机任务，国航不计得失、快速行动、组织运输，力尽中央企业的职责，彰显了中央企业的风范。

总之，国航将以客户为中心，以市场为导向，坚持安全第一、顾客至上的理念，继续推进让旅客"放心、顺心、舒心、动心"的"四心"服务工程，以网络和信息化技术为依托，进一步完善运输枢纽网络，打造服务品牌，为广大国内外顾客提供安全、迅速、准确、方便、满意的航空旅客运输和货物运输服务,架起中国和世界联通的空中之桥。

(二) 中国南方航空集团有限公司简介

中国南方航空集团有限公司 (China Southern Airlines) 简称南航。CZ 为其国际标准两字代码,784 为其标准结算代码,其标识如图 1-20 所示。

图 1-20 南航标识

南航总部设在广州,以蓝色垂直尾翼镶红色木棉花为公司标识,是我国运输飞机最多、航线网络最发达、年客运量最大的航空公司,拥有新疆、北方等 18 家分公司,在杭州、青岛等地设有 23 个国内营业部,在新加坡、纽约等地设有 69 个国外营业部。此外,南航还投资了雄安航空、厦门航空等 21 家全资、控股子公司和 14 家联营参股公司,以及 3 家合营公司。

南航以"阳光南航"为文化品格,以"连通世界各地 创造美好生活"为企业使命,以"顾客至上、尊重人才、追求卓越、持续创新、爱心回报"为核心价值观,大力弘扬"勤奋、务实、包容、创新"的南航精神,致力于建设具有中国特色的、世界领先的航空运输企业。

2018 年,南航旅客运输量达 1.4 亿人次,连续 40 年居中国各航空公司之首。截至 2019 年 10 月,南航运营的波音 787、777、737 系列,以及空客 A380、A330、A320 系列等型号客货运输飞机超过 850 架,是全球首批运营空客 A380 系列飞机的航空公司。南航的机队规模居亚洲第一、世界第三。

南航的安全纪录和安全管理水平处于国际领先地位,特别是安全飞行纪录,南航保持着遥遥领先的安全飞行纪录。2018 年 6 月,南航荣获中国民航飞行安全最高奖"飞行安全钻石二星奖",成为中国国内安全星级最高的航空公司。

目前,南航每天有 3000 多个航班飞至全球 40 多个国家和地区、224 个目的地,航线网络达 1000 多条,提供座位数超过 50 万个。通过与合作伙伴的密切合作,南航的航线网络将延伸到全球更多的目的地。近年来,南航持续新开和加密航班网络,强化中转功能，利用第六航权，全力打造"广州之路"（Canton Route）国际航空枢纽，形成了以欧洲、大洋洲两个扇形为核心，以东南亚、南亚、东亚为腹地，全面辐射北美、中东、非洲的航线网络布局，该枢纽已成为中国大陆至大洋洲、东南亚的第一门户枢纽。2018 年，南航在广州的枢纽通航点达 145 个，其中国际和地区通航点为 51 个，广州枢纽全年共保障中转旅客 442 万余人次。

南航积极响应国家倡议，为推动"一带一路"建设提供有力支撑。在"一带一路"重点涉及的南亚、东南亚、南太平洋、中西亚等区域，南航已经建立起完善的航线网络，航线数量、航班频率、市场份额均在国内航空公司中位居前列，已成为中国与沿线国家和地区航空互联互通的主力军。目前，南航在"一带一路"沿线 38 个国家和地区的 68 个城市开通了 172 条航线，年承运旅客达 1500 多万人次。

南航拥有独立培养飞行员的能力，在珠海拥有亚洲最大的飞行训练基地；与德国 MTU 公司合建有国内最大、维修等级最高的航空发动机维修基地；自主研发的飞行运行控制系统和发动机性能监控系统双双获得国家科技进步二等奖，这是国内航空业最先进的 IT 系统；建有年货邮吞吐量达 80 万吨的超级货站，以及年配餐能力超过 3000 万份的专业航空配餐中心。

通过真情服务和人文关怀，追求空地服务标准化、人性化和南航特色化，南航致力于满足并超越顾客的期望。截至 2019 年 1 月，南航明珠俱乐部会员超过 4000 万人，并以里程累积最多、增值最快的态势持续增长。2011 年，南航被国际航空服务认证权威机构 SKYTRAX 授予"四星级航空公司"称号。2016 年，南航获评 SKYTRAX"全球最受喜爱航空公司"第十三名，居我国内地航空公司之首。2017 年，南航被中国质量协会评为全国"用户满意标杆"企业，并获得中国国家顾客推荐指数航空服务第一名。2018 年，南航获评 SKYTRAX"全球最杰出进步航空公司奖"。

长期以来，南航认真履行中央企业的社会责任，得到了各界的广泛认可，先后被授予多种荣誉和奖项。2012 年、2013 年，南航连续获评《财富》（中文版）"最受赞赏的中国公司 50 强""中国年度最佳雇主 30 强""社会责任百强企业"的称号；2014 年，南航获评美国《环球金融》"中国之星"最佳航空公司、《财富》（中文版）"最受赞赏中国公司交通运输及物流行业第一"的称号；2015 年，南航获评空客公司"全球空客 A330 杰出运行航空公司"、中国物流业最高奖项"金飞马奖"和"中国品牌价值百强物流企业奖"等荣誉与称号。2016 年、2017 年，南航连续获评《财富》（中文版）"中国企业 500 强"的称号，居交通运输业首位。南航"十分"关爱基金会被国务院国资委授予"中央企业优秀志愿服务项目"及中央企业首批十佳志愿服务品牌。在英国独立品牌评估与咨询公司 Brand Finance 发布的"2017 年全球最有价值航空公司品牌 50 强"排行榜中，南航位列第六名，获得 AAA 品牌评级，居我国航空公司首位。

总之，南航正通过不断发挥其国内领先、国际一流的航线网络和机队资源，发挥合力优势，抓住中国民航未来几年的发展机遇，让这朵灿烂的木棉花从广州飞向各地。

(三) 中国东方航空股份有限公司简介

中国东方航空股份有限公司（简称东航）总部位于上海。东航是在原中国东方航空集团的基础上，兼并中国西北航空公司，联合云南航空公司重组而成的，MU 为其国际标准两字代码，781 为其标准结算代码，其标识如图 1-21 所示。

图 1-21　东航标识

东航标志的含义：一只小燕子翱翔在蓝天红日之间，象征着东方航空公司将始终用真诚、朴实的态度为广大客、货主提供尽善尽美的航空运输服务，让这只小燕子承载着消费者的需求飞向远方。

东航总部位于上海，1997 年成为首家在纽约、香港、上海三地上市的中国航空运输企业。东航运营着由 750 余架客货运飞机组成的现代化机队，拥有中国规模最大、商业和技术模式领先的互联网宽体机队，是我国民航行业首家开放手机等便携式设备使用的航空公司。

东航在航空运输主营业务方面，正全面实施"中枢网络运营"战略，一个以上海为中心、依托长三角、连接全球市场、客货并重的庞大航空网络正在快速形成。同时，东航全力构建、完善高效的"统一运营管理模式"，逐步建立起与世界水平接近的飞行安全技术、空中和地面服务、机务维修、市场营销、运行控制等支柱性业务体系。借助天合联盟，东航构建起以上海为核心枢纽、通达全球 175 个国家 1150 个目的地的航线网络，年旅客运输量超过 1.3 亿人，位列全球前十，"东方万里行"常旅客可享受天合联盟 19 家航空公司的会员权益及全球超过 750 间机场贵宾室服务。

东航致力于以精致、精准、精细服务为全球旅客创造精彩旅行体验，近年来荣获中国民航飞行安全最高奖——"飞行安全钻石奖"，连续 8 年获评全球品牌传播集团 WPP "最具价值中国品牌前 50 强"，连续 4 年入选 Brand Finance "全球品牌价值 500 强"，在运营品质、服务体验、社会责任等领域屡获国际、国内殊荣。

总之，东航以创新促发展，迅速形成企业核心竞争力，锻造世界性航空企业品牌，以实现快速、稳健、持续发展的发展战略的核心目标。

（四）海南航空控股股份有限公司简介

海南航空控股股份有限公司（简称海航）于 1993 年 1 月成立，起步于我国海南省，致力于为旅客提供全方位无缝隙的航空服务。HU 为其国际标准两字代码，880 为其标准结算代码，其标识如图 1-22 所示。

图 1-22 海航标识

从 1993 年至今，海航连续安全运营 27 年，累计安全运行超过 790 万飞行小时，拥有以波音系列为主的年轻豪华机队。截至 2019 年，海南航空及旗下控股子公司共运营国内外航线 2000 余条，其中国内航线为 1800 余条，国际航线为 258 条，航线覆盖亚洲、欧洲、北美洲、南美洲和大洋洲，通航境外 66 个城市。海航积极响应国家倡议，融入"一带一路"建设，专注打造国际国内高效互动的、品质型、规模化的卓越型世界级航空网络；紧密配合国家"民航强国"发展战略，在北京、广州、海口、深圳等 24 个城市建立了航空营运基地/分公司。

自 2011 年起，海航凭借高品质的服务及持续多年的创新，已连续 9 年获评 SKYTRAX 全球五星航空公司，并于 2019 年跻身"全球最佳航空公司 TOP10"榜单第七位，成为中国内地唯一入围并蝉联该项荣誉的航空公司。

海航传承"东方待客之道"，倡导"以客为尊"的服务精神，遵循"SMILE"服务准则，传递"不期而遇，相伴相惜"品牌理念，彰显"东方之美"的国际化新品牌形象，立志成为中华民族的世界级卓越航空企业和航空品牌。

第三节 民航运输基础知识

一、航班运行

（一）航班的定义及分类

航班是指按照民航管理当局批准的民航运输飞机班期时刻表，使用指定的航空器，按照规定的航线在指定起讫经停点停靠的客货邮运输飞行服务。

航班按照不同的性质有以下不同的分类方法。

（1）按经营区域可以分为国际航班、国内航班和地区航班。始发站、经停站或目的站有一站以上在一国国境以外的航班称为国际航班；始发站、经停站或目的站全部在同一国境内的航班称为国内航班；始发站、经停站或目的站中有一站在同一国内有特殊安排的地区中的航班称为地区航班，如我国的港澳台地区。

（2）按经营的时间分为定期航班和不定期航班。定期航班是指列入航班时刻表，在固定时间运行的航班。不定期航班是指航空公司根据运输需要提供的非规则性飞行服务，如包机运输飞行和某些加班运输飞行。

(3)按照运输飞行的方向分为去程航班和回程航班。去程航班是指从航空公司飞机基地出发的飞行航班；回程航班是指返回飞机基地的飞行航班。

(二)航班的组织及安排

航班时刻表是航空运输企业生产活动的整个流程的安排次序。对内它是运输企业每天生产活动的安排和组织的依据，企业围绕它来调配运力，安排人员，进行协调和管理；对外它则是向用户提供服务信息和销售竞争的手段。旅客根据航班时刻表提供的航班时刻、机型、服务内容来选择所要选择的航空公司、机型和时间。航班时刻表根据季节和市场需求进行调整和修正，我国有关业务部门每年修订两次航班时刻表，每年大约4月至10月使用夏秋时刻表，11月至次年的3月使用冬春时刻表。

航班的组织是指组织一个航班并保证它的正点飞行，需要航空公司的多个部门相互配合。维修部门要对飞机进行维修和检查，决定飞机是否能飞行；航务部门收集气象情报，安排机组和制定飞行计划，把这个计划通知航管部门；销售部门销售客票，办理货物托运；机坪保障部门供应机上用水，配餐，加油；旅客服务部门为旅客办理手续，帮助旅客通过安检，登机；货运部门把货物和行李装入机舱，计算载重和平衡；由货邮舱单、旅客名单和平衡图组成的随机文件交付机长，经放行后，飞机才可以起飞。飞机到站后，又重复这个过程，飞往下一站或飞回目的地。整个流程形成一个工作链，一环紧扣一环，任何一个环节脱节都会影响到航班正常运行。如果有任何的改动，也会影响到各个不同的部门工作。各个部门协调配合得好，就会缩短时间，提高飞机的利用率，使整个公司的效益增加。

(三)航班座位管理

中国民航于1986年建立计算机订座系统（简称CRS系统），该系统分为两大部分：订座操作和座位管理。订座操作由柜台售票人员完成，座位管理则由座位控制人员完成。座位控制人员使用计算机订座系统对航班的座位进行优选法的控制和管理，并可通过该系统了解航班座位利用情况，进行预留或收回座位配额、锁定座位、限制座位销售、限制代理人销售、超订座位、实行多等级舱位管理、清理航班座位等工作，能最大限度地减少人为的虚耗，提高座位的利用率。因此，计算机订座系统已成为航空公司管理航班座位的主要手段。各地售票处、销售代理人根据订座规定或订座协议，通过计算机订座系统进行自由销售。

1. 航班座位管理的方法

目前，航空公司对航班座位管理的方法如下所述。

(1)航班输入。根据航班计划输入对外公布的可供销售的航班号、起降时间、可供销售的座位数和等级舱位布局。

(2)航班变更。根据航班信息电报，将有关部门航班取消、合并、起飞时间提前或推后及机型更改等信息输入计算机订座系统，当大机型改小机型时，必须调整座位布局的变化，对头等舱或公务舱座位及超售的座位做相应的处理，并将调整后的情况通知有关部门；小机型改大机型时，应及时开放座位；航班取消合并、起飞时间提前或推后时，也应及时通知旅客。

（3）输入运价。输入适用的城市对、各种票价及票价有效期，调整舱位座位数。根据实时座位销售情况调整各种舱位可供销售的座位数，以实现整个航班的收益最大化。

（4）锁留座位。航班座位开放前或开放后，锁留适当的座位数供散客订座使用。如果部分销售舱位座位出现超售情况，需要锁留部分座位供紧急旅客、VIP 旅客使用。

（5）核对航班。每天与生产调度室核对一次第二天、第三天始发航班的航班号、起飞时间和机型，以防出现工作差错。

（6）电报处理。收集整理各种来往电报，摘录有关部门航班变动信息电报，检查航班变动信息、电报的处理情况等。

2. 座位控制的工作内容

目前，航空公司座位控制的主要工作内容如下。

（1）检查销售。在航班起飞前 17 天、7 天、3 天、2 天、1 天，检查航班座位销售情况，检查 PCF① 表的座位开放情况，确定超售座位或锁定座位情况。

（2）清理航班。每个航班的座位清理工作分别在该航班起飞前 7 天、2 天和 1 天共清理 3 次，将重复订座、假"RR"②、不按时限出票的旅客、团体订座和未按规定时限办理座位再证实手续的联程、回程座位取消。

（3）座位跟踪。在航班起飞前 30 天、15 天、7 天、4 天、2 天，调整团体旅客订座申请，并予以答复，对每一个团体旅客订座情况进行跟踪。在规定的时间内索取团体代码和旅客名单，核实旅客运输、检查出票情况，处理团体旅客退座工作。

（4）做团体旅客座位再确认工作。

（5）候补团体旅客补订座位工作。

（6）航班起飞前 10 天，检查和核对团体旅客订座情况，重点检查不同团名而航班相同的团体旅客订座。

（7）团体订座取消要根据取消订座单位的书面通知，经多次复核，方可处理。对 CRS 中未按时出票的团体订座，在取消前应调整 CRS 系统中的订座记录与 ISC 系统是否一致。团体订座取消需要做好详细记录。

（8）重要旅客。航班起飞前 1 天复查重要旅客订座情况，并按照规定时间通知有关部门。

（9）检查特殊服务和特殊餐食。每天检查特殊服务和特殊餐食情况，并按照规定时间拍发电报，通知有关部门。

---

① PCF：PCF 即 Payload Control Factor，中文翻译为数量控制因子。
② "RR"："RR" 是订座系统的确认座位指令。

（10）处理 Q 信息。Q（QUEUE）的功能是为座位控制部门之间，以及控制部门与售票处、代理人之间业务联系而建立的，Q 是一个总称，可根据各部门的工作范围，分成几个或几十个不同类型的 Q。

二、代码共享

代码共享是国内外航空公司进行市场战略开拓和跨国联合的一种行之有效的方式。最早提出代码共享方法的是美国。1994 年 8 月，美国运输部定义："代码共享是某一航空公司的指定航班号码被用于另一航空公司所运营的航班上的做法。"通俗地讲，代码共享就是不同的航空公司在同一个航班上使用各自航班代码的一种跨国公司联合协作的航空市场开拓方法。其实质是，参与代码共享的航空公司通过在伙伴航空公司的航班上使用自己的代码，在不实际增加航班和相应开支的情况下，扩展自己的航线网络，提高运营效率，从而增强参与航空公司的竞争力，可以有效地规避政府间的双边航空运输协定的束缚和第六航权的限制，拓展国际市场。代码共享协议至少需要两家航空公司参与，其中在某一具体航班中实际投入运力并负责运送旅客的公司称为运营共享航班公司，只提供航班号和本公司客票而不实际执行航班的公司称为非运营共享航班公司。

代码共享是航空业内竞争加剧的产物。美国最早推行"天空开放"政策，放松了对美国国内航空运输市场的管制，各家航空公司如同雨后春笋般成立，经历了最初的自由竞争时期，通过优胜劣汰、公司间的兼并重组，逐步形成了具有较高管理水平的大型航空公司参与的垄断竞争市场。通过惨烈的竞争，美国航空运输业意识到，联合、合作也是竞争的一种形式，而且是付出代价较小又收获颇丰的一种共赢性竞争形式。于是，代码共享等一系列竞争合作形式应运而生，这是航空业发展的模式创新，代码共享从产生到在世界范围内被广泛采用，其发展速度是惊人的。代码共享作为一种新的、有效的竞争手段，既是航空运输市场激烈竞争的产物，又加剧了新兴的竞争模式；既是航空公司战略联盟的有力工具，又加快了航空运输的全球化进程。在全球各大航空公司的实践中，每一个代码共享虽然在签订协议时可能直接目的不同，客观上所起到的作用也不可能是单一的，尤其是拥有复杂航线网络结构的大型跨国航空公司签订的共享协议往往是出于几种目的的综合考虑，但是，无论实行共享的战术目的如何，其根本宗旨都可以归纳为"开拓市场，强化竞争力，提高公司运营效率"。

代码共享对航空运输业的影响可以归纳为以下 3 点。

（1）共享伙伴经济效益改善。代码共享对参与航空公司的最直接好处就是共享伙伴航空公司经营效益的改善，而且这部分效益的增长不需要其支付成本。

（2）非共享航空公司利益受损。代码共享的结果是航空客运市场的重新划分。尽管代码共享的航空公司客运量增加，但往往这部分增加都是来自非共享航空公司的客源流失。

（3）代码共享对竞争的影响。代码共享会影响到竞争的程度，它可以通过增加或改善服务而加强竞争，也会由于市场份额越发集中到少数大航空公司手中，而阻碍竞争。

三、民航飞机类型介绍

（一）波音系列飞机

1. 波音公司介绍

波音公司（见图1-23）成立于1916年7月1日，由威廉·爱德华·波音创建。波音公司建立初期以生产军用飞机为主，并将部分资源投入民用运输机制造领域。其中，P-26驱逐机及波音247型民用客机比较著名。1938年，波音公司研制开发的波音307型飞机是第一种带增压客舱的民用客机，极大地提升了民用客机的旅行舒适性。20世纪60年代以后，由于军用飞机订单的竞争激烈，波音公司将主要业务发展重心由军用飞机转向商用飞机。1957年，波音公司在KC-135空中加油机的基础上研制成功的B707系列飞机是其首架喷气式民用客机，一举奠定了其在民用飞机生产领域的翘楚地位，B707系列飞机共获得上千架订单。从此，波音公司在喷气式商用飞机领域内便一发不可收拾，先后设计并生产了B727、B737、B747、B757、B767、B777、B787等一系列型号的飞机，逐步确立了其作为全球主要的商用飞机制造商的地位。其中，B737系列飞机是在全世界被广泛使用的中短程窄体民航客机，B747系列飞机一经问世就长期占据了世界最大的远程宽体民航客机的头把交椅。

图1-23 波音公司标识

2. B737系列飞机介绍

B737系列飞机（见图1-24）是波音公司生产的一种中短程双发（动机）窄体喷气式客机。B737系列飞机自投产以来多年销路长久不衰，成为民航历史上十分成功的窄体民航客机系列之一，至今已发展出9个子型号。B737主要针对中短程航线的需要，具有可靠、简捷，以及运营和维护成本经济性的特点，但是它并不适合进行长途飞行。B737根据项目启动时间和技术先进程度分为传统型B737和新一代B737，其中传统型B737包括B737-100、B737-200、B737-300、B737-400、B737-500；新一代B737包括B737-600、B737-700、B737-800、B737-900。

图 1-24　深航 B737-900 飞机

3. B747 系列飞机介绍

B747 系列飞机（见图 1-25）是波音公司生产的一种大型远程四发宽体喷气式客机。B747 的基本型 B747-100 于 1969 年 2 月 9 日首飞，是世界上第一款宽体民用飞机，自 1970 年投入服务后，到空客 A380 投入服务之前，B747 系列飞机保持全世界载客量最大飞机的纪录长达 37 年。B747 是历史上最成功的宽体民航客机系列，主要针对远距离的跨洋航程的需要，极大地改善了跨洋航空飞行服务的舒适程度。B747 的衍生型号众多，具体包括 B747-100、B747-200、B747-300、B747-400、B747LCF、B747-800，其中为了应对竞争对手空中客车公司（简称空客公司）推出的 A380 系列飞机对大型宽体机市场的冲击，波音公司启动了最新型号 B747-800 项目，该机型已于 2011 年正式交付客户。

图 1-25　德国汉莎航空 B747-800 飞机

4. B777 系列飞机介绍

B777 系列飞机（见图 1-26）是波音公司生产的长程双发宽体喷气式客机，是目前全球最大的双引擎广体客机，其三级舱布置的载客量为 283~368 人，航程为 9695~17500 千米。B777 系列飞机采用圆形机身设计，起落架共有 12 个机轮，其规格介于 B767-300 和 B747-400 之间。B777 项目于 1990 年 10 月 29 日正式启动研制计划，1994 年 6 月 12 日第 1 架 B777 系列飞机首次试飞，1995 年 5 月 17 日首架 B777 系列飞机交付用户美国联合航空。B777 同时具有座舱布局灵活、航程范围大和不同型号能满足不断变化的市场需求的特点，并由此衍生出子型号，具体包括 B777-200、B777-200ER、B777-200LR、B777-300、B777-300ER、B777F、KC-777、B777X。

图1-26　英国航空 B777-300ER 飞机

5. B787 系列飞机介绍

B787 系列飞机（见图1-27），又称梦幻客机，是波音公司生产的中型双发宽体中远程运输机，也是波音公司1990年启动 B777 计划后时隔14年来推出的首款全新机型。B787 项目于2004年4月正式启动，经多次延期后，最终在2009年12月15日成功试飞，标志着 B787 项目进入交付使用前最后一个阶段。2011年9月27日，第一架 B787 系列飞机交付其第一个用户——日本全日空航空公司。B787 系列飞机属于200～300座级客机，其航程视具体型号不同可覆盖6500～16000千米。B787 系列飞机的特点是革命性地大量采用了复合材料，从根本上实现了低燃料消耗、较低的污染排放、高效益及舒适的客舱环境的客户需求，可实现更多的点对点不经停直飞航线，同时兼具较低噪声、较高可靠度、较低维修成本的优势。B787 系列飞机是航空史上首架超长程中型客机，打破了以往一般大型客机与长程客机挂钩的定律。B787 系列飞机的市场销售价格为1.3亿～1.8亿美元。正是因为 B787 系列飞机在技术和设计上的突破，使中型尺寸的 B787 系列飞机在同座级的飞机中，具有无与伦比的航程能力与公里成本经济性。倘若乘客偏爱不经停直飞服务及更高航班频率，那么 B787 就是开辟这种新航线的完美机型，尤其是不适合大型飞机的客源少的远程航线。

图1-27　南航 B787-800 飞机

（二）空客系列飞机

1. 空客公司介绍

空客公司（见图1-28）创建于1970年，是一家集法国、德国及后来加盟的西班牙与英国公司于一体的大型欧洲集团，其创建的初衷是使欧洲飞机制造商能够集中有限资源，联合起来共同与当时强大的波音公司和麦道公司开展有力竞争。空客公司有效地克服了国家间的分歧，分担了研发成本并合作开发了更大的市场份额，空客公司的出现，改变了全球民用飞机制造商美国一家独大的市场竞争格局，并且为航空公司、旅客和机组带来了真正的竞争效益。公司"以客户为中心"的理念、商业知识、技术领先地位和制造效率使其跻身行业前沿。截至 2019 年三季度末，空客公司在民用飞机方面共交付了 571 架飞机，其中包含 77 架 A350 飞机，同比增长超过 13%；斩获新订单总数达到 303 架，总储备订单数为 7133 架。

图 1-28　空客公司标识

空客公司总部设在法国图卢兹，由欧洲宇航防务集团拥有。空客公司是一家全球性的企业，全球员工约为 54000 人，在美国、中国、日本和中东等国家（地区）设有全资子公司，在汉堡、法兰克福、华盛顿、北京和新加坡等国家（地区）设有零备件中心，在图卢兹、迈阿密、汉堡和北京等地区设有培训中心，在全球各地还设有 150 多个驻场服务办事处。空客公司还与全球各大公司建立了行业协作和合作关系，在 30 个国家拥有约 1500 名供货商的网络。

空客公司的现代化综合生产线由非常成功的多系列机型组成，具体包括中短程窄体机 A320 系列（A318、A319、A320、A321）、中短程宽体机 A300 系列和 A310 系列（已经停产）、远程宽体机 A330 系列和 A340 系列、全新远程宽体中等运力的 A350 系列和超远程全双层宽体 A380 系列。

2. A320 系列飞机介绍

A320 系列飞机（见图 1-29）是空客公司研制生产的窄体双发中短程 150 座级客机，是全球第一款使用数字电传操纵飞行控制系统的商用客机，也是第一款应用当时先进的放宽静稳定度设计的民航客机。A320 系列飞机在设计上提高了客舱的适应性和舒适性。A320 系列飞机在原型机 A320 的基础上，针对不同细分市场的需求推出了更具特点的衍生型号，具备包括 A318、A319 和 A321。A320 系列飞机的设计理念是满足航空公司低成本运营中短程航线的需求，为其运营商提供 100~220 座级飞机中最大的共通性和经济性。也正是关注市场需求的设计理念，使得 A320 系列飞机自 1988 年 4 月首次投入运营以来，迅速在中短程航线上重新定义了舒适性和经济性的行业标准。A320 系列飞机的成功同时帮助空客公司奠定了其在全球民航客机市场中的地位，打破美国垄断客机市场的局面，占据了近半壁江山，大有成为全球第一大民用飞机制造商的趋势。更值得一提的是，2006 年 6 月 8 日，中华人民共和国国家发展和改革委员会（简称国家发展改革委）宣布，选址在天津滨海新区建立一条 A320 客机总装线。2006 年 10 月 26 日，空客公司与由天津保税区、中国航空工业第一集团公司和中国航空工业第二集团公司组成的中方联合体签署在中国共同建设 A320 系列飞机总装生产线的框架协议，共同成立空中客车（天津）总装有限公司。2008年9月28日，A320系列飞机天津总装线正式投产，天津成为欧洲大陆以外第一个向客户交付空客飞机的城市，这也是空客继法国、德国之外的第三条总装生产线。

图1-29　亚洲航空A320-200飞机

3. A330系列飞机介绍

A330系列飞机（见图1-30）是空客公司研制生产的宽体双发远程的高载客量客机，用于取代其早期生产的A300和A310。A330系列飞机的基础型A330-300飞机于1987年11月2日首飞，1993年年底投入运营，A330-300机身设计是在A300-600的基础上加长，使用了新款机翼、稳定装置及新的电传飞行控制系统。在典型的两级客舱布局下可载客335人，三级客舱布局时可载客295人，全经济舱最高载客量可达440人，设计航程达10500千米，具有适应多种航线飞行的灵活性。至2014年1月，空客公司共售出1342架A330，当中有1088架已经交付给客户，目前全球共有97家客户使用1075架A330飞机执行它们的航班。

图1-30　港龙航空A330-200飞机

4. A380系列飞机介绍

A380系列飞机（见图1-31）是空客公司研制生产的宽体四发550座级超大型远程宽体客机。A380投产时是当时载客量最大的客机，有"空中巨无霸"之称。空客公司于20世纪90年代早期开始超大型客机的研发计划，除为了完善机型、填补其在超大型客机市场的空白外，还希望借以打破其竞争对手波音公司的B747系列飞机在超大型客机市场的垄断地位。1994年6月，空客公司正式对外宣布了其超大型运输机计划，最初该计划被称为"A3××"。A380系列飞机于2001年初正式定型，第一架A380系列飞机出厂时计划的开发成本已升至110亿欧元。2005年4月27日，A380系列飞机首航成功，2007年10月25日，第一架A380系列飞机交付给新加坡航空公司，并实现该机型的第一次商业飞行。2011年10月17日，南航接收了第一架A380系列飞机，并正式执行中国大陆第一个载客飞行任务，首飞北京到广州航线。A380 系列飞机在单机旅客载运能力方面优势相当明显，在典型的三舱布局下可承载 525 名乘客。A380 系列飞机被空客公司视为其 21 世纪的旗舰产品。A380 系列飞机采用了更多的复合材料，改进了气动性能，使用新一代的发动机、先进的机翼、起落架；减轻了飞机的重量，减少了油耗和排放，每座公里油耗及二氧化碳排放更低；降低了单座的营运成本，A380 系列飞机机舱内的环境更接近自然；客机起飞时的噪声比目前噪声控制标准的规定要低得多。A380 系列飞机是首架每座百公里油耗不到 3 升的远程飞机。

图 1-31　快达航空 A380 飞机

除以上详细介绍的常见的民航飞机外，还有很多其他型号的民航飞机，具体信息参见附录 A。

第四节　民航国内客票销售基础知识

一、民航客票销售经典案例

在具体讲解民航客票销售业务知识前，让我们先通过几个经典案例了解其具体的工作内容和其中可能产生的问题。专业知识和技能提升的最终目标就是尽量避免问题和事故的发生，为航空旅客出行创造良好的出行体验，全面提升中国民航旅客服务的整体层次，为中国民航由世界民航大国向世界民航强国的跨越性升级贡献力量。

（一）经典案例之一："君子"与"金子"的困惑

案例呈现：

王君是一位通过航空公司呼叫中心购买了广州飞往北京客票的旅客。在电话购票的过程中，当呼叫中心座席员按照规定向王君确认姓名是否为"王金，金子的金"时，王君回答："是"（此事已经通过电话录音确认）。但因实际姓名不符，王君无法登机。事后，承运人同意了王君旅客按照票面价格退票。

案例解析：

根据《中国民用航空旅客、行李国内运输规定》第八条第一款规定："客票为记名式，只限客票上所列旅客本人使用，不得转让和涂改，否则客票无效，票款不退。"另外，根据《中华人民共和国民用航空法》第一百一十一条规定："客票是旅客运输合同订立和运输合同条件的初步证据。旅客未能出示客票、客票不符合规定或者客票遗失，不影响运输合同的存在或有效……"因此，只要不是旅客故意涂改或非法转让客票，客票内容的错误不影响运输合同的有效性，如旅客因此未能成行，承运人在确认该旅客确系购票人的情况下，应该退还旅客相应票款。综上所述，民航售票员应加强主动服务意识，遵循服务流程，特别是电话订座时，服务人员应与旅客一起仔细核对姓名、航程、日期及限制条件等重要信息。若遇到有口音的旅客，可用成语或两个不同的词组来确认姓名，以减少出现差错的机会，将可能出现的差错和可能给旅客带来的不便提前消除，保证旅客顺利成行。

要点归纳：准备无误地为旅客办理订票手续是非常重要的工作。

（二）经典案例之二：航班时刻变更带来旅客的危急时刻

案例呈现：

王先生和张女士计划从哈尔滨往返新加坡，他们到销售代理人处买票，销售代理人为旅客提供两个方案。一是购买A航空公司哈尔滨—香港—新加坡往返客票；二是购买B航空公司哈尔滨—北京—香港—新加坡往返客票。旅客因健康原因，选择了转机点少的A航空公司。旅客到新加坡后，其回程香港—哈尔滨航段航班因航班时刻表换季而长期计划性取消，并在变更航班起飞前通过航班变更通知的形式通知到出票计算机终端。由于销售代理人的原因，此信息未能及时告知旅客。当旅客确认回程机位时，得知航班已被取消后，千辛万苦联系上销售代理人求助。销售代理人联系A航空公司帮助旅客协调解决办法，安排新加坡—香港—北京—哈尔滨的座位，并请香港机场、北京机场协助旅客办理转机手续。旅行当日，旅客在北京机场的航空公司服务人员协助办理中转机手续过程中，由于时间紧张、国际厅与国内厅距离较远，以及舟车劳顿，旅客血压急升，在飞机上几乎昏迷，经乘务组悉心照料，旅客安全到达目的地，并被地保部服务人员安置在民航大厦休息。对此，旅客提出几点要求：①旅客购买的是国际航班客票，现在却是中转的国内航班，要求退还差价；②旅客因为增加转机程序而旧病复发，航空公司应给予赔偿。投诉处理部门的工作人员主动去民航大厦看望旅客，代表公司表达慰问之情，并与其诚恳交换意见，令旅客大为感动。最后双方达成补偿旅客610元票差价，并按照航延费的标准为旅客提供了一天一夜免费食宿的协议。

案例解析：

旅客在购票时，已经声明了自己不适宜乘坐航程转机点较多的航班。因此，对于航空公司航班取消造成旅客被迫从北京中转，引起旅客旧病复发的事故，航空公司负有一定的责任，理应给予旅客一定的补偿。另外，旅客所付的票价为香港与哈尔滨之间直达航班的较高票价，回程只享受到了香港经北京至哈尔滨中转的低价票价的服务，旅客要求补偿票差价的要求应给予支持。因为旅客在购票时，已经声明了自己不适宜乘坐转机点较多的航班，承运人在协调解决机位时应考虑该情况，密切关注旅客身体状况，如安排旅客在北京休息一晚再飞往哈尔滨。如旅客不顾身体状况，坚持当天中转，相关服务人员应与其签订责任书。面对特殊情况、特殊旅客，承运人一定要慎重处理。销售代理人由于不了解航空公司业务规定而在航班变动后未尽到通知旅客的义务，也是引起旅客不满、情绪激动的重要因素。因此代理人管理部门应加强对销售代理人的业务培训，减少人为业务差错，提高服务品质。

要点归纳：客票销售人员需要仔细工作，他们任何一点儿失误都可能给旅客带来严重后果。

（三）经典案例之三：由婴儿摇篮引起的风波

案例呈现：

一对旅客夫妇在3月5日申请了4月21日广州—墨尔本航班的婴儿摇篮服务，该航班管理人员没有认真查看该航班机型是否可以接收婴儿摇篮旅客就给予了确认。在此期间，旅客不放心曾几次致电呼叫中心均得到确认，便放心不再理会此事。4月12日，该航班管理人员发现该机型不能提供该项服务时便将该申请取消，但没有按业务规定流程通知旅客。4月21日当天，旅客在广州中转办理乘机手续时被告知此项服务已被取消，旅客当即在值机柜台要求升到公务舱，但因航班超售，无法成行。最终，因地服部门、呼叫中心和售票部门对该事件不够重视、信息沟通不充分，延迟了旅客乘机办理的时间，只能改签4月25日的航班，导致旅客在广州滞留了4天。航空公司负责了旅客在广州的食宿，按旅客要求办理了升舱手续，并在旅客到达目的地后，由当地办事处安排车辆将旅客送回家中。

案例解析：

航线管理服务人员工作责任心不强，业务操作水平不高，在确认申请时粗心大意，不能及时识别机型可否提供服务类型。在发现差错后，航班管理人员虽然及时予以更正，但没有将准确的信息及时通知旅客，导致此投诉产生。投诉产生后，与旅客接触的一线服务部门没有给予足够的重视，在与呼叫中心沟通了解过程中，由于呼叫中心服务人员在复查过程中不仔细，没有查到旅客曾获确认特殊服务申请的记录，便简单地拒绝了旅客，造成投诉升级。投诉升级后，虽然各部门的协调合作、圆满处理，使旅客感到满意，继续认同该航空公司，但航空公司投入的人力、物力、财力是无法用数据计算得清楚的。

要点归纳：销售人员对特殊服务业务流程不熟悉，给旅客带来出行的麻烦。

（四）经典案例之四：网站设计缺陷，误导旅客重新购票

案例呈现：

一名旅客通过某航空公司网站预订了4张北京—香港的往返特价客票。该旅客在订票过程中按照网站的提示要求，输入了旅客姓名及身份证号码，并通过网上银行成功支付了票款。在与航空公司确认电话中，工作人员告诉该旅客，客票虽然成功预订及支付，但不能通过安全检查，原因是国际及其地区航班客票，须填写护照号码或港澳通行

证号码，而非国内居民身份证号码。换言之，旅客所购客票为4张废票。该旅客认为，网站上没有明确提示填写哪类有效身份证明，也没有查验纠错措施，误导旅客填写了身份证号码。因此，该旅客要求全额退票。但航空公司称：需要30天给予旅客答复，且不能保证为其全额退款。旅客表示不满并提起投诉。

案例解析：

经查，该航空公司在事故发生时已经知道了相关销售网站的缺陷，却没有及时向相关业务部门反映，导致问题在相当长的时间内未被解决，使该类投诉屡屡发生。

《中华人民共和国消费者权益保护法》（旧版）第十八条规定："经营者发现其提供的商品或者服务存在严重缺陷，即使正确使用商品或者接受服务仍然可能对人身、财产安全造成危害的，应当立即向有关行政部门报告和告知消费者，并采取防止危害发生的措施。"航空公司违反了本条规定。在本案例中，该航空公司网站售票输入要素的设计缺陷，提供了模糊的信息，致使消费者在误填身份证件号码的情况下，仍能成功购买机票，客观上阻碍了合同的有效履行。虽然该缺陷未对旅客人身造成危害，但是却可能造成旅客的其他损失。因此，该航空公司对此负有责任。《中华人民共和国民法通则》第一百一十一条规定："当事人一方不履行合同义务或者履行合同义务不符合约定条件的，另一方有权要求履行或者采取补救措施，并有权要求赔偿损失。"本案例中旅客订票付费行为已经成功，运输合同应确认为有效成立。该航空公司应对该旅客所订购机票及时采取必要的补救措施，通过重新订座确认、退票等方式，尽到履行合同义务的责任，并视情况承担相应赔偿责任。另外，该航空公司还应对网站缺陷进行及时修补，防止此类问题的继续发生。

要点归纳： 由于电子客票的广泛应用，航空公司需要加强对网站细节的关注。

（五）经典案例之五：打包销售，给旅客带来损失

案例呈现：

一名旅客购买了某航空公司三亚—武汉—沈阳航班客票，购票时销售代理人告知旅客因为此产品属打包销售，旅客在武汉机场可被安排住宿过夜。由于航班延误，旅客于当日22:30到达武汉机场。当旅客按售票人员所提供信息询问该航空公司地面服务人员时，得到的答案却是此航段不含住宿，旅客无奈只得自行解决当日住宿。事后旅客再次致电该航空公司办事处确认实情，得到解释为此产品确为打包销售，含有住宿。旅客为此要求该航空公司做出合理解释。

案例解析：

《合同法》第八条规定："依法成立的合同，对当事人具有法律约束力。当事人应当按照约定履行自己的义务，不得擅自变更或者解除合同"。在本案例中，旅客支付了客票票款，并认可了销售代理人所告知的航空公司产品附加合同条款，应视为打包运输合同成立。航空公司未按合同要约履行合同，侵害了旅客在合同中应该享受的权益。经了解，本案例购客票加住宿的打包销售是该航空公司推出的一种产品，要求销售代理人在开具此类客票后,将旅客姓名、性别、联系方式、航班日期、航班信息、订座编码,以传真的形式向航空公司反馈,以便航空公司能在中转机场为旅客提供服务。本案例中销售代理人在传递信息过程中,将该旅客的联系方式遗漏传输,导致航空公司无法与该旅客提前取得联系。当日现场由于时间已晚,该航空公司相关人员未能积极与销售代理人联系,查询并核实该旅客的相关信息,使该旅客只能自行解决住宿,从而引发投诉。《中华人民共和国消费者权益保护法》(旧版)第三十五条规定:"消费者在接受服务时,其合法权益受到损害的,可以向服务者要求赔偿。"本案例中合同成立事实清晰,旅客有权向提供服务的航空公司提出赔偿要求,航空公司应履行双方约定的赔偿责任并继续履行运输合同义务。航空公司在承担赔偿责任后,对于销售代理人的工作失误,可依据《中华人民共和国消费者权益保护法》及《中华人民共和国合同法》的规定向销售代理人提出追偿要求。

要点归纳:航空公司和其销售代理人应关注打包产品服务实施的全过程。

二、民航运输生产基础知识

为了便于读者理解民航国内客票销售的有关知识,下面介绍民航运输生产基础知识。

(一)民用航空承运人及分类

航空承运人是指为了取得报酬,购买或者租用民用飞机从事提供航空服务的企业,又称航空运输企业。航空承运人可以通过其经营方式加以识别。按照航班运营的形式,民用航空承运人可以分为定期航班承运人和非定期航班承运人。

定期航班承运人,主要从事定期航班的经营,也从事非定期航班的经营。

非定期航空承运人,从事的主要活动是非定期的经营,不能从事定期航班的经营。包机航班是非定期航空承运人重要的运营方式。

另外,按照承运人经营的航线是否超越一国国界,又可以划分为国际承运人和国内承运人两种。其中,国际承运人是指主要经营一国以上航线以及国内航线的承运人;国内承运人是指基本上全部从事本国国内航线经营的承运人。

(二)航班

航班是指按照民航管理当局批准的民航运输飞行班期时刻表、使用指定的航空器,按照规定的航线在指定的起讫经停点停靠的空货邮运输飞行服务。

航班通常用航班号来标识具体的飞行班次。航班号由字母和数字组成,国内航班的航班号一般由两个字母的航空公司代码加 4 位数字组成,第一位数字表示执行该航班任务的航空公司数字代码,第二位数字表示航班终点站所属管理局地区或航空公司所在地的数字代码,第三位、第四位数字表示某个具体的航班,第四位数字单数表示去程航班,双数表示回程航班。国际航班的航班号一般由两个字母的航空公司代码加 3 位数字组成，第一位数字表示执行该航班任务的航空公司数字代码，第二位、第三位数字表示某个具体的航班，第三位数字单数表示去程航班，双数表示回程航班。由于航班数量增加，现在航空公司在各自某些航班号的编排上与上述规定有一定的出入，特别是各航空公司跨地区飞行的航班号、联合承运人的航班号、地方航空公司的航班号等都是根据实际情况而定。

航班按照民航运输飞行的时间规律，可分为定期航班、不定期航班。

例1-1 CZ3615，沈阳—广州。CZ：南航；3：南航国内航班代码；15：序号，5为单数，为国内去程航班。

例1-2 ZH9608，沈阳—广州。ZH：深航；9：深航国内航班代码；08：序号，8为双数，为国内回程航班。

例1-3 CZ361，广州—曼谷。CZ：南航；3：南航国际航班代码；61：序号，1为单数，为国际去程航班。

例1-4 CA932，法兰克福—北京。CA：国航；9：国航国际航班代码；32：序号，2为双数，为国际回程航班。

1. 定期航班

航空公司在一段时间安排的运输飞行，具有规则性的飞行周期或者飞行时刻，这类飞行称为班期飞行航班，是向一般公众开放使用并且按照公布的班期时刻或者构成显而易见的系列型飞行的以一种固定频率来经营的航班。在运输繁忙时期，在班期飞行航班班次之外沿着定期班期飞行的航线增加的航班飞行的飞行航班，称为加班飞行。

班期飞行航班和同类性质的加班飞行航班统称为定期航班。定期航班是民航运输的主要运输形式，是航空公司赖以生存的主要生产方式。因此，衡量航空公司的生产水平时，总是以定期航班的运输周转量为主要生产指标。

2. 不定期航班

不定期航班服务，通常是指航空公司根据运输需要提供的非规则性飞行服务，如包机运输飞行和某些加班运输飞行等。这类航班没有固定的航班飞行时刻表，也没有固定的飞行航线，通常是根据运输需要和合同需求，安排机型、飞行时刻、飞行航线和运价。不定期航班运输是航空公司的辅助生产方式。

航班按照运输飞行的去向，又可分为去程航班和回程航班。

去程航班，是指从航空公司机队所在基地出发的飞行航班。回程航班，是指返回机队所在基地的飞行航班。

航班按照民航机飞行的区域，可以分为国内航班和国际航班。

（三）航路

民航机在提供民航运输服务时需要跨越天空在两个或多个机场之间飞行，为了保障飞行安全，必须在机场之间的空中为这种飞行提供相对固定的飞行线路，使之具有一定

的方位、高度和宽度，并且在沿线的地面设有无线电导航设施。这种经政府有关当局批准的、飞机能够在地面通信导航设施指导下沿具有一定高度、宽度和方向在空中做航载飞行的空域，称为航路。

（四）航段

一条航线经过的站点至少有两个，即飞行起点（或称始发站）和飞行终点（或称终点站）。在起点和终点之间可以有多个经停点（或称经停站）。

在航空运输生产过程中，航段通常分为旅客航段（Segment，简称航段）和飞行航段（Leg，简称航节）。旅客航段通常是指能够构成旅客航程的航段，如武汉—上海—洛杉矶航线。其中，旅客航程有3种可能：武汉—上海，上海—洛杉矶和武汉—洛杉矶。飞行航段是指航班飞机实际飞经的航段，如武汉—上海—洛杉矶航线等，飞行航段为武汉—上海和上海—洛杉矶。

（五）航线

从事民航运输业务的承运人在获得经营许可证之后，可以在允许的一系列城市（或称站点）范围内提供航空客货邮运输服务，由这些站点形成的航空运输路线，称为航线，也称飞行航段。

航线由飞行的起点、经停点、终点、航路等要素组成。

航线不同于航路，它与实际飞行线路的具体空间位置没有直接关系。航线是航空运输承运人授权经营航空运输业务的地理范围，是航空公司的客货运输市场，是航空公司赖以生存的必要条件。因此，对航空公司来说，运营航线的优劣与多少，对它自身的发展十分重要。

航线按照飞行的区域可以划分为国内航线、国际航线和地区航线。

1. 国内航线

国内航线又称国内航班，是指飞行起点、经停点和终点都在同一国家境内的航线。根据飞行起点、经停点和终点所在城市的政治、文化和经济的地位与繁荣程度，国内航线又分为干线和支线。

干线是指首都北京至全国各省会城市和大城市之间的航线，形成省际或大城市之间的空中交通干道。例如，北京—上海，北京—广州，广州—上海等。一般来说，干线上的客货流量大，使用的机型运载能力较强。

支线是指大城市（一般指省会）至本地区中小城市之间的航线，主要目的是汇集或疏散客货流，辅助于干线运输，例如，上海—宜昌，南京—黄山等。

2. 国际航线

国际航线又称国际航班，是指飞行起点、经停点或终点超过一个国家的国境线的航线。例如，广州—新加坡，北京—伦敦，上海—东京等。

3. 地区航线

地区航线又称地区航班,是指在中国内地城市与港澳台地区之间的飞行航线,例如,厦门—台北,上海—香港,北京—澳门。

对以上民航运输生产知识的熟练掌握是从事民航国内客票销售工作的基础性要求。

三、民航客票销售基础知识

客票指由承运人或其代理人所填开的被称为"客票及行李票"的航空旅客运输凭证,包括运输合同条件、声明、通知及乘机联和旅客联等内容。

(一) 客票的作用

(1) 客票是旅客和航空公司之间签署的运输契约,是承运人和旅客订立的航空运输合同条件的初步证据,是旅客办理乘机手续、托运行李的凭证。

(2) 客票是航空公司之间及航空公司与代理人之间进行结算的依据。

(3) 客票是旅客退票时的凭证。

(4) 客票是一种有价证券。

(二) 客票的分类和构成

根据客票提供者的不同,通常把客票分为航空公司客票和中性客票两种。

1. 航空公司客票

航空公司客票在客票的封面上印有该票所属航空公司的名称、航徽及其代码等标记,如图1-32所示。

图1-32 南航客票封面

国内航空公司客票是由会计联、出票人联、乘机联、旅客联组成的。会计联供财务部门审核和记账;出票人联供填开客票的单位存查;乘机联供旅客在客票上所列明的指定地点之间搭乘飞机及托运行李使用;旅客联由旅客持有,旅客在使用客票、退票和报销时必须持有旅客联。

2. 中性客票

中性客票又称 BSP（Billing and Settlement Plan，开账与结算计划）客票。BSP 采用统一规格标准运输凭证即中性客票，经加入中国国内 BSP 的航空公司授权，代理人直接代理这些航空公司的业务，并按照统一和简化的程序制作销售报告，实施结算和转账，由此提高代理人的销售能力和服务质量。在代理人确认之前，中性客票没有任何航空公司的标志。一旦在票证上印刷了承运人识别标牌，该票证就成了该航空公司的财产。中性客票的封面上印有国际航协的标志及专门设计的图案。

BSP 客票与国内各航空公司的客票在格式上的区别主要表现在"付款栏"（仅在会计联和出票人联中有，乘机联和旅客联与此栏对应的位置为条形码）和航空公司的确认盖章栏。

（三）客票的使用

客票是旅客运输凭证，使用时有严格的规定。

（1）客票为记名式，只限客票上所列姓名的旅客本人使用，不得转让和涂改，否则客票无效，票款不退。

（2）旅客未能出示根据承运人规定填开的包括所乘航班的乘机联和所有其他未使用的乘机联及旅客联的有效客票，无权乘机。旅客出示残缺客票或非承运人或其代理人更改的客票，也无权乘机。

（3）客票的乘机联必须按照客票上所列明的航程，从始发站开始顺序使用。如果客票的第一张乘机联未被使用，而直接使用后续的乘机联，则第一张乘机联作废，不予使用。

（4）每一张乘机联上必须列明舱位等级，并在航班上订妥座位和日期后方可由承运人接受运输。

（5）旅客应在客票有效期内完成客票上列明的全部航程。

（6）含有国内航段的国际联程客票，其国内航班的乘机联可直接使用，不需要换开成国内客票。

（7）旅客在我国境外购买的用国际客票填开的纯国内段的客票，应换开成我国国内客票才能使用。

（8）航空公司及其代理人不得在我国境外使用国内航空运输客票进行销售。

（9）定期客票只适用于客票上列明乘机日期的航班。

（四）客票的有效期

（1）普通客票的有效期自旅行开始之日起，一年内运输有效；如果客票全部未使用，则从填开客票之日起，一年内运输有效。

（2）特殊客票的有效期，按照承运人规定的该特殊票价的有效期计算。

（3）客票有效期的计算，从旅行开始或填开客票之日的次日零时起，至有效期满之日的次日零时为止。

例1-5 一名旅客于2014年6月29日12:10购买了一张2014年7月17日CZ3101航班的全价客票。如果客票全部未使用,客票有效期至2015年6月30日零时;如果客票因飞机备降部分使用,客票有效期至2015年7月18日零时。

(五)客票的销售方式

目前客票的销售方式主要包括以下两种。

1. 航空公司的销售部门

航空公司的销售部门包括航空公司设在市区的和机场的销售网点。近年来由于客票销售市场竞争激烈,各销售代理在销售过程中通过各种方式来争夺客源,在一定程度上扰乱了市场,也影响了航空公司的客票销售。为了稳定市场,尽可能地提高航空公司的销售额,航空公司建立了自己的客票直销点,通过电话订票的形式获得更多、更直接的客户,可以节省必须支付给代理人的3%的代理费。另外,航空公司还开发了网上销售渠道,极大地方便了旅客,也给传统的销售方式带来了新的挑战。

2. 销售代理

销售代理企业受航空公司的委托,在约定的经营范围内以委托人的身份处理航空运输(客货邮运输)、销售及相关的业务。销售代理企业的出现,使航空公司把销售服务交由代理企业承担,从而能够集中力量搞好运输服务,减少了大量销售方面的经费和成本,同时也扩大了市场。销售代理企业则通过佣金来获取利润。销售代理企业和航空公司的直销点都采用类似的方式经营,但销售代理企业可以同时出售多家航空公司的客票,给旅客更多的选择。

我国自1987年开始出现航空销售代理企业。1993年8月,原民航总局颁布了《民用航空销售代理业管理规定》,规定把销售代理企业分为两类。一类企业可以经营国际和地区航线的销售代理业务,要向原民航总局提出申请,注册批准;二类企业只经营国内航线业务,向民航地区管理局提出申请,取得批准。

(六)客票销售新渠道介绍

随着移动互联网技术的不断发展和被公众的广泛认知,基于移动互联网技术的客票销售新渠道逐渐发展起来。目前,客票销售行业已逐步进入微信营销时代,这将给消费者带来超乎其想象的全新完美体验,同时也将给航空公司和代理人的营销策略带来更高的要求。

1. 微信及其产品特征分析

微信是腾讯公司于2011年初推出的一款通过网络快速发送语音、视频、图片和文字等,支持多人群聊的手机聊天软件。它是继电子邮件、聊天室、博客、播客、微博等之后的又一社交媒体形式。微信从它诞生的那天起,就凭借着即时、全能、多维的综合媒体整合能力,迅速占领目标市场。截至2019年9月,微信活跃用户高达11.5亿人。

微信是凭借什么魅力吸引到如此多的用户喜爱？其原因就蕴含在微信的产品功能特性中，下面简要对微信的产品特征加以分析。

1）基于移动互联网络的产品设计理念

微信与其他社交媒体形式最本质的区别就是其完全基于移动互联网络的产品应用平台。随着智能手机风靡全球，人们传统的只能坐在计算机显示屏前访问互联网的习惯被彻底颠覆了，人们可以更加便捷地在任何时间、任何地点，以任何姿态通过更具便携功能的手机屏幕浏览各种互联网资源。智能手机在全球范围内的广泛使用加速了人类社会步入移动互联网络时代的脚步。截至 2019 年 6 月底，我国手机网民规模达到 38.47 亿人。在世界范围内，通过移动网络访问互联网的用户数量已超过 PC 固定网络的用户数量。微信的快速扩张正是借了移动互联技术强势崛起这一东风，并有效地将现代社会交往中迫切需要的连接、传播、互动三项核心功能完美实现。

2）跨平台支持多款智能手机操作系统

当技术界还在就苹果、安卓哪个操作系统更适合有效发挥智能手机应用功能特点争论得喋喋不休时，微信已悄然完成了跨平台的应用整合。微信使用户完美跨越了因彼此手机操作系统不同而带来的交互和应用障碍。

3）有效整合多种主流传播方式

可以毫不夸张地说，微信是过去多年移动通信和网络通信的各项成功产品的核心功能的集大成者。它可以全方位、多角度、一站式地满足用户已经形成的使用其他产品的体验惯性需要。其通信功能可支持用户使用文字、语音、表情、地理位置、图片、视频的"六合一"立体式沟通体验。其娱乐功能通过朋友圈、附近的人、摇一摇、漂流瓶、扫描二维码等应用组件，让用户更加便捷地和周围的人、事互动。

4）成功突破网络运营商制约瓶颈

微信得以快速风靡的另一个重要因素就是它给用户提供了低流量、低资费的"双低"移动互联网应用解决方案。微信通过其先进的技术有效地解决了移动互联网应用型产品因其高数据流量而带来的高使用成本的难题。这一重要技术的突破给微信带来了其他近似产品无可比拟的使用成本优势。

2. 微信的商业模式探析

微信只是工具，如何科学、有效、合理地运用这一工具的特征开发出能为用户带来更多价值和更好体验的产品和服务，从而实现供应商的盈利呢？下面将从微信的典型应用来探析其已经显现或尚在隐含的商业模式。

1）满足用户个性化资讯需求——信息订阅模式

微信上的信息以订阅模式呈现。"订阅"意味着用户希望在公共平台上获得其需要的更专业、更全面的视角、观点，原始事实可以通过整合再输出，从本质上提升了资讯的个性化和价值性。和微博资讯以争取共鸣、披露真相为目的的"一对多"的广播式呈现相比，微信资讯可以支持以观点探讨、差异分享为目的的"一对一"的管道式呈现。信息订阅模式使微信成为实施精准化市场营销的有效传播媒介。

2）挖掘海量用户的潜在价值——广告推送模式

如何挖掘出海量用户的潜在价值，这是新型社交媒体一直在苦苦探寻并必须要解决的难题。以Facebook、Twitter、新浪微博为代表的新型社交媒体，拥有数以亿计的海量用户，没有人会怀疑其中蕴含的商业价值，但人们在如何开发其显现出来的实践路径方面似乎还没有找到合适的商业模式。微信在其开发阶段就设计出推送功能，该功能可以强制性地将文字、语音、链接等信息发送到微信用户。推送模式的到达率接近100%，其在活动促销、网站推广、信息发布等商业领域效果明显。广告推送模式会有效地促使公共平台——公司用户以更大热情和动力投放更多的资源到其微信平台上，为其微信用户提供更具价值的产品和服务。

3）创造客户交流新体验——语音互动模式

人类最习惯、最便捷、最普适的传递信息的方式是语言。微信拥有目前其他社交媒体所不具备的强大的语音信息呈现功能，语音消息很适合用来做用户交流互动，就如电台广播中的听众访谈环节，微信用户可以直接就某一大家共同关心的问题，发表各自的说法。语音互动模式创造了企业和客户的新型交流模式，将有助于企业更加准确地捕捉到客户的最真实需求，从而为其产品和服务创新指明发展方向。

4）运用二维码实现联动——跨媒营销模式

二维码是连接传统平面媒体和现代网络媒体的纽带，通过微信的扫一扫功能，可以轻松解决企业各种营销手段的线下与线上有效联动的难题。目标群体可以通过平面广告、电视广告等传统下线媒体从视觉上了解产品和服务，通过扫一扫二维码，关注企业线上的微信账号，从而获得更多新鲜企业资讯。企业积累人气可以通过微信轻松实现并延续。二维码是一种既隐秘又公开的信息传递载体，它可以通过多种物料的形式展示，能激发人们的好奇心去关注黑白抽象图形后隐藏的丰富信息。跨媒营销模式将为企业实现线上营销、线下销售提供绝佳的机会。

3. 客票销售的微信机遇

同酒店、邮轮、旅游、会展、租车等综合旅游类其他细分市场产品相比，客票是业内公认的最容易被标准化的产品。特别是在全面实现客票电子化后，客票销售成为最快上线并迅速电子商务化的旅游类产品。无论是航空公司的客票直销部门还是销售代理人均及时调整策略，纷纷加大其在线上的营销投入。航空公司的B2B、B2C销售占比快速增加，销售代理人在竞价平台、网站的交易份额迅速扩张的现象无不说明了客票销售领域正在经历由线下业务向线上交易的模式转型。微信的出现恰逢其时，它给客票销售线上交易模式提供了全新的承接载体。曾有业内人士指出，客票信息可以完整地呈现在智能手机的一页屏幕上，这注定了它终究要通过智能手机来进行销售的未来。随着移动互联网技术的日臻完善，用户通过智能手机购买客票将成为移动电子商务最容易实现的在线应用项目，微信则为这种应用的实现提供了再合适不过的绝佳平台支持。

无论是航空公司还是销售代理人，它们在日常的线下客票销售过程中积累有大量的客户手机号码、QQ号码、电子邮箱等有效联系方式，这将有助于其迅速发展公共平台的微信用户，且"吸粉"成本很低。特别是销售代理人应思考如何通过微信进行更好的公司和用户的互动营销，使微信成为其在竞争白热化、传统渠道和电子商务平台均向少数平台集中的趋势下保持相对竞争优势的工具。移动微信营销将成为国内客票竞价平台、客票销售垂直搜索引擎之后的下一个蓝海。

自 我 检 测

(1) 请阐述5种运输方式并简要描述各自的特点。
(2) 请阐述航空运输的特点。
(3) 请阐述航空运输企业的定义及基本业务职能。
(4) 请简述代码共享对航空运输业的影响有哪些。
(5) 请分别说出5种宽体飞机型号和5种窄体飞机型号。

第二章　民航国内客票销售地理知识

学习目标

(1) 了解我国自然地理环境、经济地理环境及人文地理环境的基本情况。
(2) 掌握我国航空区划及各区划特征。
(3) 了解北京、上海、广州三大核心城市的基本情况。
(4) 掌握地球的旋转及对飞行的影响。
(5) 了解大气层的垂直分层情况。
(6) 掌握影响飞机起降的特殊天气。
(7) 掌握影响飞机航行的特殊天气和现象。

学习内容

(1) 我国自然地理、经济地理及人文地理的相关知识。
(2) 北京、上海、广州三大核心城市的基本信息。
(3) 与飞行相关的地球运动知识。
(4) 大气层及飞行环境知识。
(5) 影响飞机起降及航行的天气知识。

第一节　我国地理知识简介

一、我国自然地理环境

"地大物博"是对我国自然地理环境最贴切的描绘。我国是亚洲领土面积最大的国家：西起亚欧大陆中部的帕米尔高原，东至浩瀚的太平洋，从东五区到东九区，地跨五个时区；北起西伯利亚高原，南至南海诸岛，从亚寒带到热带基本跨越了整个北半球。如此辽阔的地域所对应的领空为我国航空运输业的发展提供了广阔的舞台，为打造一个巨大的国内航空运输市场从客观上提供了可能。

"西高东低，地貌类型多样"是我国地势的总体特点。西南有"世界屋脊"之称的青藏高原，屹立着世界最高峰珠穆朗玛峰；东部从北到南依次是东北平原、华北平原、长江中下游平原、珠江三角洲，既是我国主要的农作物产区，又是我国经济发达的地区。人口密集，经济贸易活动频繁，旅游资源丰富，无疑为我国航空运输业的快速发展提供了充足的客货源。

由于我国南北纬度跨度大、地形丰富，这使得我国气候类型复杂多样，亚寒带气候、温热带气候、亚热带气候、山地气候、高原气候都能在我国找到极为典型的区域。丰富的地貌使我国拥有众多风景独特的自然旅游资源，吸引中外游客纷至沓来。旅游业的繁荣发展影响和带动了区域内以航空旅游为目的的民航旅客运输业务量的迅猛增长。

总之，我国的自然环境为我国国内航空运输业的发展提供了巨大又充满潜力的发展空间。如何系统地、科学地、有效地利用现有自然环境资源优势，充分发挥其内在的潜力和优势，是我国民航业界有待进一步深入思考和解决的问题。

二、我国经济地理环境

经济区域分布是影响航空运输资源布局的关键性外部因素。从全球航空运输资源的分布情况来看，区域经济的繁荣程度和航空运输的发达程度存在显著的正相关性已是不争的事实。从国际航线的分布特点来看，北美、欧洲、东亚是航线最密集的区域；从经济发展程度来看，它们也是世界经济的中心。因此，航空运输资源的分布和经济发展程度是紧密相关的。

经济高度发展必定要求运输业能提供方便、及时的人员和物资流动，要求建立现代化的运输网络。航空运输以其速度快的优势成为现代化立体、高效运输网络的重要一环，可以满足与区域内的经济高速发展相匹配的区域内或区域间的人员和物资流动的需要。全球最繁忙的北大西洋航线充分说明了航空运输和经济发展的关系，因为它连接了世界上两大经济实体——美国和欧盟，大西洋两岸的这种密切的经济贸易交往造就了这片世界上最繁忙的天空。全球经济增长速度最快的区域是东南亚，因此全球民航运输高速增长区域是以中国为代表的东南亚航空区划。

我国航空运输布局和发展趋势也同样遵循着与经济发展相适应的轨迹。北京、上海、广州是我国三大繁忙的航空港，它们在航空网络中关键地位的形成也因为它们分别依托于其所处的京津冀经济区、长江三角洲经济区、珠江三角洲经济区的区域经济强势发展，而且这3个城市也都分别是其所在区域的核心城市和经济中心。改革开放以来，由于我国东部沿海地区经济增长显著，我国的航线分布、航空运力投放、航线网络建设等航空运输资源多集中投放在东部经济发达地区，我国航空运输资源的分布明显出现东西不平衡的局面。但是随着我国西部大开发、振兴东北老工业基地等经济战略政策的相继出台,加之原有产业结构的大调整和相关企业的战略性向西部迁移,我国的航空运输网络也正随之逐步向西、向东北等区域扩张,东部的大中城市通往西安、武汉、成都、沈阳、乌鲁木齐等地的国内航线成为国内各大航空公司增加运力投放、抢占市场份额的重点。随着我国在全球经济活动中的重要程度的显著增强,各大跨国公司纷纷进军我国市场、投资设厂,同时与我国企业开展的各种层次的合作不断增多,这无疑促使我国和世界各国的经济贸易往来更加密切,人员交往更加频繁,进而给我国的国际航线带来了大量的客货源。

三、我国人文地理环境

我国是世界四大文明古国之一,拥有悠久的文化历史,以及为世人所称奇的历史遗址和古迹。万里长城、秦始皇兵马俑、敦煌莫高窟、北京故宫等都是中华民族聪明智慧和精湛工艺的结晶,是全人类的文化瑰宝。2014年,大运河和丝绸之路被正式列入世界文化遗产名录。截至2018年年底,我国共有41处古迹被列入世界文化遗产名录、4处古迹被列入中国世界文化与自然遗产名录。我国丰富的人文旅游资源吸引了无数国内外游客纷至沓来,航空运输成为许多游客的最佳选择。在我国现有的国际国内航班旅客中,游客占据着相当大的比例,旅游因素现已成为直接影响航空公司新航线开辟和运力投放增加的重要依据,这一点在我国中西部航空运输资源的分布上表现得更为显著。

四、我国航空区划介绍

设置航空区划是为了能因地制宜地安排运力,合理规划机场布局,最大限度地协调国内国际航空的发展,充分发挥航空资源对区域发展的支持作用,以获得最佳的经济和社会效益。中华人民共和国成立后,我国民航由于基础薄弱,不得不沿袭之前的北京、沈阳、广州、成都、兰州、上海六大航空管制区,成立了民航六大地区管理局。1982年,西北局由兰州迁往西安。随后,原民航总局考虑到新疆地广人稀,同时为了促进新疆民航业快速发展,在1985年成立民航第七个航空管制区,即乌鲁木齐管理局(现中国民用航空新疆管理局)。

目前,中国民用航空局下设7个地区管理局,分别负责履行相应航空区划内的行政管理职能。

(1)中国民用航空华北地区管理局。其位于北京,管辖河北省、山西省、北京市、天津市、内蒙古自治区。该地区地貌以丘陵、平原、山地为主,属于暖温带大陆季风性气候,是我国煤炭、石油、天然气的主产区。该地区的主要城市包括北京、天津、秦皇岛、石家庄、邯郸、太原、呼和浩特、包头等。

(2）中国民用航空华东地区管理局。其位于上海，管辖山东省、江苏省、安徽省、浙江省、江西省、福建省、上海市。该地区地貌以丘陵、平原、盆地为主，属于亚热带湿润性季风气候。华东地区是我国经济发达的地区，综合技术水平较高，区域内农业、工业、服务业与区外联系紧密。该地区的主要城市包括上海、南京、杭州、宁波、温州、合肥、厦门、福州、南昌、济南、青岛。

（3）中国民用航空西南地区管理局。其位于成都，管辖四川省、贵州省、云南省、重庆市、西藏自治区。该地区地貌以山地、丘陵、盆地为主，属于亚热带山地高原气候。由于该地区地处我国内陆，经济相对落后。但是随着我国西部大开发战略的落实，该地区的发展潜力正不断释放。该地区的主要城市包括重庆、成都、绵阳、昆明、贵阳、拉萨。

（4）中国民用航空西北地区管理局。其位于西安，管辖陕西省、甘肃省、青海省、宁夏回族自治区。该地区身居内陆，位于大兴安岭以西，昆仑山—阿尔金山—祁连山以北，地广人稀，多为少数民族聚居，地形多变，气候干旱，工农业都相对落后。但是随着"一带一路"倡议的提出，该地区的经济发展速度不断提高。该地区的主要城市包括西安、延安、西宁、银川、兰州、敦煌。

（5）中国民用航空中南地区管理局。其位于广州，管辖广东省、湖北省、湖南省、河南省、海南省、广西壮族自治区。该地区南北较长，地形复杂，海岸线绵长，江河湖泊众多，地跨中原地区、长江中游、珠三角等我国工农业核心区域。该地区的主要城市包括郑州、洛阳、武汉、长沙、广州、珠海、深圳、南宁、桂林、海口、三亚。

（6）中国民用航空东北地区管理局。其位于沈阳，管辖辽宁省、黑龙江省、吉林省。该地区山水环绕，自然资源丰富，形成了相对独立的区域经济单元，在我国经济中占有重要地位。该地区的装备制造业、石油化工业、冶金工业、船舶制造业、汽车制造业、高新技术产业、农产品加工业发展水平处于全国领先水平。该地区的主要城市包括哈尔滨、长春、沈阳、大连。

（7）中国民用航空新疆管理局。其位于乌鲁木齐，管辖新疆维吾尔自治区。该地区地处亚欧大陆核心地带，是我国通往中亚的重要门户，具有极为重要的战略意义。随着我国对新疆扶植力度的加大，该地区的经济正呈现加速活跃态势。

第二节 我国三大核心城市简介

航空运输是一个受制于区域经济、旅游、政治、文化等诸多因素发展的行业。北京、上海、广州是我国三大核心城市，分别是全国性的政治文化中心、科技金融中心、对外贸易中心，同时也是所在区域的经济中心。它们的经济地位同时也成就了其作为我国航空门户的角色,是我国航空旅客和货物运输的集散地。作为从事民航国内客票销售业务的人员,需要全面地了解航空热点城市的信息,本书仅以北京、上海、广州为例加以介绍。

一、北京简介

北京市是中华人民共和国的首都,简称京,是世界上著名的历史文化名城、东方古都,为我国七大古都之一,自西周燕国算起,距今已有3000多年的历史。春秋战国时期北京为燕国都城,辽代定北京为陪都,金、元、明、清均定都于此,金称中都,元称大都,明清称京师。自中华人民共和国成立以来,北京逐渐发展成为我国的政治、文化、信息和对外交往的中心。北京是古老的,但同时又是一座焕发美丽青春的古城(见图2-1),它正以一个雄伟、奇丽、新鲜、现代的姿态屹立在世界的东方。

图2-1 北京故宫博物院和天安门广场鸟瞰

诚如古人所言:"幽州之地,左环沧海,右拥太行,北枕居庸,南襟河济,诚天府之国。"北京地处华北平原,北为燕山山麓,西为太行山系,东南则为平原。北京总体上呈现西高东低的特点,平均海拔约为40米。北京自古就发挥着连接东北、西北和中原地区的纽带作用,目前已经发展成为我国公路、铁路、航空运输的重要枢纽之一。北京地区属温带半湿润大陆性季风气候,四季分明,年平均气温为11.6摄氏度,年平均降水为638毫米且集中于7月和8月。北京交通便利,自然环境优越。

中华人民共和国成立之初,将北京规划为我国的重要工业基地之一,是环渤海重工业经济区的重要核心城市。在这个思路的指导下,北京建成了囊括冶金、石化、机械、煤炭、汽车、纺织、电子、建材等门类齐全的重工业城市。由于北京人口十分密集,生活必需品市场广阔,促进了城郊农副产品基地的建设和发展。虽然工业发展水平提升了,但是北京也为此付出了沉重的代价,北京的水质下降、空气质量变差,"重度环境污染"与中国首都的称谓是无论如何也不相称的。为了达到重塑新北京、新首都的目标,北京整体城市定位有所改变,"全国政治中心、文化中心、国际交往中心、科技创新中心"是北京的功能定位。原有的高污染、高能耗的工业部门纷纷被政策性地迁出北京城区,取而代之的是金融、IT、旅游、展览等科技性、服务性强的行业。其结果是在经济高速发展的同时,北京的水净了、天蓝了、街道整洁了,北京的整体环境得到了很大改善。

二、上海简介

上海市是我国经济、文化中心城市,简称沪。古时上海为长江入海口处的小渔村,春秋时期属吴国范围,战国时期为楚国春申君的封地,因此上海别名申。从宋朝开始在此建城设镇,始称上海。1291年8月19日,当时的元朝批准在上海建县,后来这一天被定为上海建城纪念日,1927年设市。"大上海"是这座大都市在近代历史中的最好写照,它是那个时期中国现代文明的代表,同时这里也是中国共产党的诞生地。中华人民共和国成立后,上海成为我国首批3个直辖市之一,现代的上海人正用自己的辛勤努力,续写着这座世界级大都市的辉煌(见图2-2)。

图2-2 上海浦东新区鸟瞰

上海位于北纬31度、东经121度左右,处在南北跨度约为120千米、东西跨度约为140千米的区域内。这里是长江三角洲冲积平原的最前端,长江入海口东南岸,中国海岸线的中心点。上海东濒东海、南临杭州湾、西达昆山嘉兴、北界长江天堑,优越的区位条件使上海自古就成为中国对外经济交往的门户。

上海属亚热带季风气候,春夏秋冬四季分明,日照充足,雨量适中。年平均气温为16摄氏度,年平均降水量为1200毫米。流经市区的黄浦江天然地将上海分为浦东和浦西两大区域,其中浦西是老上海的缩影,浦东则为中国经济高速发展的龙头之一。现在的上海行政区划为18区1县,黄浦区为市政府所在地。

上海是全国最大的集制造业、服务业、金融业于一体的综合性国际大都市。它是全国最大的商业中心和外贸集散地,是全国最大的科学、文化教育中心城市之一。同时,上海作为一个国际化大都市,每年举行各种各样的国际会议,包括商业的、政治的、文化的、艺术的,上海已经成为中国了解世界、世界了解中国的一个窗口。2013年8月22日,国务院正式批准设立中国(上海)自由贸易试验区,继以浦东为范本的经济技术开发区模式成功后,上海再次承担起自由贸易区这一我国新经济发展模式"孵化器"的重任。试验区成立时,以上海外高桥保税区为核心,辅之以机场保税区和洋山港临港新城,成为我国经济新的"试验田",实行政府职能转变、金融制度、贸易服务、外商投资和税收政策等多项改革措施,大力推动上海市转口、离岸业务的发展。2013年9月29日,上海自由贸易区正式挂牌成立。上海自由贸易区范围涵盖上海市外高桥保税区、外高桥保税物流园区、洋山保税港区和上海浦东机场综合保税区4个海关特殊监管区域,是"四区三港"的自由贸易区格局。

三、广州简介

广州市是我国华南地区的主要中心城市和历史文化名城,简称穗,别名羊城。广州从公元前214年秦王朝任命任嚣为南海尉并建城(俗称任嚣城)开始,已有两千多年的建城历史。三国时期吴国孙权于公元226年在交州东部设广州,广州之名由此而来。自秦汉以来,广州逐渐成为岭南政治、经济、文化中心,魏晋南北朝时期一直作为我国对外贸易和友好往来的重要口岸,是中国海上丝绸之路的起点。隋唐时期广州有了大规模的扩建,明代为广州布政使司和广州府治,清代为广东省和广州府治。广州是中国近现代革命策源地,既有三元里人民英勇抗击英军侵略,又有孙中山、黄兴领导的黄花岗起义。中华人民共和国成立以来,广州一直走在全国经济发展和改革开放的最前列,带动了整个珠江三角洲地区的全面发展。

广州是广东省省会,是广东省政治、经济、科技、教育和文化中心,也是华南区域性中心城市,位于珠江三角洲北部,倚珠江、面南海、毗邻香港和澳门,中国第三大河流珠江穿城而过,地理位置十分优越,素有中国"南大门"之称(见图2-3)。

图2-3 广州珠江两岸鸟瞰

广州地处南亚热带,北回归线穿越北部,属南亚热带典型的海洋季风气候。夏无酷暑,冬无严寒,雨量充沛,四季如春,繁花似锦。全年平均气温为21.8摄氏度,年均降水量为1983毫米。由于气候温和、土壤湿润、阳光充沛，广州一年四季树木常绿、鲜花常开，自古就以"花城"著称。在国内城市中，这一别称和美誉也是广州独有的。

广州自然条件优越，物产资源丰富，有许多驰名中外的农副土特产品。广州是中国著名的"水果之乡"。广州的土地、气候等自然条件适宜多种热带、亚热带果树的生长，一年四季都有水果上市，其中荔枝、香蕉、木瓜和菠萝享有"岭南四大佳果"的美誉，其他的如阳桃、龙眼、黄皮、柑、橙等也久负盛名。广州自古以来就是全国著名的商埠，它拥有上千年的对外开放贸易历史。改革开放以来，广州经济更是焕发出新的生机，取得了令世人瞩目的成就。从1992年开始，广州综合经济实力跃居全国10大城市的第三位。广州经济发展最突出的特点是包括商业、旅游业、餐饮业、信息、金融、房地产、服务业等在内的第三产业十分发达，占全市国内生产总值的比重高达56%，已达到中等发达国家的水平。广州经济发展的另一个突出特点是，对外开放程度比较高，对外经济贸易发达。

第三节 航空地理知识

航空地理知识是指与航空飞行相关的地理信息的总称，其信息主要包括地球运动的知识、大气层及飞行环境、影响飞行的天气等基本概念。

一、地球运动的知识

(一) 地球的旋转及对飞行的影响

地球时刻在宇宙中做着两种重要的运动：自转和公转。地球的自转是指地球绕着地轴自西向东不停地旋转。地球自转一周所用的时间是23时56分4秒，约24小时，也就是俗称的一天。地球上被太阳照亮的一侧为白昼，未被照亮的一侧为黑夜，自转形成了地球上昼夜更替的现象，而且总是地球的东方迎来曙光，西方送走晚霞。地球的自转还会使地球上运动的物体受到地转偏向力的影响，除赤道外各地物体在水平运动方向均产生偏转，这种偏转影响飞机的飞行，使其飞行方向发生偏离。地球的公转是指地球以太阳为中心，围绕其自西向东不停地旋转。地球在公转时，地轴是倾斜的，而且它的空间指向保持不变。地球处在公转轨道的不同位置，受太阳照射的情况也就不完全相同，形成了春、夏、秋、冬四季的交替。北半球与南半球的季节正好相反，地球上也因此出现了热带、南温带、北温带、南寒带、北寒带等不同区域。

由于地球运动的影响，在航空旅行中旅客有时会经过一个漫长的黑夜，有时会经过一个漫长的白天，有时机上的昼夜会十分短暂。当飞机向东飞行时，它以当地的自转线速度与航行速度之和穿过地球的亮区和暗区，这样机上一昼夜的时间要小于24小时；当飞机向西飞行时，它以当地的自转线速度与航行速度之差穿过地球的亮区和暗区，因此机上一昼夜的时间要超过24小时。例如，在中美航线上，如果飞机向东飞行，从北京飞往旧金山的航程中，要经过一个较长的黑夜；而在返程航线上，飞机向西飞行，则要经过一个漫长的白天。在东西分布的远程航线上，这些现象比较突出。

（二）地球的经线和纬线

人们为了精确描述物体在地球上的位置，人为地用刻度线来标记，即经纬度坐标。通过地球两极的大圆圈叫经线圈，两极把经线圈分成两半，每一半称为一条经线（或子午线）。地球上有无数条经线，地面上任一点都有一条经线通过。如果不确定一个起点，就无法计算经度，因此在1884年的国际子午线会议上，各国共同商定，以通过英国伦敦市东南郊格林尼治天文台的经线作为计算经度的起点，定为零度经线（又称本初子午线）。同时还确定，在零度经线以东的180度范围，统称为东经；在零度经线以西的180度范围，统称为西经。例如，北京的经度是东经116度28分。与赤道平行的圆圈称为纬线圈。纬线圈由赤道向两极逐渐缩小。赤道的纬度是0度，南北两极都是90度。为了区别南北两个半球的纬度，将赤道以北的纬度统称为北纬，赤道以南的纬度统称为南纬。北京的纬度是北纬39度48分。

经线是南北方向，纬线是东西方向。经线和纬线相互垂直，经度和纬度的标号组成地理坐标。一般情况下，世界上相同纬度的城市具有十分接近的气候特征。通过纬度的比较，即使人们不熟悉出行城市的情况，也可大致了解其天气状况。

二、大气层及飞行环境

人类生活的地球被一层空气包围着，地球周围的这层气态物质称为大气。它的底界是地面，顶界则是没有明显自然边界的散逸层顶端，一般认为大气的顶界约为2000~3000千米。受地球引力作用，大气密度随着高度升高而降低。根据不同的气象条件和气温的垂直变化等特征，大气层可分为五层：对流层、平流层、中间层、暖层和散逸层（见图2-4）。大气层中的各种现象和空气动力对航空器的飞行活动有重要影响。

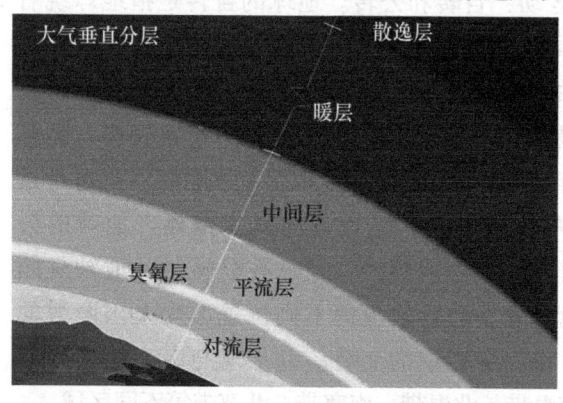

图2-4 大气垂直分层示意图

（1）对流层。对流层是最接近地球表面的一层大气，在不同的地区对流层顶界的高度也不同。在赤道附近，对流层顶界的高度可达到17千米，而在两极附近，对流层顶界的高度仅有7~8千米。同大气总厚度相比，对流层相对较薄，但这里集中了整个大气75%以上的质量和95%以上的水汽。大气中大多数的天气现象和天气变化发生在对流层中，它是对人类的生

产、生活以及飞行活动影响最大的圈层。

（2）平流层。平流层也称同温层，因没有垂直方向的空气对流，只有水平方向的大气运动而得名。平流层距地表高度较高，受地面地形、地貌影响较小，而水平方向的大气环流是由地球自转而产生的。在平流层内，空气流动比较平稳，有利于飞机的稳定飞行。

（3）中间层。从平流层顶到约85千米高度的大气层称为中间层。其显著特点是该层气温随着高度的升高而迅速降低，每上升1千米大约下降3.5摄氏度，到中间层顶部可降至零下83摄氏度及以下，成为地球大气温度最低的圈层。这种温度的垂直分布造成了大气的对流运动，垂直混合流动明显，故有高空对流层之称。

（4）暖层。从中间层到暖层顶的大气层称为暖层，也称电离层。该层气温随高度的增加迅速升高，白天可达1700摄氏度，夜间约为200摄氏度。在强烈紫外线辐射和宇宙射线的作用下，暖层处于高度电离状态，具有反射无线电波的能力，对无线电通信有着重要作用。

（5）散逸层。暖层顶以上的大气层，统称为散逸层，也称外逸层。散逸层大气极其稀薄，几乎完全处于电离状态，温度很高，气体粒子运动很快，受到的地球引力又小，因此某些高速运动的气体粒子能克服地球引力散逸到星际空间去。散逸层是地球大气和星际空间的过渡层。

民航飞机主要活动于对流层和平流层中，从地面算起到约18千米高度之内。没有增压的飞机和小型的喷气飞机在7千米以下的对流层中飞行。大型和高速的喷气客机装有座舱环境控制系统，可以在7~13千米的对流层顶部和平流层中飞行；在这个高度，几乎没有垂直方向的气流，飞机飞得平稳，而且由于空气稀薄，飞行阻力相对在对流层中要小得多；飞机在该层以较高的速度飞行，节约燃油，经济性能好。通常称对流层的上部和平流层的下部为飞机航行层。

三、影响飞行的天气

飞机在大气中飞行，大气总是在不停地运动，特别在对流层的中下部，各种天气现象频繁出现。它们往往对飞行和起降产生不利影响，轻则延误航班，重则造成事故。气象人员要及时、准确地提供航空天气实况、航站预报、航线预报和区域预报，以供航行管制、飞行人员参考，同时还需要民航地面工作人员的密切配合和协调。因此，民航国内客票销售从业人员应对影响飞行的天气有所了解，以便在出现因天气原因带来的航班不正常的情况下，从科学、专业、系统的角度为受影响的旅客做好必要的解释工作。

（一）影响起降的特殊天气

对飞行事故进行的统计和调查表明，约80%的事故是在飞机起降时发生的。起降事故中，除少数因机械故障和操纵失误外，大多数与天气条件有关。严重影响飞行的恶劣天气包括地面大风、低空风切变、低能见度等，下面对其进行简要介绍。

（1）地面大风。气象上，一般把地面风速大于12米/秒的风称为大风。航空上，对地面大风的概念更为严格、精确。机型不同，其所能承受的最大允许风速也不同。风为矢量，它与跑道的夹角发生变化时，最大风速允许值也随之变化。有地面大风时，往往产生乱流涡旋，从而影响飞行的稳定性能，加大飞机的操纵难度。尤其是侧风起降时，飞机起飞和着陆的操纵变得相当复杂。当侧风很大时，飞机难以保持平衡，大风使机身倾斜，有时使翼尖擦地，造成事故。风速强劲时，甚至会对停放的飞机造成很大的破坏。在一定条件下，地面大风会伴有风沙、吹雪、浮尘等情况的发生，致使近地面的能见度降低，从而影响飞机起降。

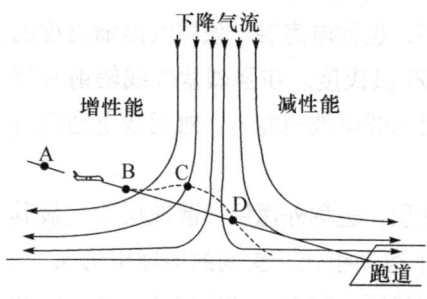

图2-5 低空风切变对飞行影响示意图

（2）低空风切变。低空风切变是指600米以下的空中，风向或风速的明显变化（见图2-5）。低空风切变对飞行安全威胁很大，是构成飞机起飞、着陆的危险因素之一，尤其是飞机在进近着陆过程中，对飞行安全的威胁尤为严重。这种变化可分为三种基本情况，即水平风的垂直切变、水平风的水平切变及垂直风的水平切变。水平风的垂直切变是指水平风在垂直方向上风速或风向的改变；水平风的水平切变是指水平风在水平方向上风速或风向的改变；垂直风的水平切变是指垂直风在水平方向上风速或风向的改变。由于风切变的存在，当飞机遇到它时，空速将发生改变，从而使升力发生变化。力的平衡遭到破坏，因此会发生航迹和飞机姿态改变的现象。这种变化如在高空发生，则可通过适当的操纵使飞机恢复到平衡状态，但在低空则来不及进行操纵调整，有可能造成飞机坠毁事故。影响起降的低空风切变主要表现为水平风切变和垂直风切变。水平风切变主要因风速的变化影响升力，从而改变正常的起降航迹和飞机姿态。垂直风切变是指飞机从无明显的升降气流进入强烈的升降气流区域的情形。特别是强烈的下降气流，往往具有明显的猝发性，强度很强，会使飞机突然下沉，危害很大。

（3）低能见度。能见度是指具有正常视力的人，在当时的天气条件下，能够看清目标轮廓的最大距离。能见度的好坏直接影响飞行的起降。低云、降水、雾、风沙、吹雪、浮尘、烟、霾等天气都会对机场产生视程障碍现象。在日常飞行活动中的"机场关闭""机场开放"，能见度是对其产生影响的气象条件之一。

（二）影响航行的特殊天气和现象

飞机在航行中常常遇到雷暴、颠簸、积冰、大风等特殊天气和现象。它们常给飞行带来困难，甚至危及安全。常见的特殊天气和现象如下。

（1）雷暴。雷暴是一种强烈的对流性天气。雷暴出现时，多伴有雷电、暴雨、冰雹和大风。在雷暴中飞行时，云中强烈的乱流使飞机发生严重颠簸，甚至使飞机处于无法控制的状态；云中大量的过冷却水滴会使飞机积冰；闪电会严重干扰无线电通信，甚至

烧坏仪器；冰雹可能击穿飞机蒙皮等。一般情况下，飞机应避免在雷暴区飞行，但夏季雷暴多，这是不容易做到的。在云中飞行，遇到的天气复杂多变，飞行员不仅要根据机载雷达来判断情况，同时要请求地面气象雷达进行协助配合。

（2）飞机颠簸。飞机颠簸是飞机进入扰动空气层后发生的左右摇晃、前后冲击、上下抛掷及机身震颤等现象。飞机颠簸使飞机各部分承受的载荷发生变化，可能造成部件损害。颠簸发生时，常使仪表指示失常，难以靠仪表飞行。同时，飞机的颠簸会增大飞行阻力，增加燃料消耗，影响航程，并使机组人员与旅客感到困乏疲惫。飞机颠簸为扰动气流所致，扰动气流在不同的高度层都有可能发生。

（3）积冰。航行时，大气中的过冷却水滴在飞机表面冻结成冰层的现象称为飞机积冰。飞机积冰多发生在飞机突出的迎风部位。积冰后，飞机的空气动力性能变坏，影响稳定性和操纵性。天线积冰将妨碍通信联系。座舱盖积冰会使目视飞行发生困难。现代化大型客机均装有防冰设备，除少数恶劣情况下仍有积冰现象外，一般不会发生很大的危险。

（4）高空急流。高空急流是指高空中风速超过30米/秒的强、窄气流。高空急流的分布比较有规律。某些急流随季节的变化而南北移动。例如，我国的北支西风急流和南支西风急流，它们夏季北移、冬季南移。在我国南海地区上空还存在一条东风急流。在急流中，风的水平切变和垂直切变明显，容易使气流产生扰动，从而造成飞机颠簸。逆急流飞行时，飞机速度降低，燃料消耗大。横穿急流飞行时，将产生很大的偏流，对领航计算和保持航线不利。另一方面，如果掌握了高空急流的分布及特点，则可利用急流，使飞机顺其飞行，增大速度，节省燃料，缩短航行时间。

（5）山地气流。气流过山时，因受阻被迫绕山和抬升，造成气流升降，越山后，往往又在背风坡产生乱流。由于山区地形和气候的复杂变化，还会产生动力乱流和热力乱流。飞机飞越山地时，在迎风坡飞机受上升气流的抬举而自动升高，在背风坡则受下降气流的影响自动下降。相比较而言，背风坡对飞行更具危害。在山区，飞机被迫下降时可能造成撞山事故，也可能被下降气流带入背风坡的涡旋中，最终难以操纵。此外，山地乱流也会对飞行造成较大的影响。因此，飞机在山地飞行时应尽量保持在安全高度之上。

自 我 检 测

(1) 请阐述自然、经济、人文地理对航空旅客运输的影响。
(2) 请阐述我国七大航空区划，并指出其包括的省份。
(3) 请阐述地球公转和自转对飞行的影响。
(4) 请简述大气层的垂直分层，并描述飞机航行层的特征。
(5) 请分别说出影响飞机起降的3种特殊天气及其对飞行的影响。
(6) 请分别说出5种影响飞机航行的特殊天气和现象。

第三章 民航国内客票销售业务

学习目标

(1) 了解我国民航运价体系的形成及变迁。
(2) 掌握民航国内客票的基础知识及使用一般规定。
(3) 掌握民航特殊旅客的分类及其购票规定的相关知识。
(4) 掌握民航电子客票的基础知识。
(5) 掌握国内各航空公司的电子客票的退改签业务。
(6) 了解民航国内客票销售渠道。

学习内容

(1) 民航国内客票销售一般规定相关知识。
(2) 民航特殊旅客购票规定相关知识。
(3) 民航电子客票销售业务相关知识。
(4) 民航电子客票退改签业务相关知识。
(5) 民航国内客票销售渠道相关知识。

第一节 民航国内客票销售一般规定

一、我国民航运价体系概述

(一) 民航国内运价体系历史沿革

民航运价体系改革是我国民航市场化改革的最为重要的组成部分之一。民航运价体系改革自 20 世纪 90 年代启动以来，逐渐实现了由政府定价向政府指导定价的转变，运价体系改革的逐步推进，有力地促进了民航市场化改革的向前推进和行业的健康发展。

从 1950 年中国民航开航到 1992 年，我国政府对民航的国内运价实行严格的政府规制，国内航线旅客运价由国家物价局会同原民航总局管理，管理形式相对简单，实行政府定价。

20 世纪 90 年代以后，随着国家价格改革进程的不断推进，国家分批、分类逐步放开商品的定价。借鉴其他国家民航运价的管理模式，我国政府对民航国内运价采取由政府定价向政府指导定价逐步过渡的管理政策，逐渐放松对民航运价的管制。

1992 年，国务院召开关于研究民航运价管理体制改革问题的会议，会议确定：公布票价及浮动幅度。航空邮件价格由原国家物价局管理；折扣票价和省区内航线公布运价及货运价格由原民航总局管理；同时允许航空公司票价可以上下浮动 10%。

1996 年 3 月 1 日起至今，根据《中华人民共和国民用航空法》和《中华人民共和国价格法》，国内运价管理明确为以原民航总局为主，会同原国家计委（现为国家发展改革委）进行管理，管理形式为政府指导价。国内货物运价由原民航总局统一管理。

1997 年 7 月 1 日起，我国实行境内和境外旅客乘坐国内航班同价政策。境内、境外旅客在境内购票，统一执行每客公里 0.75 元的票价（称为 B 票价）；在境外购票统一执行公布票价每客公里 0.94 元（称为 A 票价）。同年 11 月，原民航总局推出"一种票价、多种折扣"的政策。政府规定基础票价，允许航空公司在规定幅度内自行制定符合一定限制条件的特种票价。但由于亚洲金融危机等因素的影响，该政策的执行遇到了很多困难。经国务院批准，原国家计委、原民航总局联合发文，决定自 1999 年 2 月 1 日起，各航空公司票价按国家公布价销售，不得滥用折扣。

2000 年，国内航线推行收入联营，国内部分航线特种运价实行协商报批制，由共飞航空公司协商制订具体方案，报原民航总局审批。自 5 月 15 日起，先期以海南联营航线为试点，实行旅游团队优惠票价；自 10 月 1 日起，放松对支线票价的管理，即对支线飞机所飞省（市、区）内航段票价、支线飞机独家经营的跨省（市、区）航段票价，实行最高限价管理，即最高票价不得超过公布票价（A 票价）10%。限价内具体票价由航空公司自行确定，并报原民航总局备案。除支线飞机所飞行省（市、区）内航段外，由航空公司共同经营的航段票价，须经航空公司协商后，报原民航总局审批。

2001 年，原民航总局决定，自 3 月 6 日起，在北京—广州、北京—深圳等 7 条多家经营航线上试行多级票价体系；自 5 月 20 日起，在海南联营航线上也试行多级票价体系；自 11 月 5 日起，对国内航线实施"燃油加价"政策，允许航空公司票价最大上浮幅度为 15%，单程不超过 150 元。同时建立票价与油价联动机制，当国内航油价格变动超过 10% 时，允许航空公司票价最大变动幅度为 3%。

2002 年，原民航总局决定进一步完善国内航线团体票价政策，自 6 月 10 日起，对国内航线（港、澳航线除外）团体票价试行幅度管理，即团体票价最低折扣率可根据购票时限、航程性质、人数不同而有所区别。

（二）我国现行民航国内运价体系概述

我国现行的民航国内运价体系是经国务院批准的《民航国内航空运输价格改革方案》（简称《改革方案》）自 2004 年 4 月 20 日起实行之后形成的。根据《改革方案》

的规定，民航国内旅客运价，以当时航空运输企业在境内销售执行的各航线公布的票价为基准价（平均每客公里0.75元），允许航空运输企业在上浮幅度不超过基准价的25%、下浮幅度不超过基准价的45%（除实行市场调节价和票价下浮幅度不限的航线外）的范围内，自行制定具体票价种类、水平、适用条件，提前30天通过航空价格信息系统报原民航总局、国家发展改革委备案，并对外公布后执行。同时，考虑到部分航线的实际情况，《改革方案》还规定，对几类特殊航线实行更加灵活的价格政策，对省、自治区内，以及直辖市与相邻省、自治区、直辖市之间，已经与其他替代运输方式形成竞争的短途航线，实行市场调节价，不再规定票价浮动幅度；对由航空运输企业独家经营的航线，以及部分以旅游客源为主的航线，票价下浮幅度不限，以适应消费者需求，鼓励航空运输企业积极开拓市场。

此次改革的核心是使运价能够较好地适应市场，扩大企业的价格自主权；完善政府指导价，实行幅度管理；在一定的浮动幅度内，企业有限浮动，制定具体的票价。此次改革的重心如下。

（1）解决价格比较单一的问题，企业在政府规定的浮动幅度内，建立多级票价体系，以适应多层次、多样化和不同航线、不同季节的市场需求，使更多的消费者可以选择乘坐飞机旅行。

（2）大力减少行政审批，使企业面向市场，灵活自主地开展航空运输生产经营活动。

（3）促进市场竞争，发挥优胜劣汰机制，促使企业降低生产经营成本，提高运输质量和效益，让消费者从中得到实惠。

（4）建立良好的航空运输市场秩序。在允许价格浮动的同时，必须实行明码实价，明折明扣。进一步明确价格监管的责任、措施和规定，使政府有关部门更加有效地做好市场监管工作。

2006年的一个新闻事件，从侧面反映了我国国内民航运价体系的现状。春秋航空公司因在上海—济南航线售卖1元客票而收到济南市工商行政管理局依据《中华人民共和国价格法》开出的15万元的罚单。单纯从法理上来看，春秋航空公司确实有违法制，但是此事最终不了了之。一方面是因为不只是春秋航空公司出售超低价位客票，其他航空公司也存在同样的情况，只是春秋航空公司的折扣更大，而且春秋航空公司的1元客票侧重的是实际宣传效应，数量较少；另一方面，舆论对济南市工商行政管理局的压力最终导致春秋航空公司获得了空前的关注。此事件之后，春秋航空公司退出了上海—济南的航线，这对消费者、春秋航空公司和济南市来说，是三输的局面。

2009年4月20日，民航实行新的运价体系，这次运价调整引起了媒体的广泛关注。主要争论焦点在于运价调整后的运价计算方法。根据2004年《改革方案》的规定，民航国内旅客运价允许航空运输企业在上浮幅度不超过基准价的25%、下浮幅度不超过基准价的45%的范围内，自行制定民航国内旅客运价具体的票价种类、水平、适用条件。航空运输企业根据此规定，统一执行了先上浮、再打折确定不同等级舱位的办法，即先在基准运价上上浮25%得到新的"基准运价"，然后根据市场情况，确定不同折扣舱位等级运价。

2010年4月13日，民航局联合国家发展改革委，共同发布了《民航局、国家发展改革委关于民航国内航线头等舱、公务舱票价有关问题的通知》（简称《通知》）。《通知》规定，自2010年6月1日起，民航国内航线头等舱、公务舱票价实行市场调节价，具体价格由各运输航空公司自行确定；价格种类、水平及适用条件（含头等舱和公务舱的座位数量、与经济舱的差异以及相匹配的设施设备和服务标准等），提前30日通过航空价格信息系统报民航局和国家发展改革委备案后，向社会公布执行。

（三）我国国内民航运价体系展望

在国内民航市场化改革和国际民航天空开放的大背景下，民航运价体系改革还需要继续推进。

进一步扩大市场调节价航线范围，直至完全放开运价管制。由于航空公司的市场定位不同，机型、航线网络、人员、资金、服务水平等因素导致航空运输成本也不同。扩大市场调节价航线范围，航空公司可以根据自身情况建立更具针对性的多级票价体系，最终满足广大消费者的个性化需求。

如果冒进式地对我国的航空公司放开价格管制，在市场不景气时，有可能会重演20世纪末的机票价格战，这对于航空运输业来说，是无法承受之重。一方面逐渐放开价格管制，另一方面避免引发价格战，这才是我国未来民航运价体系改革的主要目标，《中华人民共和国反垄断法》和《中华人民共和国价格法》在这个领域将发挥越来越重要的作用。

二、国内客票及行李票识读

客票全称为客票及行李票（Passenger Ticket and Baggage Check），是指由承运人或航空运输销售代理人根据旅客所填的订座单而填开的有价票证。客票的法律属性为承运人和旅客之间的航空运输合同。

（一）国内客票的分类

根据客票提供者的不同，通常把客票分为航空公司客票和BSP客票两种。

根据客票质地的不同，通常把客票分为纸质客票和电子客票两种。

纸质客票分为手工客票（见图3-1）和计算机自动打印客票两种；从来源上分，又可以分为航空纸质本票和国际航协中性纸质客票。目前我国国内已经实行了100%的电子客票，航空纸质本票已经非常少见，只在某些特殊情况下使用，国际航协中性纸质客票已经停止使用。

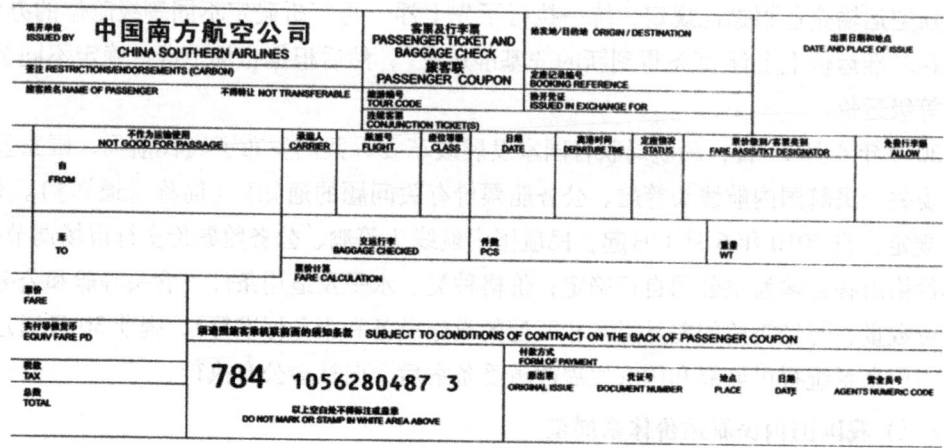

图 3－1　手工客票及行李票票面

电子客票是指由承运人或其授权代理人销售并赋予运输权利的、以电子数据形式体现的有效运输凭证,是纸质客票的电子替代产品。

根据销售渠道可将电子客票分为以下两种类型。

(1) 计算机订座系统销售的电子客票。根据计算机订座系统的不同,计算机订座系统销售的电子客票又可分为航空公司订座系统(ICS)电子客票和全球分销系统(GDS)电子客票。

(2) 互联网销售电子客票。根据使用对象的不同,互联网销售电子客票可以分为B2B (Business To Business) 电子客票和 B2C (Business To Customer) 电子客票。

(二) 纸质国内客票及行李票识读

1. "旅客姓名"栏

按旅客身份证件《旅客订座单》上的全名填写,旅客姓名为英文时用英文大写字母填写,当姓为双姓、中间有空格或有连接符号时,应省去空格或符号。中国旅客按中文习惯填写姓名;外国旅客则先填写姓,然后画上"/","/"之后填写名或名的首字首及适当的称呼,如先生(MR.)、夫人(MRS.)、小姐/女士(MISS./MS.)。例如,MR. JOHN SMITH 应写成 SMITH/JOHN MR 或 SMITH/J MR。

年满2周岁未满12周岁的儿童,在姓名后加上"CHD"字样。按成人全票价10%付费的婴儿在姓名后加上"INF(出生月年)"字样,如 INF(MAR06)。无成人陪伴儿童,应在姓名后注明"UM 年龄"字样,如 UM10。为其行李占用座位而付费的旅客,应在姓名后注明"CBBG"字样,并需要单独填开一张客票。为其外交信袋占用座位而付费的旅客,应在其姓名后注明"DIPL"字样。为了舒适或其他目的而购买两个以上座位的旅客,应在其姓名后面注明"EXST"字样,如 SMITH/J MR EXST;当额外占用的座位超过一个时,需要在"EXST"字样前加注额外占用的座位数,如张三 2EXST。使用担架的旅客,应在其姓名后注明"STCR"字样。

2. "自××至××"（航程栏）

根据旅客航程将始发地点填入第一个"自"（FROM）栏内，然后按照旅客旅程顺序把到达地点的名称填入以下各"至"（TO）栏内。地名一律用汉字全名填写。

当一个城市有一个以上机场时，在填写城市名称后，还需要填写旅客乘机或到达的中文机场名。如果客票填开完毕后，有多余的乘机联，那么应在多余乘机联的本栏内填写"VOID"字样，并将多余乘机联撕下，附在相应的财务联上，随销售日报一起上交财务部门。

3. "承运人"栏

填写各航段已经申请或订妥座位的承运人两字代码，如表3-1所示。

表3-1 国内客运航空公司信息汇总表

序号	公司中文名称/客服电话	公司英文名称	两字代码	数字结算码	公司标志/官网地址
1	中国国际航空股份有限公司/95583	Air China	CA	999	AIR CHINA 中国国际航空公司 www.airchina.com.cn
2	中国东方航空集团有限公司/95530	China Eastern Airlines	MU	781	www.ceair.com
3	上海航空股份有限公司/0806-21-95530	Shanghai Airlines	FM	774	上海航空公司 SHANGHAI AIRLINES www.shanghai.ceair.com
4	中国南方航空集团有限公司/95539	China Southern Airlines	CZ	784	www.csair.com
5	山东航空股份有限公司/95369	Shandong Airlines	SC	324	山东航空公司 SHANDONG AIRLINES www.sda.cn

续表

序号	公司中文名称/客服电话	公司英文名称	两字代码	数字结算码	公司标志/官网地址
6	深圳航空责任有限公司/95361	Shenzhen Airlines	ZH	479	深圳航空 Shenzhen Airlines www.shenzhenair.com
7	四川航空股份有限公司/95378	Sichuan Airlines	3U	876	四川航空 SICHUAN AIRLINES www.sichuanair.com
8	厦门航空股份有限公司/95557	Xiamen Airlines	MF	731	厦门航空 XIAMENAIR www.xiamenair.com
9	海南航空控股股份有限公司/95339	Hainan Airlines	HU	880	海南航空 HAINAN AIRLINES www.hnair.com
10	成都航空股份有限公司/028-66668888	Chengdu Airlines	EU	811	成都航空 CHENGDU AIRLINES www.cdal.com.cn
11	上海吉祥航空有限公司/021-95520	Juneyao Airlines	HO	018	JUNEYAO AIR 吉祥航空 www.juneyaoair.com
12	华夏航空股份有限公司/4006006633	China Express	G5	987	华夏航空 CHINA EXPRESS www.chinaexpressair.com
13	奥凯航空有限公司/95307	Okay Airways	BK	866	OKAIR 奥凯航空 www.okair.net

续表

序号	公司中文名称/客服电话	公司英文名称	两字代码	数字结算码	公司标志/官网地址
14	河北航空有限公司/0311-96699	Hebei Airlines	NS	836	www.hbhk.com.cn
15	中国联合航空有限公司/400-102-6666	China United Airlines	KN	822	www.flycua.com
16	北京首都航空有限公司/0898-95071999	Capital Airlines	JD	898	www.jdair.net
17	幸福航空有限责任公司/4008680000	Joyair	JR	929	www.joy-air.com
18	昆明航空有限公司/0871-96598	Kunming Airlines	KY	833	www.airkunming.com
19	西部航空有限责任公司/95373	West Air	PN	847	www.westair.cn
20	西藏航空有限公司/956096	Tibet Airlines	TV	088	www.tibetairlines.com.cn
21	云南祥鹏航空有限责任公司/95326	Lucky Air	8L	859	www.luckyair.net

续表

序号	公司中文名称/客服电话	公司英文名称	两字代码	数字结算码	公司标志/官网地址
22	天津航空有限责任公司/95350	Tianjin Airlines	GS	826	HNA Tianjin Airlines 天津航空 www.tianjin-air.com
23	东海航空有限公司/4000888666	Donghai Airlines	DZ	893	东海航空 DONGHAI AIRLINES www.donghaiair.cn
24	青岛航空股份有限公司/0532-96630	Qingdao Airlines	QW	912	青岛航空 QINGDAO AIRLINES www.qdairlines.com
25	瑞丽航空有限公司/400-005-9999	Ruili Airlines	DR	299	瑞丽航空有限公司 Ruili Airlines Co., Ltd. www.rlair.net
26	春秋航空股份有限公司/95524	Spring Airlines	9C	089	春秋航空 SPRING AIRLINES www.ch.com
27	大新华航空有限公司/95339	Grand China	CN	895	大新华航空 GRAND CHINA www.chinaxinhuaair.com
28	重庆航空有限责任公司/95539	Chongqing Airlines	OQ	878	重庆航空 CHONGQING AIRLINES www.chongqingairlines.cn

4. "航班号"栏

填写已订妥或已申请座位的航班号。

5. "座位等级"栏

填写按旅客要求已订妥或已申请座位的舱位代码。

6. "日期"栏

填写乘机日期,分别以两个阿拉伯数字表示日、月,中间用"/"隔开,或用两个阿拉伯数字表示具体的日,用3个英文字母表示月份。例如,1月10日,可以填写为10/01 或 10JAN。

7. "离站时间"栏

根据订座终端显示旅客所乘航班的离站时间填写,用24小时制表示,如0800、1830。

8. "订座情况"栏

用下列代码填写出售客票时相关航段的订座情况。

(1) OK:座位已订妥。

(2) RQ:已经订座但未获得证实或列入候补。

(3) NS(NO SEAT):不单独占用座位的婴儿。

(4) SA:利用空余座位。

如果旅客所购客票包括不定期航段,应在订座记录各栏(包括"航班号""日期""离站时间""订座情况")内填写"OPEN"字样,"座位等级"栏内填写适用的舱位代码。如果有多余乘机联,那么应在订座记录各栏内填写"VOID"字样。

9. "票价级别/客票类别"栏

本栏填写旅客所付票价类别的限定代码。经济舱儿童票价填写"YCH"字样,经济舱婴儿票价填写"YIN"字样。

10. "客票生效日期"和"有效截止日期"栏

当填开的客票有效期为一年,且不能与其他客票连用,或所填开的客票不是根据其他客票换开时,本栏不必填写。

当所使用的票价对最短停留时间和失效期有特殊限制时,本栏必须填写,按日、月的顺序填写生效或截止日期,如05JAN、21JUL。

11. "免费行李额"栏

根据旅客所持客票的票价类别和座位等级分别填写规定的免费行李额,以千克计填。头等舱为40千克，公务舱为30千克①，高端经济舱、普通舱为20千克；按相应舱位付儿童票价的未成年旅客，同成人享有相同的免费行李额；按成人票价10%付费的婴儿，无免费行李额；但可免费托运一辆可折叠婴儿车。当然，不同航空公司在不同的航线和不同时间段的免费行李额均有所差异。

12. "交运行李"、"件数"和"重量"栏

旅客在办理乘机手续时，由值机人员填写交运行李的总件数和总重量。

13. "票价计算"栏

填写完整的票价计算过程。一联票不需要填写此栏，二联票填写相应的直达票价或分段相加票价。例如，旅客购买了广州—上海、上海—北京的联程客票。其中，第一段是南航的航班，票价为1280元；第二段是东航的航班，票价为1130元。在"票价计算"栏内应填写 CAN CZ SHA1280.00Y MU PEK1130.00Y TOT2410.00END 或 CAN CZ SHA1280.00Y MU PEK1130.00Y CNY2410.00END。

14. "票价"栏

填写一本或连续客票的全航程票价总额，金额前加"CNY"字样。

15. "实付等值货币"栏

以人民币支付，本栏可以不填；以旅费证（MCO）支付或根据预付票款（PTA）换开客票，填支付MCO或PTA的外币代码，按银行卖出价（BSR）将人民币票价折算成所付货币的金额。

16. "税款"栏

填写税款代码和实付的货币代码、总金额。本栏的货币代码应同"实付等值货币"栏相同，如果"实付等值货币"栏空白，则与"总数"栏相同。

17. "总数"栏

填写实收票款、税款的货币代码和总金额。如果换开客票需要补收差额，本栏填写补收的货币代码和差额，后跟"A"字样，A表示补收。

18. "付款方式"栏

根据付款方式填写本栏，以现金或旅行支票支付填写CASH、以信用卡支付填写CC、以支票支付填写CHEQUE、以客票换开填TKT、以旅费证支付填写MCO、以预付票款通知支付填写PTA。

在换开客票需要补收差额时，填写原客票的付款方式和新的付款方式。如果的确填写不下，填写新的付款方式。

---

① 2010年"两舱"价格改革之后，国内航空公司在调整两舱价格的同时，也对两舱免费行李额做了调整，调整标准不一，具体详见各航空公司网站。

19. "连续客票"栏

当全航程需要使用几本客票时，必须选用联数相同、号码连续的客票。填开时，按号码顺序填开，并在每本客票的"连续客票"栏内列明第一本客票的全部客票号码，然后按顺序加列其他所有客票号码中的最后两个数字，每本客票的号码中间用斜线隔开。例如，填开国航三本连续客票999-1036098860，1036098861，1036098862，在本栏填写"999-1036098860/61/62"。

20. "换开凭证"栏

填写凭以换开客票的原客票、旅费证或预付票款通知等换开票证的号码（包括承运人的票证代码、票证序号，但不包括检查号）。

21. "原出票"栏

当客票根据原客票换开时，本栏按下列规定填写。

（1）应在所填开的新客票本栏内填入被换开客票的全部号码、地点和出票日期，以及出售该客票的航空运输企业或代理人的数字代码。本栏所填写的内容也可作为原出票人签转权利的证明。

（2）如果在原始票证的相同栏内已有填注，应将签注的内容转抄至新填开的客票的本栏内。

22. "签注"栏

填写使用整本客票或某一张乘机联需要特别注意以下事项。

（1）将客票的有关乘机联签转给其他承运人时，可在本栏内按照签转规定加以注明，或使用签转图章。

（2）如果客票不允许签转，须在本栏内填写"不得签转"字样。

（3）签注对客票使用者的限制规定。

（4）签注对客票有效期的延长。

（5）签注旅客使用优惠票价的旅行限制。

（6）签注航班的订座情况。

（7）团体旅客的免费行李额合并计算时，应在本栏注明"GV"代码，并在代码后面注明团体旅客的人数，如GV16。

（8）客票"签注"栏的背面没有复写油墨，签注的事项只适用于填写的乘机联，如果涉及全本客票，则应当在各联的本栏内分别填注。

（9）填写批准享受特殊优待票价的文件或优待证明代码，如南航优B0008。

23. "出票日期及地点"栏

填写出票日期及地点，并由经手人在"出票人"栏内签字，加盖业务用章。盖章和签字必须清晰，易于辨认。未盖业务用章的客票一律视作无效。

24. "订座记录编号"栏

将旅客的订座记录编号填入本栏。

25. "旅游编号"栏

在填开个人或团体综合旅游票价的客票时,在本栏内填写综合旅游的正式编号,无编号可不填。

26. "填开单位"栏

印制或打印客票所属航空公司的全名称,包括中英文。

三、国内客票使用一般规定

国内客票使用,一般包括以下规定。

(一)订座一般规定

(1)所有开放航班都可以接受旅客预先订座,但应规定订座的出票时限。对优惠运价可以附有限制或排除旅客预先订座的条件,如机场取票、利用空余座位等。

(2)接受订座后,班期、时刻如有变更,应及时通知旅客或订座单位,并对继续旅行旅客的座位予以证实。

(3)对重要旅客①的订座,应优先安排。

(4)不定期客票在订妥座位后才能使用,否则按候补处理。

(5)对于非自愿改变航程的旅客,在航班有可利用座位的条件下,优先订座。

(6)当旅客没有按承运人的规定使用已经订妥的座位,也未告知承运人有关部门时,承运人可以视情况取消旅客所有已经订妥的续程和回程座位。

(二)客票一般规定

(1)客票是航空公司和客票所列姓名的旅客之间运输合同的初步证据。

(2)客票为记名式,只限客票上所列姓名的旅客本人使用,不得转让和修改,否则客票无效,票款不退。

(3)持纸质客票的旅客,若未能出示根据航空公司规定填开的包括所乘航班的乘机联及所有其他未使用的乘机联和旅客联的有效客票,则无权要求乘机。旅客出示残损纸质客票或非本航空公司或其销售代理人更改的客票,也无权要求乘机。当前纸质客票已经非常少见,在极少数情况下,航空公司可能会填开纸质客票给特殊的旅客。

(4)持电子客票的旅客应有一张以旅客的姓名及有效身份证件填开的有效电子客票,否则无权乘机。

(5)客票的乘机联(纸质客票)必须按照客票上所列明的航程,从始发地点开始

---

① 后文有关于重要旅客的叙述。

按顺序使用。未按顺序使用的乘机联,航空公司将不予接受,电子客票虽然没有乘机联,但是也必须按照客票上所列明的航程,从始发地点开始按顺序使用。

(6) 旅客在我国境外购买的用于纯国内航空运输的国际客票,必须换开成国内客票后才能使用。含有国内航段的国际联程客票,其国内航段的乘机联可直接使用。

(7) 每一个旅客,包括婴儿、儿童或团体旅客,都要单独持有一本客票。

(8) 每本客票的乘机联必须列明舱位等级,订妥座位后方可接受运输。对于未订妥座位的乘机联,航空公司或其销售代理人应按旅客的申请,根据适用的票价和所申请航班的座位可利用情况为旅客预订座位。

(9) 当客票上列明的旅客不是该客票付款人时,应根据付款人的要求在客票上的"签注"栏列明退票限制条件,如退票款仅退给付款人或指定人等。

(10) 应在客票有效期①内,完成所列明的全部航程。

(三) 票价一般规定

(1) 客票价又称票价,是指旅客由始发地机场至目的地机场的航空运输价格,不包括机场与机场之间、机场与市区之间的地面运输费用。客票价按价格水平可分普通票价和优惠票价两大类。

(2) 普通票价是指对外公布的、不受特殊条件限制的单人单程成人经济舱全额票价,以及按照各舱位等级票价的一定百分比计算的头等舱、公务舱、儿童和婴儿票价。

(3) 优惠票价是指不属于普通票价的其他票价。

(4) 国内航空公司公布的票价,以单个成人旅客为对象,适用于直达运输。如果旅客要求经停或转乘其他承运人航班或交通工具,除航空公司另有规定外,应按实际航程分段相加计算票价。

(5) 适用票价为旅客开始乘机之日适用的票价。客票售出后,如票价调整,票款不做变动。若旅客要求退还差价,处理时应先按自愿退票处理,然后另按新票价重新购票。退票时根据退票的有关规定收取退票手续费。

(6) 使用优惠票价的旅客,应遵守该优惠票价规定的条件。

(7) 旅客应使用人民币交付票款和费用,除与承运人另有协议外,票款一律现付。

(8) 票价以人民币 10 元为计算单位,承运人收取或支付的其他任何费用以人民币 1 元为计算单位,尾数一律四舍五入。

(9) 政府或者其他有关部门或者机场经营者、承运人因向旅客提供服务设施而按规定征收的税款或费用不包括在适用票价之内,由承运人代为收取。国内运输涉及民航发展基金和燃油附加费。民航发展基金根据干线运输和支线运输不同分别为人民币 50 元和免费两种,燃油附加费根据国际原油价格定期变化。

---

① 客票有效期:指普通票价的客票自旅客开始第一段旅行之日起,一年内运输有效。第一航段未使用(包括全部未使用)的客票或不定期客票(OPEN 票),自客票填开之日起,一年内运输有效。如果已使用的定期客票第一航段旅行日期发生变更,有效期应按第一段的旅行实际开始日期计算,一年内运输有效。

(四)售票一般规定

(1)纸质客票售票人员应凭"票证领取单"领取空白票证,与财务人员当面点清数量,核对票证号码、数量无误后,双方签字,领取的票证须妥善保管,每日清点并做好交接工作。如有遗失,应及时上报。

(2)ICS[①]电子客票售票人员应每日检查虚拟打票机的当前库存票量。如发现库存票量不足当日销售时,提前凭"领取票证单",经部门领导审批签字后,向财务部门领取ICS电子客票票号。

(3)BSP[②]电子客票售票人员应向国际航协申请票号,在国际航协的ASD(Air Service Desk)网站上下载《BSP电子客票用量申请表》。

(4)售票人员应告知旅客须提供与乘机有效身份证件信息一致的旅客姓名及身份证件信息,认真核实旅客的有效身份证件和所填的购票单,内容一致后,方可进行订座。旅客订座记录中的旅客姓名及身份证件信息应准确无误。

(5)对于购买优惠票价客票的旅客,售票人员应特别提醒旅客该类优惠票价客票的适用条件及限制。

(6)按照旅客购票单上要求的航程、航班、乘机日期、舱位,建立完整的PNR[③],将PNR编号和其他内容填入购票单。如为重要旅客、特殊旅客订座,必须在PNR内用其他服务信息(OSI)注明旅客的身份,用特殊服务记录(SSR)注明所要求的特殊服务。

(7)按照PNR的内容填开或打印客票。手工填开客票要求字迹清晰、内容完整、代码规范,按客票号的顺序使用客票。填开客票后,将客票号码填入旅客购票单"客票号码"栏内。

(8)针对纸质客票,应将已填好或已打印好的客票会计联、出票人联及作废的乘机联撕下。将纸质客票的会计联、作废乘机联、填制或打印的销售日报和票款一并交给财务人员核查。

(9)针对电子客票,应根据旅客的需要,打印行程单交给旅客。

(10)将客票交给旅客时,应提醒旅客核实客票上填开的内容,如旅客姓名、航程、航班、乘机日期、时间等是否正确,以及客票的使用限制条件。

(11)提示旅客搭乘的航班起飞时间、截止办理乘机手续的时间等,以免造成旅客误机。对于已购买了电子客票并打印了行程单的旅客,应告知旅客妥善保管,以便在发生退票时,凭此办理相关手续。

---

① ICS(Inventory Control System):编目航班控制系统,这是航空公司人员使用的订座系统。ICS电子客票即航空公司本票电子客票。

② BSP(Billing and Settlement Plan):开账与结算计划,是根据航空运输销售代理业发展的需要,由国际航空运输协会(IATA)建立的一套高效、可靠、统一、规范的专业化销售结算系统。其基本含义是使用统一规格的运输凭证进行销售,按照统一标准的计算机程序填制销售报告。BSP电子客票即中性电子客票。

③ PNR(Passenger Name Record):旅客订座记录,反映了旅客的航程、航班、座位占用的数量及旅客信息。

（五）客票变更与签转一般规定

（1）旅客购票后，如要改变航班、日期，应按照现行承运人关于其客票的适用条件及优惠票价使用相关规定办理。

（2）旅客购票后，如要求改变舱位等级或运价发生变化，在航班有可利用座位和时间允许的情况下，予以办理；如从较低等级舱位变更至较高等级舱位或从较低运价改为较高运价，须向旅客收取票价价差。

（3）旅客购票后要求从较高等级舱位变更至较低等级舱位或从较高运价改为较低运价，应先将原票按自愿退票规定办理，再按变更后的舱位或运价重新购票。

（4）旅客购票后欲改变航程或乘机人，原票均按自愿退票规定办理退票，根据新航程或新乘机人姓名重新购票。

（5）承运人满足下列条件之一，才有权将客票签转给其他承运人。

① 该承运人是填开客票的承运人。

② 该承运人是在要求签转的乘机联"承运人"栏中指定的承运人。

③ 该承运人是客票"原出票（ORIGINAL ISSUE）"栏中注明的原始出票承运人。

（6）旅客自愿要求变更承运人，在符合下列全部条件下予以签转：

① 旅客使用的票价无签转限制。应检查客票"签注"栏是否注明"不得签转"、"NONEND"（或 NON–ENDORSABLE）、"VALID ON ××（承运人两字代码）"或"不得更改"等有关签转的限制。如有上面所述的限制，不能办理自愿签转。如在特殊情况下需要办理签转，必须取得有权签转客票的承运人的书面传真或电报授权后方可为旅客办理签转。

② 旅客要求变更的承运人与原承运人签有联运协议，可以相互填开或接收票证。

（7）旅客非自愿改变承运人，在征得有关承运人的同意后，亦可办理签转手续。

（8）有权办理签转手续的部门如下。

① 承运人直属售票处和地面服务值机部门。

② 承运人特别授权的销售代理和地面服务代理。

（六）退票一般规定

（1）由于承运人未能按照运输合同提供运输或旅客要求自愿改变其旅行安排，对旅客未能使用的全部或部分客票，承运人应按规定办理退票。

（2）旅客要求退票，应在开始旅行之日起（客票第一航段未使用的，从填开之日起）有效期内提出且客票未被使用，方可办理。

（3）持有纸质客票的旅客，除遗失客票的情形外，必须凭客票未使用的全部乘机联和旅客联，方可办理退票。

（4）已打印行程单的旅客，必须凭行程单办理退票。行程单遗失后要求退票的，承运人对该行程单执行作废操作，乘客填写"航空运输电子客票行程单遗失声明"作为"国内客运退票、变更收费单"的附件，方可进行退票。

（5）承运人为客票上列明姓名的旅客本人办理退票。当客票上列明的旅客不是该客票的付款人，并且客票上已列明了退票限制条件，应按列明的退票限制条件将票款退给付款人或其指定人。

（6）旅客退票应出示本人有效身份证件，如退票收款人不是客票上列明的旅客本人，应出示旅客及退票收款人的有效身份证件。

（7）旅客非自愿退票，可在原购票地、航班始发地、经停地、终止旅行地的承运人售票处或引起非自愿退票事件发生地的承运人授权的销售代理人处办理。

（8）旅客自愿退票，应在下列地点办理。

① 在出票地要求退票，只限在原购票地点办理。

② 在出票地以外要求退票，可由当地的承运人直属售票处或经承运人特别授权的代理人处办理，特殊产品客票如另有退票地限制规定的除外。

③ 持不定期客票和团体票价客票的旅客自愿退票，仅限在原购票地点办理。持优惠票价客票的旅客按该优惠票价的限制办理退款。

（9）旅客在国外购得的纯国内段客票，旅客要求退票时，应按以下规定办理。

① 在换开成国内客票前，如旅客要求退票，必须在原出票地办理退款；但旅客在承运人驻外办事处购得的纯国内段客票，也可在承运人国内售票处申请人民币退票，如旅客要求以原付货币退款，则由原出票地退款。

② 在换开成国内客票后，客票全部或部分未使用而要求在国内退票时，旅客在承运人驻外办事处购得的纯国内段客票，可在承运人国内售票处申请退票。

③ 外航在境外填开的纯国内段客票，可在原换开地点办理人民币退款，如要求以原付货币退款，填开用于退款的MCO给旅客，使其回原出票地办理退款。

第二节　民航特殊旅客及其购票规定

一、民航特殊旅客概述

民航特殊旅客是指在民航运输过程中需要给予特殊礼遇或由于其身体和精神状况需要给予特殊照料，或在一定条件下才能运输的旅客。民航特殊旅客的情况比较复杂，不可能把所有运输的条件、手续和注意事项一一列举，但是如果处理稍有疏忽，极易造成不良影响或损害其他旅客利益，甚至会危及飞行安全。各有关部门在办理民航特殊旅客运输时，必须认真负责地按照有关规定，根据具体情况谨慎、细致地处理。

关于民航特殊旅客的运输办法，一般由各航空运输企业自行制定。因此，运输需要与其他航空运输企业联运的特殊旅客时，必须事先取得各有关承运人的同意，并遵照各航空运输企业提出的要求办理。有权利办理民航特殊旅客购票的一般是承运人的直属售票处或其授权代理人。

如果旅客的行为、年龄、身体和精神状况不适合航空旅行，或使其他旅客感到不舒适或反感，或对其自身或其他人员或财产可能造成任何危险或伤害，则承运人可以根据自己合理的判断，拒绝运输这类旅客及其行李。

从大的范畴来分，特殊旅客可以分为以下三大类。

（一）重要旅客

重要旅客主要包括省部级（含副职）以上的负责人；各大军区级（含副职）以上的负责人；公使、大使级外交使节；由各部委以上单位或我驻外使、领馆提出要求作为重要旅客接待的客人；航空公司认为需要给予此种礼遇的旅客，包括航空公司所在城市的副市长及以上级别负责人，以及航空公司各分公司或营业部可根据实际情况确定需要给予此种礼遇的旅客等。

（二）限制运输旅客

病残旅客、婴儿及有成人陪伴儿童、无成人陪伴儿童/无成人陪伴青少年、孕妇、醉酒旅客、特殊老年旅客、犯罪嫌疑人等特殊旅客，必须在订座时提出申请，只有在符合承运人规定的条件下，经承运人预先同意并在必要时做出安排后方可乘机。

由于特殊旅客需要特殊的照顾和服务，可能会影响对同一个航班其他旅客的服务，因此每个航班对接收的各类特殊旅客（除重要旅客外）的人数应进行一定的限制。对特殊旅客接收人数的控制由航班的座位控制部门负责。

（三）拒绝运输旅客

近几年来，由航空公司拒载导致的危机事件时有发生。航空公司出于安全原因或根据自己合理的判断，认为属于下列情形之一时，有权拒绝运输旅客及其行李。

（1）国家的有关法律、政策规定和命令禁止运输的。

（2）旅客不遵守国家的法律、政策规定和命令，或不遵守航空公司的规定。

（3）旅客拒绝接受政府、机场和航空公司的安全检查。

（4）旅客未能出示国家的法律、政策规定、命令、要求或旅行条件所要求的有效证件。

（5）旅客拒绝遵守、执行机组成员或经授权的航空公司工作人员发出的、航空公司制定的出口座位限制的指示。

（6）不听从机组人员的指挥。

（7）由于身体残疾，且适合该人的唯一座位是出口座位。

（8）属于因为天气或其他不能控制的原因，航空公司必须采取的行动。

（9）旅客未支付适用的票价、费用和税款，或未承兑其与航空公司或有关承运人之间的信用付款。

（10）旅客出示的客票是非法获得或不是在出票承运人或其销售代理人处购买的，

或属已挂失或被盗窃的，或是伪造的，或不是由承运人或其销售代理人更改的乘机联或乘机联被涂改。

（11）出示客票的人不能证明本人即是客票上"旅客姓名"栏内列明的人。

（12）怀孕超过9个月（36周）的孕妇。

（13）未满14天的新生儿。

（14）旅客的行为、年龄、精神或身体状况不适合航空旅行，或使其他旅客感到不舒适或反感，或对其自身或其他人员或财产可能造成任何危险或危害。

（15）已知患严重的传染性疾病，且无法出具其已采取必要的预防措施防止传染他人的医疗证明。

（16）承运人认为，该旅客的身体或精神条件有可能使其在没有乘务员的帮助下，无法理解或执行安全指示。

（17）心智不健全，其行为可能对自身、机组成员或其他旅客造成危险。

（18）有醉酒或吸毒迹象者。

（19）是或像是中毒者。

（20）要求静脉注射者。

（21）有非因残疾或疾病发出的异味。

（22）穿着打扮可能令其他旅客感到不适。

（23）不符合旅客运输安全规定的担架旅客。

（24）旅客可能在过境国寻求入境，或可能在飞行中销毁其证件，或旅客不按承运人要求将旅行证件或该证件的复印件交由机组保存。

（25）不管是否有意，做出可能危及飞机或机上乘客安全的任何行为。

二、民航特殊旅客购票规定

（一）重要旅客购票规定

1. 重要旅客分类

（1）最重要旅客（Very Very Important Person，VVIP）通常是指中共中央总书记，中央政治局常委、委员、候补委员；国家主席、国家副主席；全国人大常委会委员长、副委员长；国务院总理、副总理、国务委员；全国政协主席、副主席；中央军委主席、副主席、秘书长；最高人民检察院检察长、最高人民法院院长；外国国家元首、政府首脑、议会议长及副议长、联合国秘书长等。

（2）一般重要旅客（Very Important Person，VIP），通常是指政府部长，省、自治区、直辖市人大常委会主任，省长，自治区人民政府主席，直辖市市长和相当于这一级的党、政、军负责人；外国政府部长；我国和外国政府副部长，以及相当于这一级的党、政、军负责人；我国和外国大使；国际组织（包括联合国、国际民航组织）负责人；我国和外国全国性重要群众团体负责人；两院院士等。

（3）工商界重要旅客（Commercially Important Person，CIP），通常是指工商业、经济和金融界等重要、有影响的人士。

2. 重要旅客的订座和售票

（1）辨明重要旅客身份。凭工作证或军官证辨明重要旅客身份，职务与级别有差异时，以较高身份者为准。

（2）订座要求。详细问清职务、级别和所需提供的特殊服务，在有关订座记录单中注明，并做好保密工作。重要旅客及其随从人员在同一售票处办理手续。重要旅客及其随从人员的订座情况一定为"OK"状态，重要旅客的职务、级别及随行人员的相关情况要在"其他服务信息"项目中注明。

（3）出票要求。除按规定建立电子客票或打印客票外，在重要旅客的姓名后加注"VIP"字样，客票内所填项目应与订座记录逐一核对，并交值班主任检查，确保航班号、日期、起飞时间正确无误。

3. 重要旅客运输信息传递

（1）重要旅客的购票手续办理完毕后，在重要旅客的订座记录中的"其他服务信息"项目中注明重要旅客身份，通常座位控制部门要在航班起飞前一天16:00（各航空公司有各自的规定时间）前将重要旅客的姓名、职务、随行人数、乘机日期、航班、起飞时间、订座舱位、PNR编码、目的地、特殊服务要求和需要的特殊设备等用传真或拍发电报通知公司的航班生产调度、运行管理部门和始发站当地航班运行管理部门。

（2）如旅客的身份要求保密或身份不明，则在有关订座记录单的"职务"项注明"旅客身份保密"或"身份不明"。发完通知后，应与收文单位电话联系；在确认对方已收到通知后，将对方的电话、受话人和收到的时间记录在传真或电报上。

（3）重要旅客取消旅行或变更航班、日期，办理变更的售票部门或重要旅客上机地点的运输业务部门应及时在计算机订座系统中取消或变更有关订座记录，或拍发变更电报通知有关航站的运输业务部门。

（4）航空公司的航班生产调度、运行管理部门在接到售票部门报告的重要旅客情况后，要逐项做好记录，并编制次日航班重要旅客乘机名单，报送管理局、航空公司、机场值班领导和有关部门。临时收到重要旅客信息应及时补充通知。

4. 重要旅客服务保障要求

（1）重要旅客航班的载运限制。有重要旅客乘坐的航班，严禁犯罪嫌疑人乘坐，严禁接收重病残旅客或担架旅客。在接收婴儿、儿童及无成人陪伴儿童时，应严格按规定办理，座位不得超售。通知货运部门，禁止在该航班上装载危险物品，原则上优先安排重要旅客运输。通常安排重要旅客在贵宾厅休息，等待登机（见图3-2）。

图 3-2 南航贵宾厅

(2) 重要旅客乘机手续的办理。重要旅客及其随行人员的乘机手续在头等舱值机柜台（见图 3-3）办理。办理乘机手续的时间，同一般旅客的要求，如重要旅客未按指定时间到达机场，相关工作人员需要将信息及时反馈到航班控制部门。对于重要旅客随行人员的认定，以所获得的重要旅客信息为准。重要旅客办理乘机手续时，应为重要旅客本人和持头等舱客票的随行人员，均需要填写"头等舱服务卡"。在旅客舱单上填写重要旅客姓名后，需要在舱单"备注"栏内注明"VIP"字样。

图 3-3 南航头等舱值机柜台

(3) 引导重要旅客登机。重要旅客登机时，相关工作人员应提供相应的引导服务。在航班起飞前，相关工作人员准确填写"特殊服务通知单"，主动向机组交代重要旅客的身份和要求的特别服务事项。

(4) 重要旅客服务电报的拍发。航空公司始发站的值机部门在航班起飞后，应及时拍发 VIP 电报，通知有关中途站和到达站的相关重要旅客服务部门，重要旅客服务部门再通知机场各有关单位领导和各有关业务部门。

（5）重要旅客进港服务。重要旅客服务部门应及时了解重要旅客信息，掌握航班的进港动态，做好服务准备。在飞机到达前 1 小时，重要旅客服务部门将航班信息通知接待单位；在飞机到达前 10 分钟，将接待人员引导至停机位；重要旅客到达后，引导重要旅客下机。行李部门应立即按照重要旅客行李到达信息卸机，无信息时，应优先卸下机上带有"VIP"字样和头等舱旅客的行李。

（6）航班不正常时，应及时将航班延误的情况告知各有关经停站和到达站的重要旅客服务部门，重要旅客服务部门应及时报告有关领导、部门和接待单位。

（二）病残旅客购票规定

1. 病残旅客分类

病残旅客是指由于存在身体或精神上的缺陷或疾病，自理能力不足，需要他人帮助、照料的旅客。如果旅客年事甚高且自理能力不足，即使该旅客没有疾病，也应作为该类特殊旅客处理，给予特殊服务。

通常而言，身体患病的旅客、精神病人（代码 MEDA）、肢体伤残的旅客、失明旅客（代码 BLND）、担架旅客（代码 STCR）、轮椅旅客和需要使用机上氧气设备的旅客等都属于病残旅客。其中需要轮椅的旅客或伤残旅客依据保障程度可划分为以下三类。

（1）客舱轮椅旅客（代码 WCHC）。此类旅客尽管能在座位上就座，但完全不能动弹；并且前往/离开飞机或移动式休息室时需要轮椅，在上下客梯和进出客舱座位时需要背扶。此类旅客的服务起止于客舱座位。

（2）客梯轮椅旅客（代码 WCHS）。此类旅客可以自己进出客舱座位，但上下客梯时需要背扶，远距离前往/离开飞机或移动式休息室时需要轮椅（见图 3-4）。此类旅客的服务起止于客梯。

图 3-4　客梯轮椅旅客服务

（3）停机坪轮椅旅客（代码 WCHR）。此类旅客能够自行上下客梯，并且在机舱内可以自己走到自己的座位上去。但远距离前往或离开飞机时，如穿越停机坪、站台或前往休息室，需要轮椅。此类旅客的服务起止于客机停机坪。

2. 病残旅客乘机条件

一般情况下，国内承运人接收病残旅客的条件如下。

1) 医疗证明或诊断证明书

医疗证明或诊断证明书一式三份：医疗证明或诊断证明书须由县、市级或相当于这一级的医疗单位填写旅客的病情及诊断结果，并经医生签字、医疗单位盖章。如需要使用机上氧气设备，还应注明旅客所需氧气的流量。

医疗证明或诊断证明书必须包括防止该疾病或传染病扩散所必须遵守的条件，且在航班起飞前 96 小时以内填开的方为有效，病情严重的，则应在航班起飞前 48 小时之内填开。

2) 特殊旅客（病残）乘机申请书

病残旅客需要填写"特殊旅客（病残）乘机申请书"一式三份，以表明如果旅客在旅途中病情加重、死亡或给其他人造成伤害时，由申请人承担全部责任。

"特殊旅客（病残）乘机申请书"应由旅客本人签字，如本人书写困难，也可由其家属或监护人代签。

3. 病残旅客售票

为病残旅客填开客票前，应检验病残旅客的"医疗证明或诊断证明书"是否齐备、有效。客票填开后，"医疗证明或诊断证明书"（见图 3-5）和"特殊旅客（病残）乘机申请书"（见图 3-6）应附在客票各有关票联上。

"医疗证明或诊断证明书"：一份附在出票人联上，由售票部门保存；一份附在乘机联上，交给机场值机部门；一份附在旅客联上，交给旅客留存。

同时在客票各联的"签注/限制"栏内注明"MEDICAL CERTIFICATE ATTACHED TO THE TICKET COVER"。

"特殊旅客（病残）乘机申请书"：一份附在出票人联上，由出票部门留存；一份附在乘机联上，交给机场值机部门；一份附在旅客联上，交给旅客留存。

对于购买电子客票的病残旅客，"医疗证明或诊断证明书"和"特殊旅客（病残）乘机申请书"由出票部门各留存一份，其余交付旅客，并告知旅客在办理乘机手续时交给机场值机部门。

病残旅客的票价，除担架旅客按经济舱普通票价计算外，其他旅客可使用优惠票价。

诊断证明书

1. 旅客姓名：_____ 2. 年龄：_____ 3. 性别：_____
4. 住址（或工作单位）：_____ 5. 电话：_____
6. 航程：航班号_____ 日期____月____日 自____至____
   联程：航班号_____ 日期____月____日 自____至____
7. 诊断结果：_____
8. 症状、程度、予后（如系孕妇注明预产期）：_____
   _____

[注]（1）上述第7、8项内容填写，需简单、明确。
（2）下述表格中提供的内容，供机上服务员在飞行途中为病残旅客提供必要的服务时作为参考。

程度 症状	无	轻度	中等	严重	备注
贫血					
呼吸困难					
疼痛					
血压					

9. 附注：（如有膀胱、直肠障碍或在飞行中需特殊餐食及药物医疗处理情况等，请予以列明）
_____

10. 需要何种乘坐姿势（将下列适用的项目用"○"圈起）

乘坐姿势		1. 使用机上一般座椅	2. 使用机上担架设备
陪伴人员		医生　护士　其他人员（具体列明）　不需要	
上下飞机时	轮椅	要　　不要	
	担架	要　　不要	
救护车		要　　不要	

已参阅背面的参考资料，我院诊断认为：该旅客的健康条件在医学上能够适应上述航空旅行的要求，无传染疾病，无生命危险，也不会对其他旅客造成不良影响。

医师：_____ 电话：_____
　　　签字　　　　　　　　　医疗单位（盖章）
　　　　　　　　　　　　　　　　　年　　月　　日
　　　　　　　　　　　　　　经办人姓名：

图3-5　医疗证明或诊断证明书范例

中国××航空公司
特殊旅客（病残）乘机申请书

中国××航空公司_____售票服务处：

  为乘坐中国××航空公司下列航班，我愿声明如下——鉴于我个人的健康状况，在旅途中由此给本人或其他人造成身体上的损害或死亡，完全由我个人承担责任及损失，并保证不向中国××航空公司及所属工作人员或代理人要求赔偿或提出诉讼。

旅客姓名：		
住址（或单位名称）：		
航班号/日期：	始发站：	到达站：

健康状况：
（附医疗证明/诊断证明书）

另注：为确保旅客安全运输，旅客到达机场后需要接受工作人员的检查，视其身体实际状况，我公司保留旅客到达机场后拒绝其登机的权利。

旅客签字：_____
年　　月　　日

图3-6　特殊旅客（病残）乘机申请书范例

4. 病残旅客的运输人数限制

由于病残旅客需要特殊的服务和照顾，所以对每个航班载运此类旅客的人数应进行限制（见表3-2），以免影响对其他旅客的服务。每个航班对没有陪伴人员、但需要他人协助的病残旅客的人数也应进行一定限制（残疾人运动会等特殊期间除外）。

表3-2 航班病残旅客人数限制

航班座位数量	限制人数	航班座位数量	限制人数
51~100	≤2	201~400	≤6
101~200	≤4	400以上	≤8

载运残疾人数超过上述规定时，应按1:1的比例增加陪伴人员，但病残旅客人数最多不得超过上述规定一倍。除特别批准外，原则上每个航班只限载运1名担架旅客，担架旅客在乘机时应至少有一名医护人员或家属陪同。如果航班上接收了担架旅客，则不再接收其他病残旅客。载运残疾人团体时，在按照5:1的比例增加陪伴人员、按照10:1的比例增加客舱乘务员配置的前提下，可以增加残疾人的乘机数量。由于残疾人团体乘机数量增加对客舱乘务员的人数配置有相应要求，因此地面服务保障部门在收运残疾人团体时，必须报经运行控制部门核实。

（三）担架旅客购票规定

担架旅客属于病残旅客范畴，但是由于其特殊性，航空公司在运输时对其有特别的规定。

（1）担架旅客的订座不得迟于航班起飞前72小时。特殊情况下，在航班起飞前72小时内的担架旅客的申请如果得到航班运行管理部门答复可安排的答复，那么也可接收。

（2）接受担架旅客订座时，航空公司工作人员一般应先向航班运行管理部门询问担架旅客所申请航班任务的飞机能否拆座，未得到肯定答复时，不能对担架旅客做出任何承诺。

（3）担架旅客必须至少由一名医护人员陪同旅行。经医生证明，病人在旅行途中不需要医务护理时，也可由其家属或监护人员陪同旅行。

（4）担架旅客只能安排经济舱载运，安置担架附近的空余座位，如前一排或相邻一列座位，一般不再售票。关于担架占用的座位数额（包括陪伴人员）及在机舱内的位置，应与始发站生产调度或航班运行管理部门联系。座位控制部门在为担架旅客证实或取消订座时，应及时锁定或释放机上的相邻座位数。

（5）适用票价规定。担架旅客的票价，由担架旅客的个人票价和担架附加票价两部分组成。

个人票价按一个经济舱的公布普通票价计收，不得使用优惠票价或折扣票价（儿童折扣除外）。

不论安放担架需要占用多少座位数，担架附加票价均按下列办法计收：对旅客使用担架的航段，加收5个成人单程经济舱普通票价（不另加收税费）；如旅客取消旅行，担架附加票价全退；陪伴人员票价根据实际乘坐的座位等级适用票价计收。担架旅客的免费行李额为120千克，陪伴人员的免费行李额则按所付票价的座位等级计算。

（四）盲人旅客购票规定

盲人旅客属于病残旅客范畴。盲人旅客由年满18周岁且有民事行为能力的成人旅客陪伴同行，则可以按普通旅客接收。无成人陪伴的盲人旅客可以分为以下两种。

1. 有导盲犬引路的盲人旅客

（1）盲人旅客携带导盲犬，必须在申请订座时提出，经承运人同意后，方可携带。如为联程运输，应取得有关承运人的同意后方可携带。

（2）符合运输条件的导盲犬可以由盲人旅客免费携带并带入客舱运输，或单独装进货舱运输。

（3）盲人旅客必须自己能走动，有照料自己的能力，在进食时，无须他人帮助。

（4）盲人旅客携带导盲犬应提供有关国家的动物入境或过境证明，以及必要的检疫证明。盲人旅客在申请订座时，应向承运人出示此种证明。

（5）导盲犬在运输途中受伤、生病、死亡，均由盲人旅客自行负责。

（6）盲人旅客在客舱内携带的导盲犬应在上机前戴上口套、系上牵引的绳索，并应伏在盲人旅客的脚边，不得在客舱内占用座位或任意跑动。

（7）在飞机飞行中，除可给导盲犬少量饮水外，禁止喂食。如航程较长，需要在中途喂食，应在经停站地面饲喂。饲喂的食物应由盲人旅客自备。

（8）每个航班的客舱内只能装运一只导盲犬。盲人旅客携带的导盲犬如需放在货舱内运输，其包装要求等应按《货物运输手册》的规定办理。

2. 无成人陪伴和无导盲犬引路的盲人旅客

（1）无成人陪伴和无导盲犬引路的盲人旅客必须自己能够走动，有照料自己的能力，在进食时，不需要其他人的帮助。

（2）无成人陪伴和无导盲犬引路的盲人旅客乘机，在始发站应由家属或其照料人协助办理乘机手续；在到达站，应由盲人旅客的家属或其照料人在到达地点予以迎接。

（3）订座时，应由无成人陪伴和无导盲犬引路的盲人旅客的家属或其照料人填写一式两份特殊（无成人陪伴和无导盲犬引路盲人）旅客乘机申请书。

（4）在联程运输时，应征得各有关承运人的同意。

（五）无成人陪伴儿童购票规定

无成人陪伴儿童（代码 UM）是指年满5周岁但未满12周岁，没有年满18周岁且有民事行为能力的成年旅客陪伴乘机的儿童，必须办理无成人陪伴儿童运输的相关手续，航空公司方可接受运输，且多数航空公司只接收直达航班的无成人陪伴儿童运输。年龄在5周岁以下的无成人陪伴儿童，一般不予承运。

1. 无成人陪伴儿童乘机条件

无成人陪伴儿童应由儿童的父母或监护人陪送到乘机地点，并在儿童的下机地点安排人予以迎接和照料，并提供接送人的姓名、地址和联系电话。

无成人陪伴儿童的承运必须在订座时预先向始发站承运人的售票部门提出，其座位必须根据承运人的相关承运规定得到确认。

航空公司一般仅接受不换机情况下的无成人陪伴儿童的运输。运输的全航程包括两个或两个以上航段时，不论是由同一个承运人还是由不同的承运人承运，在航班经停站，应由儿童的父母或监护人安排人员予以接送和照料，并应提供接送人的姓名、地址和联系电话。

无成人陪伴儿童的父母或监护人因在上述航班经停站安排人员接送有困难，而要求由承运人或在当地雇请服务人员照料儿童时，应预先提出并经航空公司同意后，方可委托运输。

无成人陪伴儿童的父母或监护人应向承运人提供在航班到达站安排的接送人的姓名、地址和联系电话，售票人员应向接送人核实后方可接受购票。

2. 无成人陪伴儿童售票规定

（1）无成人陪伴儿童售票的权限一般属于承运人的直属营业部，一般代理人无此权限。无成人陪伴儿童的运输应预先提出申请。当售票或订座部门接到无成人陪伴儿童的订座申请时，应请无成人陪伴儿童的父母或监护人填写一式两份的"无成人陪伴儿童乘机申请书"（见图3-7）。各航班上无成人陪伴儿童申请订座或购票的人数由该航班的控制部门负责监控和管理。无成人陪伴儿童需要另派服务人员随机陪伴时，应由座位控制部门预留座位。

（2）5周岁（含）以上至12周岁以下的无成人陪伴儿童，票价按相应的儿童票价计收。无成人陪伴儿童的父母或监护人，如要求承运人另派服务人员随机陪伴儿童旅行，应预先提出，经承运人同意后，方能委托运输。如需要另派服务人员随机陪伴，还应加收成人普通票价50%的服务费用，通过填开"国内客运退票、变更收费单"收取。如无成人陪伴儿童在航班经停站雇用当地服务人员照料，所需的服务费用按该服务部门的规定收取，通过填开"国内客运退票、变更收费单"收取。

无成人陪伴儿童客票的填开，除按一般规定外，在"旅客姓名"栏内填写无成人陪伴儿童的姓名，在姓名后，应加"UM"字样，后跟儿童年龄，如MAO/JL UM06。将无成人陪伴儿童的父母或监护人填写的一式两份"无成人陪伴儿童乘机申请书"，一份交由售票部门留存备查，一份订在客票上交给儿童父母或监护人，放入"无成人陪伴儿童文件袋"，以备机场工作人员和机上乘务员查验。

3. 无成人陪伴儿童的运输人数限制

由于承运人对无成人陪伴儿童负有责任并需要提供特殊服务和照顾，对同一航班的其他旅客会有一定的影响，所以每个航班运送的无成人陪伴儿童的人数应有一定的限制。除此之外，如果航班上同时接收了数量受限制的病残旅客，那么原则上无人陪伴儿童的限制数量应减半（减半后不足1的向下取整）。

```
                    中国××航空
                   CHINA AIRLINE
                无成人陪伴儿童乘机申请书
                 UNACCOMPANIED MINOR
         REQUWSTED FOR CARRIAGE—HANDLING ADVICE
```

中国××航空公司_____售票处
至：TO_____   日期DATE_____
儿童姓名NAME OF MINOR_____   性别SEX_____
出生年月DATE OF BIRTH_____   年龄AGE_____
航程 ROUTING

自 FROM	至 TO	航班号 FLT NO.	等级 CLASS	日期 DATE

航站 STATION	接送人姓名 NAME OF PERSON ACCOMPANYING	地址、电话 ADDRESS AND TEL NO.
始发站 ON DEPARTURE		
中途分程站 STOPOVER POINT		
中途分程站 STOPOVER POINT		
中途分程站 STOPOVER POINT		
到达站 ON ARRIVAL		

儿童父母或监护人姓名、地址、电话：
PARENT/GUARLIAN—NAME, ADDRESS AND TEL NO._____

图3-7 无成人陪伴儿童乘机申请书范例

各航空公司关于本公司机型对无成人陪伴儿童的人数限制有所不同，南航和东航涉及机型及无成人陪伴儿童的运输人数限制如表3-3所示，其他航空公司的限制可以在其网站上查询。

表3-3 南航和东航涉及机型及无成人陪伴儿童的运输人数限制

航空公司	机型	限制人数	机型	限制人数	备注
南航	B777A	8	A300	8	只有经济舱接受无成人陪伴儿童的运输，头等舱、公务舱、高端经济舱不接受无人陪伴儿童的运输
	B777B	6	MD85/90	5	
	B737/B757	5	A330	6	
	A319/A320/A321	5	ATR72/EMB145	1	
东航	A340	5	A330	4	
	A300	4	A321/320/319	3	
	B767	4	B737	3	
	CRJ	2	EMB145	2	

（六）婴儿及有成人陪伴儿童购票规定

有成人陪伴儿童是指由同舱位的年满 18 周岁且有民事行为能力的成年旅客陪伴同行的儿童。其票价按相应的儿童票价计收，占有座位并享有所持客票座位等级规定的免费行李额。

婴儿指旅行开始之日未年满 2 周岁的旅客。婴儿不单独占座位，票价按同行陪护成人所购客票同等物理舱位公布普通票价的 10% 计收，但每一个成人只能有一个婴儿享受这种票价，超过限额的婴儿应按相应的儿童票价计收，可单独占用座位。

儿童和婴儿的年龄是指开始旅行时的实际年龄，如儿童在开始旅行时未满规定的年龄，而在旅行途中超过规定的年龄，则无须补收票款。为了保证旅客的安全，不接受出生不超过 14 天的婴儿乘机。每个航班接收婴儿的人数应少于该航班机型的总排数（EMB/ERJ/ATR 机型除外，仅能接受承运 5 名婴儿）。购买儿童客票（包括婴儿）时应提供儿童的年龄证明，如护照、出生证等。

按相应的儿童票价付费的婴儿和儿童，可享有所持客票票价等级规定的免费行李额。按成人公布普通票价 10% 付费的婴儿，按重量计算免费行李额时，有 10 千克免费行李额，并允许免费携带一辆折叠式婴儿推车或一个摇篮，国内航班不接受机上婴儿摇篮的申请。按件数计算免费行李额时，只能有一件托运行李，其三边之和不得超过 115 厘米，并允许免费携带一辆折叠式婴儿车或推车（尺寸不得超过指定的储藏空间容积）。

（七）孕妇旅客购票规定

1. 孕妇旅客乘机条件

由于在高空中飞行时，空气中氧气成分相对减少、气压降低，因此孕妇运输需要有一定的限制条件。

（1）怀孕 32 周或不足 32 周的孕妇乘机，除医生诊断不适宜乘机者外，可按一般旅客运输。

（2）怀孕超过 32 周的孕妇乘机，一般不予接受，如有特殊情况，怀孕超过 32 周、但不足 36 周的孕妇乘机，应提供包括下列内容的医生诊断证明：旅客姓名、年龄、怀孕时间、旅行的航程和日期、是否适宜乘机、在机上是否需要提供其他特殊照料等。上述医疗证明或诊断证明书，应在旅客乘机前 72 小时内填开，并经县级（含）以上的医院盖章和该院医生签字方能生效。

（3）怀孕超过 9 个月（36 周），预产期在 4 周以内，或预产期不确定但已知为多胎分娩或预计有分娩并发症者乘机，不予接受。

2. 孕妇旅客售票规定

办理怀孕 32 周至 36 周的孕妇旅客在办理预约前，应先填写一式三份的"特殊旅客（孕妇）乘机申请书"（格式与病残旅客的"申请书"相同），并按上述接受条件提供

"医疗证明或诊断证明书"。经检查符合运输条件后，方能办理订座手续。接受承运的孕妇旅客订座应优先办理。孕妇旅客可以使用优惠票价。

（八）精神病人购票规定

近几年，出现了数次由旅客的精神问题导致的旅客与航空公司之间的纠纷。航空公司一般规定如下。

（1）国内航空公司原则上不承运精神病人，特别是在发病期间的精神病人。

（2）精神病人家属向航空公司提出运输申请时，在获得航空公司认可的医院或医务人员认为病人病情稳定且在采取了一定医疗措施后宜乘机旅行的情况下，可以予以承运。

（3）精神病人运输必须要有能控制病人的人员（三倍于病人）陪同。

（4）如果病人在起飞前需要服用镇静剂，则航程必须在镇静剂作用有效期内完成。

（5）每个航班可同机承运3名（含）以下的精神病人。

（6）在国务委员、副总理以上重要旅客乘坐的航班上，严禁搭载精神病人。

（7）精神病人的票价仅适用于普通票价。

（九）其他类型特殊旅客购票规定

除上述特殊旅客外，国内航空公司在航空运输过程中还会将以下旅客视作特殊旅客。例如，无成人陪伴青少年、送返离家出走少儿，有占用客舱座位的自理行李、商业信袋、外交信袋的运输/额外占座等需求的旅客，酒精、毒品、麻醉品旅客，犯罪嫌疑人，警卫人员，传染病人，需要特殊餐食的旅客等。

在这些特殊旅客的运输中，航空公司均有相应的运输规定，但所有特殊旅客都必须事先获得航空公司的同意才能购票和登机。如果特殊旅客购票时能提前告知航空公司，则可以减少运输事故的发生。

第三节 民航电子客票销售业务

一、民航电子客票基础知识

民航电子客票（E-Ticket，简称电子客票）是普通纸质客票的替代产品，旅客购票后仅凭有效身份证件直接到机场办理乘机手续即可成行，实现"无票乘机"。

电子客票实际是普通纸质客票的电子映像。纸质客票将相关信息打印在专门的客票上，而电子客票则将票面信息存储在系统中。由于电子客票将原有纸制客票上的信息全部保存在系统中，因此电子客票只是"无纸"而不是"无票"，不等同于无乘机联登机。

电子客票是目前民航产品销售电子商务市场化的最佳产品，最大限度地摆脱了物流配送环节，使广大旅客体验到便捷支付、即刻拿货的消费过程，满足其消费心理。电子客票的出现顺应了信息时代的市场需求，已成为航空旅行电子商务化的重要标准之一。电子客票作为世界上先进的客票形式，依托现代信息技术，实现无纸化、电子化的订票、付款和办理乘机手续等全过程，给旅客带来诸多便利，降低了航空公司的运营成本。

（一）电子客票发展历程

1994年，美国西南航空推出第一张电子客票①。在之后的十几年时间里，电子客票迅速成为航空电子商务的焦点，并在2007年全面替代了纸质客票，成为全球航空运输的行业标准运输凭证。

2000年，我国南航推出第一张电子客票，比起国外先进国家晚了近7年。由于顺应信息化社会的市场需求，中国民航的电子客票一出现，就成为一场新潮流，席卷国内各大航空公司。

2003年，国内三大航空公司之一的国航率先投产了中航信开发的电子客票系统。南航、东航等也相继与中航信合作推广电子客票系统。自此，中国民航电子客票建设的局面得以全面打开。2004年9月1日，海航在国内率先推出BSP电子客票。从2006年年底电子客票全面实施以来，客票代理行业发生了一系列的巨变。而这些巨变是随着电子商务在客票行业产业链的深入而产生的。2006—2009年，客票销售的网上交易量及在线支付量的增幅年均超过300%，呈几何级数迅猛增长，这是传统行业的营销手段完全不可比拟的。

2011年12月21日，中航信宣布，借助中航信的技术推动，中国最先成为全球航空电子客票普及率100%的国家。按照2013年中国民航旅客运量3亿人次的预估计算，100%电子客票的实现，为中国民航每年节约成本约60亿元人民币。

（二）中国电子客票发展大事记

2000年3月，南航率先推出国内第一张电子客票（本票电子客票）。

2004年，国航、南航、东航三大航空公司均建立了自己的电子客票系统，但并未加入BSP电子客票系统。

2004年9月1日，海航开始使用中国第一张BSP电子客票。

2004年9月底，东航推出首张个人电子客票（B2C）。

2004年9月，游易航空旅行网上线销售出第一张国航电子客票。

2005年1月，国航、东航正式加入BSP电子客票系统。10月31日，南航也加入了BSP电子客票系统。

2006年6月，电子客票行程单作为全国统一报销凭证，正式启用。

2006年10月，国航率先停止发售纸质客票，全面推行电子客票。

2008年5月9日，中国BSP办公室停止发放所有BSP纸质客票。

---

① 有资料认为最早推出电子客票的是美国VALUEJET航空，时间在1993年。

2008年6月1日零点起，国内所有国际航协认可代理人均不允许再销售BSP纸质客票。

二、民航电子客票识读

（一）民航电子客票票面识读

通过订座系统出票的电子客票票面如图3－8所示。下面从第一行开始，逐行介绍电子客票票面的基本信息及其含义。

图3－8 电子客票票面

（1）DETR：TN/784－2237766138，AIR/CZ是指通过电子客票票号提取电子客票票面信息。DETR是订座系统提取指令；TN是电子客票号Ticket NO.的缩写；784－2237766138是电子客票号，共13位，前三位是航公司代码，如784代表南航、999代表国航、781代表东航等；AIR/CZ是承运人两字代码，如CZ代表南航，CA代表国航，MU代表东航等。

（2）ISSUED BY：CHINA SOUTHERN AIRLINES是指出票人是南航。

ORG/DST：CAN/LHW是指航程始发站和目的站是广州和兰州。ORG/DST是Origin和Destination的缩写，CAN/LHW是起讫点的三字代码。

BSP－D是指中性国内客票。与之对应的还有另外三种：BSP－I、ARL－D和ARL－I，分别代表中性国际客票、航空公司国内本票和航空公司国际本票。

（3）E/R：不得签转，变更退票收费。这一行是签转和限制信息，E/R是Endorsements/Restrictions的缩写，表示签注或限制。

（4）TOUR CODE是指旅游编号。

（5）PASSENGER是指旅客姓名。

（6）EXCH是指换开凭证，即如果该客票是由其他有价凭证换开的，如旅费证（MCO）、预付票款通知（PTA）或其他客票，则在此标注；CONJ TKT是指连续客票。

（7）O FM：1CAN CZ 3205 Z 28AUG 0835 OK Z3EEC100 28AUG2/28AUG2 20K OPEN FOR USE为航段信息行，主要包含如下对应信息：自广州、南航承运、航班号是3205、座位等级是Z、航班日期是8月28日、航班时刻为早上8:35、座位已订妥、客票级别为 Z3EEC100、8 月 28 日当天有效、免费行李额为 20 千克、客票有效未使用。

客票状态栏，除 OPEN FOR USE 外，还有若干种客票状态（见表 3-4）。

表 3-4　电子客票状态释义

客票状态	释义	客票状态	释义
OPEN FOR USE	客票有效未使用	SUSPENDED	客票挂起
REFUNDED	已退票	CHECKED IN	已办理值机
USED/FLOWN	客票已使用	VOID	客票作废
PRINTED	换开纸票	LIFT/BOARDED	旅客已登机
EXCHANGED	已部分使用或换开纸票		

（8）RL：HYVT6S/MEFCW91E 是指订座记录编号。HYVT6S 代表航空公司订座系统（ICS）订座记录编号，MEFCW91E 代表代理人分销系统（CRS）订座记录编号。

（9）TO：LHW 是指航段目的站（兰州）。

（10）FC：28AUG12CAN CZ LHW950.00CNY950.00END 是运价计算栏。

（11）FARE： CNY950.00

　　　　TAX： CNY50.00CN

　　　　TAX： CNY100.00YQ

　　　　TOTAL： CNY1100.00

此栏是总价计算栏，包括票价 950.00 元，两项税费包括机场建设费（CN）[①]及燃油附加费（YQ），共计 1100.00 元。

（12）FOP：CASH 是指付款方式为现金。

　　　　OI 是指原客票号（常见于换开客票的情况）。

　　　　TKTN：784-2237766138 是指电子客票号。

客票票款的付款方式除上述现金付款外，还有如下几种常见付款方式。客票付款栏代码释义如表 3-5 所示。

表 3-5　客票付款栏代码释义

代码	释义	代码	释义
CASH	现金	TKT	客票换开
CHQ	支票	MCO	旅费证
CC	信用卡	PTA	预付票款通知

（二）航空运输电子客票行程单识读

国内民航实现 100% 电子客票后，客票已经变成在航空公司订座系统中的一个无形

[①] 机场建设费（CN）：机场建设费是为筹集机场建设经费而设立的。机场的修建在早期有民航和地方两种渠道，为了保证地方的投资回报，这一制度就被一直保留了下来。2012 年 4 月，我国财政部公布新的《民航发展基金征收使用管理暂行办法》，规定机场建设费由民航发展基金取代。

的电子文件,对于旅客来说,有形可见的部分只有航空运输电子客票行程单(简称行程单)。行程单在使用之初,票面信息的打印上沿用了原来纸质客票的内容和风格,相对较为专业,普通旅客识读存在困难。为了改变这一现状,从2011年12月1日起,国内电子客票行程单做了部分改进,将部分内容改为中文显示,改进后的内容格式相对大众化,普通旅客能够轻易识读。目前使用的航空运输电子客票行程单样式如图3-9所示。

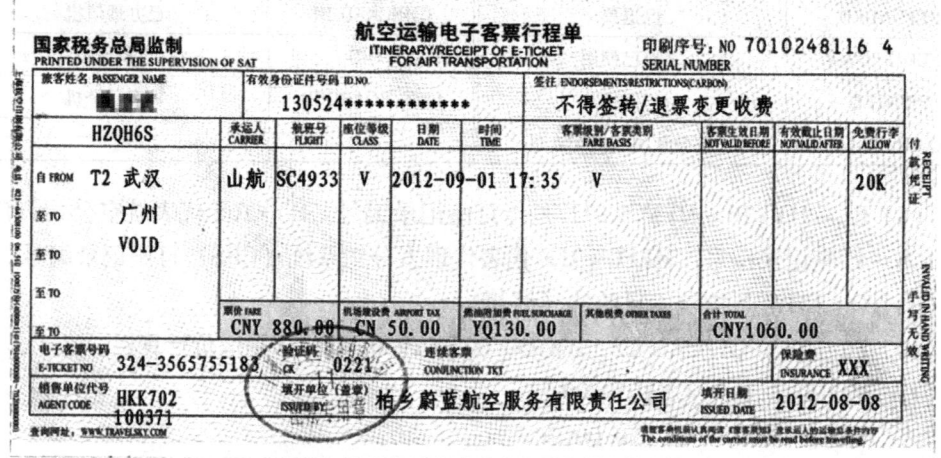

图3-9 航空运输电子客票行程单

针对航空运输电子客票行程单,仅做如下说明。

(1) HZQH6S:旅客订座记录编号。

(2) T2 武汉:这是本次电子客票行程单改版的一个变化,针对多候机楼机场,特意标注出发或到达机场的候机楼编号,T即为Terminal(候机楼)的缩写,T2即为2号航站楼。

(3)"承运人"栏和"航班号"栏:由之前的SC4933改为山航SC4933,对于普通旅客来说,没有民航运输专业知识,很难判断出SC4933是山航的航班。

(4)"日期"栏:由之前的英文缩写表示改为常见的阿拉伯数字表示,之前的表示是01SEP12,对于英文基础较差的旅客来说,改进后就不会出现日期错误和混淆的情况了。

(5)"时间"栏:由之前的民航常用的24小时制改为常见的时间表示方法,之前的表示是1735。

(6)其余项的表示没有变化,相关内容的识读信息可以从前述电子客票票面识读中获得。

(三)电子客票行程单的使用

实行100%电子客票后,国家税务总局和中国民用航空局于2008年5月19日联合发布了《航空运输电子客票行程单管理办法(暂行)》(简称《管理办法》),下面就该

《管理办法》要点做如下简单概述[1]。

(1) 从性质上来说，电子客票行程单是税务发票，由国家税务总局授权中国民用航空局负责全国"行程单"的印制、领购、发放、开具、保管和缴销等管理工作。

(2) 公共航空运输企业和航空运输销售代理企业在旅客购票时，应使用统一的打印软件开具"行程单"，不得手写或使用其他软件套打；打印项目、内容应与电子客票销售数据内容一致，不得重复打印，并应告知旅客"行程单"的验真途径。"行程单"遗失不补。

(3) 旅客发生退票或其他变更事项导致票价金额与原客票不符时，若已打印"行程单"，应将原"行程单"收回，方能为其办理有关手续。

(4) 旅客电子客票行程单遗失不补，旅客退票时若发生遗失，需要填开"航空运输电子客票行程单遗失声明"（见图 3 – 10）。

航空运输电子客票行程单遗失声明（范本）

特别提醒：

(1) 本声明仅在销售机构决定为旅客退票之后使用，使用时销售机构必须首先将该行程单在行程单打印插件里面执行作废操作；

(2) 本声明仅用于由于旅客的原因造成电子客票行程单丢失或者损毁而无法回收的情况；

(3) 本声明填写后与平时作废的行程单一同保存，待次年 3 月份回收时统一上交。

航空运输电子客票行程单遗失声明

旅客姓名		旅客联系电话	
旅客身份证号			
旅客工作单位		工作单位联系电话	
预订航班号		电子客票号	
行程单印刷序号			
行程单填开单位名称			
行程单填开单位 office 号码			
情况说明：			

旅客签字：　　　　经办人签字：　　　　（销售单位公章）

图 3 – 10　航空运输电子客票行程单遗失声明

---

[1] 《航空运输电子客票行程单管理办法（暂行）》详细内容见国家税务总局网站。

三、民航电子客票退改签业务

(一) 民航电子客票退票业务

根据引起退票原因的不同,退票分为自愿退票、非自愿退票和旅客因病退票三种,它们所适用的退票费率也是有所差别(因为各个航空公司规定有所差异,此处以《中国民用航空旅客、行李国内运输规则》和《中国民用航空旅客、行李国际运输规则》为依据进行讲解)。

1. 自愿退票

自愿退票是指旅客由于本人的原因,未能按照运输合同(旅客客票)完成全部或部分航空运输,在客票有效期内要求退票。

关于自愿退票计费在《中国民用航空旅客、行李国内运输规则》中的规定如下。

(1)在航班规定离站时间 24 小时(含)以前,收取客票价 5% 的退票费。

(2)在航班规定离站时间前 24 小时以内至 2 小时(含)以前,收取客票价 10% 的退票费。

(3)在航班规定离站时间前 2 小时以内,收取客票价 20% 的退票费。

(4)在航班规定离站时间以后,收取客票价 50% 的误机费。

(5)特殊旅客或特种机票免收退票费的情况如下。

① 革命伤残军人要求退票,免收退票费。② 按全价 10% 付费的婴儿票,免收退票费。③ 儿童票退票费与成人一致。④ 持不定期客票的旅客要求退票,免收退票费。

(6)对于联程、中途分程或来回程客票的退票,按上述规定分别收取各航段的退票费(分段计收)。

(7)旅客在航班经停站自动终止旅行,该航班的客票即告失效,未使用航段的票款不退。

(8)对于优惠票价,各航空公司的退票规定不同。

在实际的退票工作中,各航空公司又根据自身的销售战略提出了一些额外的规定。以下是国内某大型航空公司退票的具体规定:

××航空公司退票费收取规定

(1)按正常票价 90%(含)以上计费的客票,收取客票价 5% 的退票费;按正常票价 80%(含)~89% 计费的客票,收取客票价 10% 的退票费;按正常票价 55%(含)~79% 计费的客票,收取客票价 20% 的退票费;按正常票价 55% 以下计费的客票(军残、警残优惠票除外),收取客票价 50% 的退票费。

(2)因公致残的现役军人及因公致残的人民警察在航班规定离站时间前要求退票,收取客票价 20% 的退票费;在航班规定离站时间后要求退票,收取客票价 50% 的退票费。

（3）持不定期客票的旅客要求退票，免收退票费（每本收取20元的工本费）。持由定期更改为不定期客票的旅客要求退票，按客票票面列明的订座舱位对应的退票规定收取退票费。

（4）除上述三条规定外，承运人未做特别规定的，根据中国民用航空总局令第49号《中国民用航空旅客、行李国内运输规则》的规定办理。

（5）持联程、来回程客票的旅客要求退票，根据承运人有关业务规定按本条第（1）款或第（4）款的规定收取各航段的退票费。

（6）持婴儿客票的旅客要求退票，免收退票费。

（7）退票时间的计算，应以旅客所购客票上填明的航班规定离站时间为准。

以上资料仅供参考，各航空公司具体退票工作的实施应遵照各航空公司的《国内客运销售业务手册》的要求。

2. 非自愿退票

非自愿退票是指由于天气、航行、机务或承运人等其他原因引起航班取消、提前、延误、航程改变、衔接错失或承运人不能提供座位，导致旅客要求退票。

关于非自愿退票计费在《中国民用航空旅客、行李国内运输规则》中的规定如下。

（1）在航班始发站，退还旅客所付的全部票款。

（2）在航班经停站，退还未使用航段的票款，但所退金额不得超过原付票款金额。

（3）航班如在非规定的航站降落，取消当日飞行，旅客要求退票，应退还由降落站至到达站的票款，但所退金额不得超过原付票款金额，不收取退票费；如旅客所付票价为折扣票价，应按相同折扣率计退票款。

（4）联程旅客由于上述原因在航班经停站或联程站停止旅行，也应按照相同的折扣率退还未使用航段的票款。

3. 旅客因病退票

旅客因病退票是指旅客因个人身体健康原因未能全部或部分完成客票中所列明的航程而提出退票。

旅客因病退票在《中国民用航空旅客、行李国内运输规则》中的规定如下。

（1）旅客购票后，因病不能旅行要求退票，必须在航班规定离站时间前提出并提供县级（含）以上医疗单位的证明原件（包括诊断书原件、病历和旅客不能乘机的证明）。如因病情突然发生，或在航班经停站临时发生病情，一时无法取得医疗单位证明，也必须经承运人认可后才能办理退票。

（2）旅客因病退票，在航班始发站提出，应退还全部票款；在航班经停站提出，退还的票款金额为旅客所付票价减去已使用航段相同折扣率的票价金额，但所退金额不得超过原付票款金额。

（3）患病旅客的同行人员要求退票，必须与患病旅客同时提出，也按上述规定办理，否则一律按自愿退票处理。

（二）民航电子客票变更业务

民航电子客票变更是指旅客购买定期客票后出于个人原因或航空公司安排失误而要求变更乘机日期、航班、航程、座位级别或更换乘机人。

1. 客票变更工作的一般规定

客票变更是旅客享有的基本权利，各相关承运人的营业部、售票处及销售代理人应根据实际情况积极予以办理，不得擅自拒绝旅客的客票变更要求。要求变更的客票必须在客票有效期内，逾期的无效客票不得变更；要求变更的客票不得违反票价限制条件，如承运人提供的较低折扣的客票往往都附加"不得签转""不得变更"等限制条件，客票的变更工作一定要遵循相应限制条件。

变更的处理因变更的原因不同而有所差别，通常把变更分为两类来处理，即自愿变更和非自愿变更。

自愿变更是指旅客购票后，因旅客自身原因而主动向承运人提出改变原客票上所列明的航班、日期等要求。此时应按下列规定办理。

（1）旅客购买正常票价的客票后，若要改变航班、日期，且在原定航班停止办理乘机手续前提出，应予以免费办理；若在停止办理乘机手续后提出，并且决定继续乘坐原承运人的后续航班，可予以免费办理，但仅限一次，如旅客要求再次变更，每次应支付票价5%的手续费；若旅客要求变更的航班和日期是在原承运人航班没有可利用座位或旅客不同意由原承运人安排航班和日期的情况下，则按自愿退票办理。

（2）旅客购票后要求把原有舱位更改至较高等级舱位，在航班座位和时间均允许的情况下，应积极予以办理，并补收原票价与较高等级舱位票价的差额。

（3）旅客购票后要求更改至较低等级舱位，应先将原票按自愿退票规定办理，再按变更后的舱位重新购票。

（4）旅客购票后要求变更承运人，处理办法参见签转规定。

（5）旅客购票后欲改变航程或乘机人，原票均按自愿退票规定办理退票，再根据新航程或新乘机人姓名重新购票。

（6）持特种票价客票的旅客要求改变航班、日期，应遵守该特种票价规定的条件。

非自愿变更是指旅客购票后，由于天气、空中交通管制、飞机机务故障、承运人调度失误等无法控制或不能预见的原因以致航班取消、提前、延误、航程改变、衔接错失或不能提供旅客原已证实的座位，旅客要求变更航班、日期等的行为。通常航空公司应当考虑旅客的合理需要并采取以下措施。

（1）为旅客优先安排有可利用座位的本承运人的后续航班。

（2）征得旅客及有关承运人的同意后，办理签转手续。

（3）若由承运人的原因造成的变更，则承运人有义务安排航班将旅客运达目的地或中途分程地点，票款、逾重行李费和其他服务费用的差额多退少不补。

（4）若由承运人的原因造成旅客舱位等级变更，则票款的差额多退少不补。例如，头等舱改为普通舱,应退还票价差额;普通舱改为头等舱,不再收取差额。

2. 客票变更工作程序

航班、日期变更的处理程序:旅客购票后,如需要变更乘机日期、航班,售票人员应按照旅客所提出的要求,查看航班订座情况,如有座位,应提取原 PNR 并做相应的更改,原 PNR 编号不变,如原 PNR 已取消,则重新订座。

舱位变更的处理程序:旅客购票后,如在航班起飞前在地面提出自愿变更至相同航程较高等级舱位时,按照旅客所提出的要求,查看航班订座情况,如有座位,应提取原 RNR 并做相应的更改,原 PNR 编号不变。办理舱位变更、补收票价差额,可以采用填开"退票、误机、变更收费单"或换开客票的方式。

(三) 民航电子客票签转业务

航空公司的客票是表明承运人航班的凭证,不能在各承运人之间任意交换使用,只能允许在满足一定条件的情况下进行相关的运输和签转。客票签转就是改变原有客票的承运人。按照签转原因的不同,客票签转可以分为两类:旅客自愿签转、旅客非自愿签转,它们的规定和操作程序有所不同。

1. 旅客自愿签转

旅客自愿签转是指由于旅客自身的原因,向原承运人提出改变承运人的要求。在办理旅客自愿签转业务时,工作人员必须首先判断客票是否满足以下自愿签转条件。

(1) 旅客使用的票价无签转限制条件。

(2) 旅客客票未改变过航班、日期。

(3) 旅客在原航班规定离站时间 24 小时(含)之前提出更改要求。

(4) 旅客要求变更的承运人必须与原承运人签有联运协议,可以进行相互填开或接收票证、票款结算等业务活动。

同时满足了以上自愿签转条件后,原承运人的相关部门有义务为旅客积极免费办理相关的签转业务。凡是不满足上述规定,但旅客坚持要求改变承运人的,一律按照自愿退票的相关规定和程序办理。

2. 旅客非自愿签转

旅客非自愿签转是指由于航班延误、天气恶劣、飞机故障等非旅客主观原因,旅客向原承运人提出改变承运人的要求。原承运人有责任和义务保障旅客及时到达原客票标明的目的地,应积极协调相关部门尽快协助旅客,在征得有关承运人的同意后,办理签转手续。由原承运人的原因造成的旅客非自愿签转,票款的差额多退少不补。

除此之外,一些特殊票价客票的签转在没有特殊规定时,其签转规定和处理与正常票价客票相同。

(四) 国内各航空公司客票退改签案例

1. 国航客票退改签案例

旅客张甜于 2014 年 7 月 2 日购买了一张 2014 年 7 月 12 日的客票,航程是 PEK –

URC，航班是 CA1477，K 舱座位。已知 PEK – URC 的公布直达运价是 CNY2410，旅客购买客票时需要支付燃油附加费 CNY120 和民航发展基金 CNY50。（本题目中所使用的销售条件如图 3 – 11 所示，另外，如变更航班、日期与低舱位改高舱位同时进行，则变更手续费和票价差额需要同时收取。）

适用范围：出票日期为2013年3月1日（含）以后的客票	普通航线					
	舱位	产品/折扣	退票手续费		变更手续费		自愿签转
			起飞(含)前退票	起飞后退票	起飞(含)前变更(含签转)1次	起飞后变更(含签转)1次	
	P	300%	免费退票	10%	免费变更	5%	允许
	F	300%					
	C	230%					
	A	250%	对应舱位公布运价的10%		对应舱位公布运价的5%		不允许
	D	180%					
	Z	160%					
	Y/W	100%	5%	10%	免费变更	5%	允许
	B	90%	20%	30%	10%	20%	不允许
	M	88%					
	H	80%					
	K	75%					
	L	70%					
	Q	60%					
	G	50%	50%	不允许	30%	50%	
	V	45%					

图 3 – 11 国航客票退改签政策截图

（1）旅客购买客票共需要支付多少金额（包括票款和税费）？

由图 3 – 11 可知，K 舱的折扣为 75%：

$$票价 = 2410 \times 75\% = 1807.5—CNY1810.00$$
$$支付金额 = 1810 + 120 + 50 = CNY1980.00$$

（2）旅客在 2014 年 7 月 10 日要求变更为 2014 年 7 月 13 日起飞的相同航班，若航班仍有 K 舱，请问如何为旅客办理？

由图 3 – 11 可知，旅客在航班起飞前自愿变更同等舱位，变更手续费为票价的 10%：

$$变更手续费 = 1810 \times 10\% = CNY181.00$$

因此，航空公司应向旅客收取 181 元的变更手续费，并旅客积极办理。

（3）旅客在 2014 年 7 月 10 日要求变更为 2014 年 7 月 13 日起飞的相同航班，若航班最低舱位只有 M 舱，请问如何为旅客办理？

由图 3 – 11 可知，旅客在航班起飞前自愿变更，因无同等舱位，需要升到折扣为 88% 的 M 舱：

$$变更手续费 = 1810 \times 10\% = CNY181.00$$

M 舱票价 = 2410 × 88% = 2120.8—CNY2120.00

升舱差额费 = 2120 - 1810 = CNY310.00

两者相加，即 181 + 310 = CNY491.00，因此，航空公司应向旅客收取 491 元，并为旅客积极办理。

（4）若旅客在 2014 年 7 月 13 日航班起飞前，要求更改为 HU7145 航班，请问如何为旅客办理？

由图 3 - 11 可知，K 舱的限制条件为不可自愿签转，旅客自愿要求由国航签转为海航的要求将无法满足，旅客需要退票并重新购买客票。

（5）由于旅客在去机场途中遇堵车引起误机，要求退票，请问如何为旅客办理？并计算出共应退旅客多少金额。

由图 3 - 11 可知，旅客在飞机起飞后自愿退票，退票手续费率为 30%：

退票手续费 = 1810 × 30% = CNY543.00

共退款 = 1980 - 543 = CNY1437.00

2. 东航客票退改签案例

旅客张希于 2014 年 7 月 2 日购买了一张 2014 年 7 月 13 日起飞的客票，航程是 PVG - CTU，航班是 MU5401，N 舱座位。已知 PVG - CTU 的公布直达运价是 CNY1610，旅客购买客票时需要支付燃油附加费 CNY120 和民航发展基金 CNY50。（本题目中所使用的销售条件如图 3 - 12 所示，另外，不再办理升舱全退、重购业务，只能按自愿退票处理。）

舱位	产品/折扣	退票手续费			变更手续费		自愿签转
		航前		航班起飞前2小时内及飞后	航班起飞前2小时之前	航班起飞前2小时内及飞后	
		7天(含)之前	7天之内				
F	280%	免费退票		10%	免费变更	5%	允许
P							不允许
J							允许
适用范围：出票日期为2013年7月22日	Y	100%	5%				允许
	B	90%					
	M	85%					
	E	80%					
	H	75%	20%	30%	10%	20%	
	K	70%					
	L	65%					
	N	60%					
	R	55%					不允许
	S	50%					

图 3 - 12 东航客票退改签政策截图

(1) 旅客购买客票共需要支付多少金额(包括票款和税费)?

由图 3-12 可知,N 舱的折扣为 60%:

$$票价 = 1610 \times 75\% = 966 — CNY970.00$$

$$支付金额 = 970 + 120 + 50 = CNY1140.00$$

(2) 旅客在 2014 年 7 月 11 日要求变更为 2014 年 7 月 14 日起飞的相同航班,若航班仍有 N 舱,请问如何为旅客办理?

由图 3-12 所示,旅客在航班起飞前 2 小时之前自愿变更同等舱位,变更手续费为票价的 10%:

$$变更手续费 = 970 \times 10\% = CNY97.00$$

因此,航空公司应向旅客收取 97 元的变更手续费,并为旅客积极办理。

(3) 旅客在 2014 年 7 月 11 日要求变更为 2014 年 7 月 14 日起飞的相同航班,若航班最低舱位只有 B 舱,请问如何为旅客办理?

由图 3-12 所示,旅客在航班起飞前自愿变更,因无同等舱位,需要升到折扣为 90% B 舱,原客票应按自愿退票处理:

$$航前退票手续费 = 970 \times 20\% = CNY194.00$$

$$B 舱票价 = 1610 \times 90\% = 1449.0 — CNY1450.00$$

$$升舱差额费 = 1450 - 970 = CNY480.00$$

两者相加 194 + 480 = CNY577.00,因此,航空公司应向旅客收取 674 元,并为旅客积极办理。

(4) 若旅客在 2014 年 7 月 14 日航班起飞前,要求更改为 3U8648 航班,请问如何为旅客办理?

由图 3-12 所示,N 舱的限制条件为不可自愿签转,旅客自愿要求由东航签转为川航的要求将无法满足,旅客需要退票并重新购买客票。

(5) 由于旅客在去机场途中遇堵车引起误机,要求退票,请问如何为旅客办理?并计算出共应退旅客多少金额。

由图 3-12 所示,旅客在飞机起飞后自愿退票,退票手续费率为 30%:

$$退票手续费 = 970 \times 30\% = CNY291.00$$

$$共退款 = 1140 - 291 = CNY849.00$$

3. 南航客票退改签案例

旅客孟昭群于 2014 年 7 月 2 日购买了一张 2014 年 7 月 11 日 13:45 起飞的客票,航程是 SHE - KMG,航班是 CZ6415,F 舱座位。已知 SHE - KMG 的公布直达运价是 CNY2280,旅客购买客票时需要支付燃油附加费 CNY120 和民航发展基金 CNY50。(本题目中所使用的销售条件如图 3-13 所示,另外,从较低等级舱位改为较高等级舱位或较低票价变更到较高票价,收取票价价差。如客票航班/日期等变更与舱位变更同时进行,则需要同时收取变更费和票价价差。)

(1) 旅客购买客票共需要支付多少金额（包括票款和税费）？

由图 3-13 可知，F 舱的折扣为 280%：

票价 = 2280 × 280% = 6384—CNY6380.00

支付金额 = 6380 + 120 + 50 = CNY6550.00

舱位	产品/折扣	使用条件				
		退票手续费		变更手续费		自愿签转
		航班规定离站时间前2小时（含）前	航班规定离站时间前2小时（不含）后	航班规定离站时间前2小时（含）前	航班规定离站时间前2小时（不含）后	
F	头等舱 280%	5%	10%	免费变更	5%	允许
A	明珠头等舱 400%					
P	头等舱 230%	具体文件使用条件				不允许
J	公务舱 230%	5%	10%	免费变更	5%	允许
C	公务舱 180%	具体文件使用条件				不允许
D	公务舱 180%					

图 3-13　南航客票退改签政策截图

(2) 旅客在 2014 年 7 月 8 日要求变更为 2014 年 7 月 12 日起飞的相同航班，若航班仍有 F 舱，请问如何为旅客办理？

由图 3-13 可知，旅客在航班规定离站时间前 2 小时（含）前自愿变更同等舱位，可以免费变更。

(3) 若旅客在 2014 年 7 月 11 日航班起飞前，要求更改为 MU2263 航班，请问如何为旅客办理？

由图 3-13 可知，F 舱的限制条件为允许旅客自愿签转，若拟签转航班仍有 F 舱，应积极按照旅客要求由南航签转为东航的航班。

(4) 由于旅客在去机场途中遇堵车引起误机，要求退票，请问为旅客如何办理？并计算出共应退旅客多少金额。

由图 3-13 可知，旅客在航班规定离站时间前 2 小时（不含）后自愿退票，退票手续费率为 10%：

退票手续费 = 6380 × 10% = CNY638.00

共退款 = 6550 - 638 = CNY5912.00

4. 山航客票退改签案例

旅客王懿楠于 2014 年 7 月 2 日购买了一张 2014 年 7 月 12 日起飞的客票，航程是 TAO - HGH，航班是 SC4645，L 舱座位。已知 TAO - HGH 的公布直达运价是 CNY900，旅客购买客票时需要支付燃油附加费 CNY60 和民航发展基金 CNY50。（本题目中所使用的销售条件如图 3-14 所示，另外，如客票改期与低舱位改高舱位同时进行，比较舱位差额和改期费，按较高者收取。）

航空公司	舱位	产品/折扣	退票手续费	变更手续费
山东航空 （适用于首次填开的未经更改的、销售日期为2011年10月11日（含）以后、航班日期为2011年10月30日（含）以后的国内客票）	F	150%	免收退票手续费	免费变更
	C	130%		
	Y	100%		
	B	90%	收取票面的5%	
	M	85%		
	H	80%		
	K	75%	收取票面的10%	每次按票面的10%收取改期费
	L	70%		
	P	65%		
	Q	60%		
	G	55%		
	V	50%	收取票面的30%	每次更改均按票面的20%收取改期费
	U	45%		
	Z	40%		

图 3-14 山航客票退改签政策截图

（1）旅客购买客票共需要支付多少金额（包括票款和税费）？

由图 3-14 可知，L 舱的折扣为 70%：

$$票价 = 900 \times 70\% = CNY630.00$$

$$支付金额 = 630 + 60 + 50 = CNY740.00$$

（2）旅客在 2014 年 7 月 10 日要求变更为 2014 年 7 月 13 日起飞的相同航班，若航班仍有 L 舱，请问如何为旅客办理？

由图 3-14 可知，变更手续费为票价的 10%：

$$变更手续费 = 630 \times 10\% = CNY63.00$$

因此，航空公司应向旅客收取 63 元的变更手续费，并为旅客积极办理。

（3）旅客在 2014 年 7 月 10 日要求变更为 2014 年 7 月 13 日起飞的相同航班，若航班最低舱位只有 K 舱，请问如何为旅客办理？

由图 3-14 可知，旅客在航班起飞前自愿变更，因无同等舱位，需要升到折扣为 75% K 舱：

$$变更手续费 = 630 \times 10\% = CNY63.00$$

$$K\text{舱票价} = 900 \times 75\% = 675.0 — CNY680.00$$
$$\text{升舱差额费} = 680 - 630 = CNY50.00$$

两者比较取较高者 CNY63.00，因此，航空公司应向旅客收取 63 元，并为旅客积极办理。

（4）由于旅客在去机场途中遇堵车引起误机，要求退票，请问如何为旅客办理？并计算出共应退旅客多少金额。

由图 3-14 可知，退票手续费率为 10%：

$$\text{退票手续费} = 630 \times 10\% = CNY63.00$$
$$\text{共退款} = 740 - 63 = CNY677.00$$

第四节　民航国内客票销售渠道

一、售票处销售渠道介绍

售票处销售渠道是指由航空公司或者其授权的销售代理人在固定的、对公众开放的营业场所从事客票销售及相关服务的客票销售方式。售票处销售渠道最早可以追溯到中国民航成立之初，中国民航在各民航机场所在城市市区开设民航售票处（见图3-15）。随着民航客票步入电子化时代，适合原有纸质客票进行国内客票销售的售票处受到了巨大的挑战，售票处销售渠道的销售份额不断降低。特别是民航客票采用电子客票的形式后，航空公司和销售代理人均由"线下业务"转型升级为"线上业务"，纷纷裁撤作为"线下业务"的典型代表——售票处销售渠道。

图 3-15　售票处内景

售票处销售渠道虽然略显"过时"，但凭借其固有优势目前还是现在不可或缺的销售方式。售票处销售渠道的最大特点是可以为消费者提供"面对面"的服务，这是其他销售渠道所不具备的。"面对面"服务的真实感会给消费者带来全方位的服务体验，这种体验将有助于提高销售方对消费者的吸引力，吸引其再次来购票。售票处同时也是航空公司和销售代理人展示自身形象和实力的最佳平台，对其整体形象的提升有重要促进作用。航空公司直属售票处通常处理"线上"无法涵盖或者交易成本较高的业务，这部分个性化很强的业务是无法用其他方式来有效解决的。因此，售票处销售渠道目前还无法被完全取代。代理人售票处的呈现形式日渐发生着变化，由传统只经营客票销售业务的单一售票处形式，向可以同时满足消费者客票预订、酒店预订、旅游分销、汽车租赁、签证代办、商务考察、邮轮旅游等"一站式"差旅服务需求的综合产品销售渠道转变。

二、呼叫中心销售渠道介绍

呼叫中心销售渠道最初形成于航空公司的电话客服中心。随着固定电话和移动电话在中国的日益普及，航空公司纷纷推出了电话服务平台，为购票旅客提供各种信息和业务办理服务。由于销售流程的逐渐简化、支付方式的轻松便捷，航空公司开始意识到呼叫中心是可以成为其重要销售渠道的。特别是电子客票的全面推行，使航空公司跨过销售代理层面直接将客票销售给终端消费者成为可能。在航空公司加大"直销"领域投入的大背景下，呼叫中心销售渠道成为其关注的重点。目前，呼叫中心（见图3-16），除国内、国际客票销售外，还被航空公司赋予了客票退改签、新产品促销、常旅客服务等更加全面的功能。

图3-16 呼叫中心内景

不单单是航空公司重视呼叫中心销售渠道，客票销售代理更是依靠该渠道。例如，作为中国在线旅行代理商的携程旅行网，在通过发会员卡积累目标客户的同时，积极构建其呼叫中心。目前，携程旅行网在江苏南通建立了约3万个座席的呼叫中心，全国各地的客票业务、订房业务都可以经呼叫中心以及IT后台统一处理，客票的出票时间和价格、酒店的预约时间和价格，甚至员工的服务质量也都能得到监控。呼叫中心销售渠道是目前客票销售领域中重要的渠道之一。

三、互联网销售渠道介绍

互联网销售渠道是民航客票电子化后的必然产物。以互联网技术为代表的信息技术的快速发展改变着世界传统的经济模式,当航空客票销售"邂逅"信息技术,就产生了航空电子商务这种新型的销售渠道模式,也就是互联网销售渠道。从纸质客票到电子客票,从计算机订座系统(CRS)到全球分销系统(GDS),从客票销售总代理(GSA)到客票竞价平台,这都是信息技术带给客票销售领域的改变。目前,客票销售领域基于电子客票工具利用互联网技术形成了一系列航空客票销售模式。

(一)以航空公司为代表的 B2B、B2C 直销模式

目前,旅客可以在互联网上轻松地完成电子客票的预订、支付、出票、值机等各环节,这极大地降低了航空公司的销售成本。我国各大航空公司广泛认识到直销对其可持续发展的重要战略意义,纷纷加大在互联网销售渠道的投资力度,通过升级改造硬件、增加广告投放、整合组织机构、加大促销力度等方式不断提升直销在销售总量中的份额。截至 2012 年年底,我国航空公司国内客票的直销比例首次超过客票代理的分销比例,且直销比例的增加在今后一段时间还将持续。

(二)以携程旅行网等为代表的 OTA 分销模式

要分析中国在线销售代理(OTA)分销模式,不得不提携程旅行网。从分析"携程模式"入手,探析 OTA 分销渠道。携程旅行网是定位于旅游业服务的电子商务公司,经过多年的实践和探索发现:通过保证信息在各地酒店、航空公司和消费者之间的顺畅流通,来完成全国范围内的酒店和客票产品预订,从而获取代理销售佣金的商业模式,即携程模式。在携程旅行网出现之前提供酒店和客票预订服务的公司都是区域性的,几乎没有公司能在全国范围内预订酒店和客票,或做到全天候服务。这种分散的服务方式难以保证服务的质量。携程旅行网正是挖掘了这项产业的潜力,并将其与互联网结合,才获得了成功。目前,携程旅行网扮演着航空公司和酒店的分销商的角色,它建立了庞大的酒店及客票产品供需方数据库,做到一方面吸引全国范围内近 3 亿名注册用户,另一方面从酒店和航空公司获取更低的折扣,自己则从中获取佣金。全国各地的客票业务、订房业务都可以经携程呼叫中心及 IT 后台统一处理,客票的出票时间和价格、酒店的预约时间和价格,甚至员工的服务质量也都能得到监控。六西格玛管理使携程旅行网能将客人打给呼叫中心的电话等待时间控制在国际通行的 20 秒以内,将接听比例从 80% 提高到 90% 以上,将服务客户的电话时长缩减到 150 秒左右。而且,由于携程旅行网整合的是信息层面的资源,使其可以几乎零成本地加入新的航线、酒店产品的预订。

(三)以票盟、51BOOK 等为代表的竞价平台模式

目前,国内主流竞价平台的产品和营销模式比较相近。首先,吸引全国各地区大型代理企业上线作为供应商,由供应商提供查询订座配置接口,并且提供销售代理费政

策；其次，广泛吸引全国代理企业，以及更多的上线采购商；最后，平台通过"支付宝"等在线支付工具，完成供应商和采购商的结算、出票全过程。对于航空公司、消费者、代理企业，竞价平台的优劣势十分明显，分析如下。

1. 竞价平台对于航空公司的优、劣势分析

（1）优势。加快航空公司客票销售的速度，但航空公司在某时段、某航段的载运能力是有限的，这一优势带给航空公司的利润增加并不十分明显。

（2）劣势。首先，代理费用增加。通过全国各地区大型代理企业在"平台"上提供的优厚代理费率，事实上让全国的中小型代理企业都享受到了航空公司的出港地代理费政策，这直接导致了航空公司代理费用的增加。其次，竞价平台的快速发展，实际上对航空公司大力推进的网站直销产生了巨大冲击，特别是航空公司网站针对代理企业的B2B直销。

2. 竞价平台对于消费者的优、劣势分析

（1）优势。竞价平台可以为消费者提供价格更低的客票。

（2）劣势。首先，虚假行程单严重侵害了消费者利益。由于采购商和供应商往往不在一个城市，互不相识，且一些采购商为非正规代理人，所以许多竞价平台操作的基本规则是供应商不提供电子客票行程单。其次，旅客购买客票的售后服务的缺失。竞价平台销售的客票可能会出现销售单位和填开单位不一致的情况，因此旅客购买了客票，在航班起飞、延误提示，以及签转退票等方面，可能无法得到应有的服务，出现问题以后，由于无法知道准确的代理企业信息，没有办法进行投诉，往往只能自行承担损失。

3. 竞价平台对于代理人的优、劣势分析

（1）优势。对一些大型代理企业而言，通过竞价平台销售，可以在较短时间内快速扩张规模，完成航空公司销售任务和比例，以获取更好的代理费政策。对一些中小型代理企业来说，竞价平台上大型代理企业投放的代理费政策往往比航空公司给其自身的代理费政策要优厚得多，客观上帮助其提高了利润水平。

（2）劣势。首先，造成代理企业间的无序恶性竞争。为了获取更好的代理政策和返点，完成航空公司规定的任务量和比例，不少代理企业将航空公司给予的代理政策全部放在竞价平台上，有的甚至将还没有拿到手的奖励也放出去，以此吸引采购商进行采购。代理企业一方面为了抢占市场份额，获取更高的代理费点数而放弃利润；另一方面，为了生存发展，保住现有的高代理费水平，又去追求更高的市场份额以满足航空公司的要求，这已经成为部分代理企业的一个死循环。其次，削弱了正规代理企业的竞争力和服务水平。客票竞价平台给那些内部管理水平不高、市场营销能力不强的代理企业提供了便利通道，只要敢于实施高返点政策，大量代理企业乐意帮助航空公司卖票，往往能在短时间内造成销售额突飞猛进的情形。然而这将导致代理企业无法把精力放在企业经营管理、拓展客户渠道、以服务来吸引客户的市场营销管理上，造成企业经营管理和服务水平的严重下降。最后，代理企业面临着巨大的违约风险。对供应商代理企业来说，面向全国的竞价平台销售能帮助其快速获取市场份额，但是无法保证其采购商对消费的销售行为的正规性，被消费者投诉到相关管理部门，进而面临着较大的政策风险。

（四）以去哪儿网、酷讯网等为代表的垂直搜索引擎模式

垂直搜索引擎是针对电子商务的专业化采购产品而设计的，其主要功能是采集、整理和挖掘海量的在线商品信息和商家信息，向消费者在线提供精准的"挑选商品"和"选择商家"等功能。例如，对不同网站的相同产品进行综合比较，包括价格比较和用户客观评论比较，最终得到性价比较高的产品。网络爬虫技术是实现垂直搜索比价的关键，框架技术的应用为系统提供了一个灵活、清晰、可伸缩、易维护的体系结构。比价关键因素是指对消费者进行购物比价时具有指导意义的关键因素，主要包括商品价格、商品质量、商家信誉、服务质量等。

去哪儿网和酷讯网就是客票销售领域知名的垂直搜索引擎，消费者进入其界面，输入出发和到达城市、出行时间，进行有针对性的搜索，系统就会按照消费者的自定义排序，将相关搜索结果进行呈现。消费者选择好符合自己需求的客票后，通过网页跳转，进入客票真实销售商的网站，完成相关购票操作。

四、移动终端销售渠道介绍

截至 2012 年，全球移动互联网用户首次超过 PC 互联网用户。不难预测，移动终端客票销售已经伴随消费者的手机消费习惯的养成成为主流方式。航空客票同酒店、邮轮、旅游、会展、租车等综合旅游类其他细分市场产品相比，是业内公认的最容易被标准化的产品。随着众多航空客票销售应用软件的上线、微信等产品功能的日益强大，移动终端给客票销售线上交易模式提供了全新的承接载体。曾有业内人士指出，客票信息可以完整地呈现在智能手机的一页屏幕上，这注定了它终究要通过智能手机进行销售的未来。

自 我 检 测

(1) 简要描述我国民航运价的发展历史。
(2) 能识别纸质国内客票票面信息。
(3) 简要描述国内客票使用的一般规定。
(4) 简要描述特殊旅客的定义及其分类。
(5) 简要描述无成人陪伴儿童购票规定。
(6) 能识别电子国内客票票面信息。
(7) 能根据不同国内航空公司的退改签政策完成相关业务。
(8) 简要描述国内客票销售渠道及其各自的特征。

第四章 民航国内客票销售系统

学习目标

(1) 掌握分销系统控制指令。
(2) 掌握航班信息查询指令。
(3) 掌握建立旅客订座记录步骤。
(4) 掌握分销系统自动出票步骤。
(5) 了解开账与结算计划基本情况。

学习内容

(1) 民航客票销售系统控制指令及格式。
(2) 民航客票销售系统航班信息查询指令及格式。
(3) 民航客票销售系统建立旅客订座记录的步骤及示例。
(4) 民航客票销售系统分销系统自动出票的步骤及示例。
(5) 国际航协开账与结算计划基本情况介绍。

第一节 民航代理人分销系统

民航代理人分销系统,即中国民航计算机订座系统(CRS),是航空及相关旅游产品的分销系统,主要为国际航协认可的销售代理人及航空公司销售使用。中国民航计算机订座系统通过与全球多家航空公司控制系统连接,为销售代理人提供国内外数百家航空公司的航班信息、座位预订及销售体系。其开账与结算计划(BSP)自动出票系统在衔接销售代理人和航空公司的同时,亦保证了销售代理人与航空公司双方的利益。

中国民航计算机订座系统需要掌握的常用功能如下所述。
(1) 国内及国际航班时刻及相应航班座位可利用情况查询。
(2) 国内及国际航空运价查询。
(3) 旅客订座记录的生成。
(4) 机上座位预订。

(5) 客票信息的查看。

(6) BSP 客票的销售。

(7) BSP 客票的销售统计、作废及退票。

(8) 行程单打印。

一、分销系统控制指令

分销系统终端接通后，便可以进入系统，完成航班信息查询和座位销售等功能。

输入：>＄＄OPEN TIPC3

输出：SESSION PATH OPEN TO：TIPC3

已经进入民航代理人分销系统。

1. 查看工作号及配置号（指令名称：DA）

（1）指令格式：>DA：

（2）指令举例：

输入：>DA：

输出：

A　　AVAIL

B　　AVAIL

C　　AVAIL

D　　AVAIL

E　　AVAIL

PID＝20200　　HARDCOPY＝1112

TIME＝1022　　DATE＝02JUL　　　HOST＝LILY

AIRLINE＝1E　　SYSTEM＝CAAC09　　APPLICATION＝3

需要注意的是，用户在日常工作中，应明确"DA"指令的显示结果中的"PID"信息，这是配置在系统中的唯一识别代码。当终端不能工作时，维护人员经常要问到终端的"PID"号码，以便排除故障。

2. 输入工作号（指令名称：SI）

（1）指令格式：>SI：工作号/密码/级别

（2）指令举例：

输入：>SI：22222/9888C/41

输出：CAN111 SIGNED IN A

使用"DA"指令查询状态显示为

A＊　22222　02JUL　1022　　41　CAN111

B　　AVAIL

```
C    AVAIL
D    AVAIL
E    AVAIL
PID=20200        HARDCOPY=1112
TIME=1022        DATE=02JUL        HOST=LILY
AIRLINE=1E       SYSTEM=CAAC09     APPLICATION=3
```

（3）出错信息提示说明：

PROT SET——密码输入错误；

USER GRP——级别输入错误；

PLEASE SIGN IN FIRST——先输入工作号，再进行查询。

3. 密码修改（指令名称：AN）

（1）指令格式：>AN：旧密码/新密码

（2）密码修改步骤：

① 进入系统，输入工作号（使用旧密码）；

② 用"AN"指令修改密码；

③ 退出系统；

④ 重新进入系统（使用新密码）。

（3）指令举例：工作号为22222，旧密码为9887C，想改新密码为1234B。

>SI：22222/9887C/41

>AN：9887C/1234B

>SO

>SI：22222/1234B

使用"DA"指令查询状态显示为

```
A*   22222    02JUL    1022    41    CAN111
B    AVAIL
C    AVAIL
D    AVAIL
E    AVAIL
PID=20200        HARDCOPY=1112
TIME=1022        DATE=02JUL        HOST=LILY
AIRLINE=1E       SYSTEM=CAAC09     APPLICATION=3
```

4. 临时退出系统（指令名称：AO）

（1）指令格式：>AO

（2）指令举例：

使用"AO"指令前用"DA"指令查询配置状态显示为

```
A*   22222   02JUL   1022      41   CAN111
B    AVAIL
C    AVAIL
D    AVAIL
E    AVAIL
PID=20200       HARDCOPY=1112
TIME=1022       DATE=02JUL          HOST=LILY
AIRLINE=1E      SYSTEM=CAAC09       APPLICATION=3
```

使用"AO"指令后用"DA"指令查询配置状态显示为

```
A    22222   02JUL   1022      41   CAN111
B    AVAIL
C    AVAIL
D    AVAIL
E    AVAIL
PID=20200       HARDCOPY=1112
TIME=1022       DATE=02JUL          HOST=LUCY
AIRLINE=1E      SYSTEM=CAAC09       APPLICATION=3
```

由上可知，输入"AO"指令后，A工作区的占用标识"*"已经消失，这说明输入"AO"指令后，A工作区已由正常使用状态变为非正常使用状态（即不可使用状态）。此时虽然工作号仍然可以在用"DA"指令查询显示后看见，但是不能进行任何操作，如进行航班查询等工作时，系统将显示"PLEASE SIGN IN FIRST"，需要工作人员重新进入系统。一般情况下，"AO"指令用于非下班时间的临时离开。

5. 恢复临时退出（指令名称：AI）

（1）指令格式：>AI：工作区/工作号/密码

（2）指令举例：

输入：>AI：A/22222/1234B

输出：AGENT A – IN

使用"AI"指令前用"DA"指令查询配置状态显示为

```
A    22222   02JUL   1022      41   CAN111
B    AVAIL
C    AVAIL
D    AVAIL
E    AVAIL
PID=20200       HARDCOPY=1112
TIME=1022       DATE=02JUL          HOST=LILY
AIRLINE=1E      SYSTEM=CAAC09       APPLICATION=3
```

使用"AI"指令后用"DA"指令查询配置状态显示为

```
A*  22222    02JUL    0854    41  CAN111
B   AVAIL
C   AVAIL
D   AVAIL
E   AVAIL
PID=20200        HARDCOPY=1112
TIME=1022        DATE=02JUL         HOST=LILY
AIRLINE=1E       SYSTEM=CAAC09      APPLICATION=3
```

6. 退出系统（指令名称：SO）

（1）指令格式：>SO；

（2）指令举例：

输入：>SO

输出：CAN111 22222 SIGNED OUT A

使用"DA"指令查询状态显示为

```
A   AVAIL
B   AVAIL
C   AVAIL
D   AVAIL
E   AVAIL
PID=20200        HARDCOPY=1112
TIME=1022        DATE=02JUL         HOST=LILY
AIRLINE=1E       SYSTEM=CAAC09      APPLICATION=3
```

（3）出错信息提示说明：

PENDING——有未完成的 PNR，在退号前必须完成或放弃它；

TICKET PRINTER IN USE——未退出打票机的控制，退出即可；

QUEUE PENDING——未处理完信箱中的 QUEUE、QDE 或 QNE，退出即可；

PROFILE PENDING——未处理完 PNR；

PSS——ALL 处理。

7. 工作号、终端号和部门代码简介

中航信需要把代理人信息建立在民航代理人分销系统中，通过部门代码（OFFICE CODE）来管理。民航代理人分销系统通常还包括终端 PID 号码、打票机号码、工作人员号码和代理人得到的授权航空公司的信息等。

一个代理人通常有一个部门代码，如 CAN777、SHA182。

一个部门中可以有多台终端，而每一台终端只能属于一个部门。

同一个部门中的终端可以共享打票机。

每台终端或打票机都有唯一的一个 PID 号码。

每个工作号包括密码、等级等内容，一般在系统中营业员的工作号级别都被设置为 41 级。

每个工作号只能在自己部门中使用。

二、航班信息查询指令

（一）航班可利用情况查询（指令名称：AV）

（1）指令格式：＞AV：显示参数/城市对/指定日期/限制条件

（2）指令解释：

① 显示参数：可组合使用。A——按照到达时间先后顺序排列；E——按飞行时间排列；H——完整显示所有舱位信息；若不选，则系统默认为按照起飞先后顺序排列。

② 城市对：出发地、目的地。

③ 指定日期：出发日期。"＋"表示明天；省略表示今天。

④ 限制条件：可指定时间或承运人。

（3）指令举例：

输入：＞AV：PEKCAN/02JUL

输出：AV PEKCAN/02JUL

```
       02JUL（WED）BJSCAN
1 - *SC1351    PEKCAN 0800 1115    330 0^B    E    DS# FA YA BA HA KA LA QS VS SA US *
2  *OS8009    PEKCAN 0800 1115    330 0B     E    DS# YA BA MA UA HA GA QL VL WL SL *
3  *ZH1351    PEKCAN 0800 1115    330 0^B    E    DS# FA YA BA MA HA KA LA QS GS SA *
4   CA1351    PEKCAN 0800 1115    330 0^B    E    DS# FA AS YA BA MA HA KA LA QS GS *
5   CZ3108    PEKCAN 0830 1145    77A 0^C    E    DS# FA AX PA CX DX IX JX WA ZQ YA *
6   HU7805    PEKCAN 0840 1200    738 0^     E    DS# FA PQ AQ YA BQ HQ KQ LQ MQ QQ *
** PLEASE CHECK YI: CZ/TZ144 FOR ET SELF SERVICES CHECK - IN KIO
```

（4）输出内容解读：

02JUL（WED）BJSCAN——出发日期（星期显示）、出发地、目的地；

1——航班序号；

*——代码共享航班；

SC1351——航班号；

PEKCAN——航段信息；

0800 1115——起飞时间、降落时间；

330——机型；

0——无经停点；

^——已开通机上座位预订功能；

B——餐食标识；

E——销售电子客票航班标识；

DS#——航空公司与航信系统的连接级别；

FA YA BA HA KA LA QS VS SA US——航班包括的各舱位及其剩余座位数；

*——有未显示完整的舱位信息。

剩余座位情况代码：

A——可以提供9个以上座位；

1~9——可以提供1~9个座位，系统显示具体的可利用座位数；

L——没有可利用座位，但旅客可以候补；

Q——永久申请状态，没有可利用座位，但可以申请（HN）；

S——因达到限制销售数而没有可利用座位，但可以候补；

C——该等级彻底关闭，不允许候补或申请；

X——该等级取消，不允许候补或申请；

Z——座位可利用情况不明。

(5) 指令练习1：显示明天北京到广州的国航航班座位可利用情况。

指令输入：>AV：PEKCAN/＋/CA

指令输出：03JUL（THU）PEKCAN VIA CA

```
1 -  CA1321  PEKCAN 0900  1200  772 0 M  DS# CA DA YA SA BA HA KA LA MA NA *
2    CA1315  PEKCAN 1130  1430  733 0 M  DS# FA YA SA BA IIA KA LA MA NA QA *
3    CA1301  PEKCAN 1450  1740  74E 0^M  DS# FA CA DS YA SA BA HA KA LA MA *
4 +  CA1339  PEKCAN 1735  2030  340 0 M  DS# FA CA DA YA SA BA HA KA LA MA *
**  CZ HAS SPECIAL FARE, PLEASE SEE GI/YI: CZ/FARE1
```

(6) 指令练习2：显示明天上午11:00以后北京到广州航班座位可利用情况。

指令输入：>AV：PEKCAN/＋/1100

指令输出：03JUL（THU）PEKCAN

```
1 -  CZ3162  PEKCAN 1105  1405  320 0 M  DS# CA DQ JS YA TA KA HA MA GA SQ *
2    CA1315  PEKCAN 1130  1430  733 0 M  DS# FA YA SA BA HA KA LA MA NA QA *
3    LH2928  PEKCAN 1130  1430  EQV 0    DS * FZ AZ CZ DZ YZ BZ MZ HZ QZ VZ *
4    CZ3102  PEKCAN 1205  1500  777 0 M  DS# CA DQ JA YA TA KA HA MA GA SA *
5    CZ3106  PEKCAN 1305  1600  757 0 M  DS# CA DQ JS YA TA KA HA MA GA SA *
6    CZ346   PEKCAN 1345  1645  77B 0 M  AS# CA DQ JA WA OA NA YA TA KA HA
7 +  XW871   PEKCAN 1425  1730  737 0 M  DS# FA YA IQ DQ EA KA LA NA RA V1 *
**  CZ HAS SPECIAL FARE, PLEASE SEE GI/YI: CZ/FARE1
```

(7) 指令练习3：显示明天上午11:00以后北京到成都的国航航班座位可利用情况。

指令输入：>AV：PEKCTU/＋/1100/CA

指令输出：03JUL（THU）PEKCTU VIA CA

```
  1 -   CA1315  PEKCTU 1130   1430   733 0 M  DS# FA YA SA BA HA KA LA MA NA QA *
  2     CA1301  PEKCTU 1450   1740   74E 0^M  DS# FA CA DS YA SA BA HA KA LA MA *
  3 +   CA1339  PEKCTU 1735   2030   340 0 M  DS# FA CA DA YA SA BA HA KA LA MA *
  **    CZ HAS SPECIAL FARE, PLEASE SEE GI/YI: CZ/FARE1
```

(二)国内航空公司航班飞行情况查询（指令名称：FF）

(1) 指令格式：>FF：航班号/日期
(2) 指令解释：FF 功能用于查询航班的经停城市、起降时间和机型。
(3) 指令举例：查询 14JUN 的 CA929 航班。

指令输入：>FF：CA929/02JUL
指令输出：FF：CA929/02JUL14

```
    PEK           1240   767
    SHA   1350    1550
    SFO   1320
```

(三)国际航空公司航班飞行情况查询（指令名称：IT）

(1) 指令格式：>IT：航班号/日期
(2) 指令解释：IT 功能用于查询国际航空公司航班的经停城市、起降时间和机型。
(3) 指令举例：查询 02JUL 的 UA888 航班。

指令输入：>IT：UA888/02JUL
指令输出：IT：UA888/02JUL14

```
    PEK                  1330            767
    SFO   1830 +1  2140 +1   733    14：00 FLYING TIME
    NYC   2355 +1                   02：15 FLYING TIME
```

(四)航班飞行情况查询（指令名称：DSG）

(1) 指令格式：>DSG：C/航班号/日期
(2) 指令解释："DSG"指令用于查看除座位可利用情况外的其他数据。例如，航班的起飞降落城市、起飞降落时间、航班的空中飞行时间、航班的空中飞行距离、经停点数、航班机型、餐食等信息。
(3) 指令举例：

指令输入：>DSG：C/CA1343/02JUL
指令输出：CA1343   Y(THU) 02JUL   PEK   0755   733 S 0 0
         1020   CSX ELAPSED TIME 2：25 DIST 0M

(五)航站楼情况查询（指令名称：ADTN）

(1) 指令格式：>ADTN：D/航空公司/城市代码
(2) 指令举例：

指令输入：>ADTN：D/MU/PEK

指令输出：ADTN：D/MU/PEK

MU/PEK/T－T2，T2

MU/PEK/F－8735，8740，0，/T－T3，T3

MU/PEK/F－8901，8901，0，/T－T3，T3

MU/PEK/F－8714，8715，0，/T－T3，T3

MU/PEK/F－8720，8721，0，/T－T3，T3

（六）航班班期情况查询（指令名称：SK）

(1) 指令格式：>SK：选择项/城市对/日期/时间/航空公司代码/舱位

(2) 指令解释："SK"指令可以查询一个城市对在特定周期内所有航班的信息，包括航班号、出发到达时间、舱位、机型、周期和有效期限。

(3) 指令举例：显示02JUL前后三天北京到上海国航的航班。

指令输入：>SK：PEKSHA/02JUL/CA

指令输出：29JUN14（SUN）/05JUL（SAT）PEKSHA VIA CA

1 CA1577A PEKSHA 0700 0855 767 0 M 6   08JUN18JUN CDZYSBHKLM *

2 CA1935 PEKPVG 0740 0940 JET 0 M X15 01JUN15JUN FCDYSBHKLM*

3 CA155   PEKSHA 0745 0950 767 0 M 3   05JUN12JUN CDYSBHKLMN*

4 CA155   PEKSHA 0745 0950 763 0 M 7   09JUN09JUN FCDYSBHKLM*

5 CA1915 PEKPVG 0800 1000 763 0 M 4   13JUN13JUN FCDYSBHKLM*

6 +CA1501 PEKSHA 0840 1035 772 0 M 67 08JUN16JUN CDYSBHKLMN*

** NOTE：CA3 *** OPERATED BY FM & FM9 *** OPERATED BY CA

三、建立旅客订座记录

销售代理人通过PNR订座，并通过PNR告知航空公司旅客的相关信息，包括航程、日期、舱位、座位数及特殊需求等。PNR生效后，系统会给出一个记录编号，订座人员可以通过提取该记录编号来查看或修改旅客的订座信息。

（一）旅客姓名项（指令名称：NM）

(1) 指令格式：>NM：1英文姓/英文名1英文姓/英文名……1中文姓名

(2) 指令解释：NM姓名项是PNR最基本的记录构成。订座时，一般首先要在订单中输入的是旅客的姓名。

9人（含九人）以下的订座，称为散客，订单中的旅客要一次性输入全部姓名；英文姓与名间一定要加入"/"，中文姓与名间则不需要。

(3) 指令举例1：输入一名旅客的中文姓名。

指令输入：>NM：1陈家颖

指令输出：1．陈家颖

2. BJS/T PEK/T-84018401/CACI HELPDESK

3. PEK099

输出释义：

序号1：订单中行号为1，姓名为陈家颖；

序号2：订座单位的联系组，系统根据单位配置设置，在订单中自动加入；

序号3：订座单位，即责任组。

(4) 指令举例2：输入多名旅客姓名。

指令输入：>NM：1陈家颖 1WU/HAIYAN

指令输出：2.WU/HAIYAN 1.陈家颖

3. BJS/T PEK/T-84018401/CACI HELPDESK

4. PEK099

输出释义：

序号1、2——名字在输入后会以先字母后汉字的顺序排列。

(5) 指令举例3：输入字母同姓旅客。

指令输入：>NM：2WU/HAIYAN/HAIFEN

指令输出：1.WU/HAIYAN 2.WU/HAIFEN

3. BJS/T PEK/T-84018401/CACI HELPDESK

4. PEK099

(6) 指令举例4：输入儿童姓名。

指令输入：>NM：1CAO/HAOZHE CHD

(7) 指令举例5：输入婴儿姓名。

指令输入：>NM：1GUO/YU

>XN：IN/QI/MIAOJIA INF（SEP13）/P1

需要注意的是，姓名组由英文字母或汉字组成。英文姓与名间由"/"分隔，每个旅客姓名中只能有一个"/"，中文姓与名间无"/"。名字的长度最长不得超过28个字符。

(二) 航段项（指令名称：SD/SS/SA/SN）

1. 直接建立航段组（指令名称：SS）

(1) 指令格式：>SS：航班号/航位/日期/航段/行动代码/座位数/起飞时间/到达时间

(2) 指令举例：>SS：CA1351/Y/+/PEKCAN/NN1

2. 查看航班信息后，建立航段组（指令名称：SD）

(1) 指令格式：>SD：航班序号/航位/行动代码/座位数（需要先用AV指令查询航班）

(2) 指令举例：

指令输入：>AV PEKSHE/14JUN

指令输出：14JUN (FRI) PEKSHE
  1— CA984 PEKSHE 0740 0900 763 0^S E DS#FA PS AS CA D4 JS Z2 YA BA HA*
  2 HU7117 PEKSHE 0755 0905 734 0^ E DS#FA C3 AS YA BA HA KA LA MA NA*
  3 CZ6116 PEKSHE 0900 1010 M90 0^   DS#FA A6 P4 R2 YA TA KA HA MA GA*
  4 CA1651 PEKSHE 0950 1105 733 0^S E DS#F6 A2 YA SA BA HS KS LS MS NS*

指令输入：＞SD 1Y1

指令输出：
  1．CA984 Y FR08APR PEKSHE DK1 0740 0900 763 S 0 R E
  2．BJS／T PEK／T 010－65243388－3105／CHINA CYTS TOURS CO.，LTD／YUAN QINGHAI
  3．BJS180

3．建立地面运输段（指令名称：SA）

指令格式：SA：日期／城市对

4．建立不定期航段（指令名称：SN）

指令格式：SN：航空公司代码／舱位／城市对

（三）联系组项（指令名称：CT）

1．代理人联系组（订座时由系统自动生成）

指令举例：BJS／T BJS／T 010－12345678／PEK LAN TIAN XIANG YUN AVATION SERVICE CENTRE／LIU YUE ABCDEFG

2．旅客联系组（指令名称：CT）

（1）指令格式：＞CT：城市编码／旅客联系信息

（2）指令举例：＞CT：CAN／020－12345678

（四）出票情况项（指令名称：TK）

（1）指令格式：＞TK：TL／时间／日期／出票部门（出票时限的输入）

（2）指令举例：＞TK：TL／1200／02JUL／CAN777

需要注意的是，如果代理人没有手工输入出票时限，系统将根据第一段的出发时间自动生成TK：TL项，无须代理人手工输入，一次性封口的航班除外。

（五）订单生成项（指令名称：@或＼）

指令格式：＞@ 或 ＞＼

强行封口：

指令格式1：>@K（行动代码处有闪烁光标或航空公司改动过记录时使用）

指令格式2：>@I（航段不连续时使用）

四、分销系统自动出票操作

（一）备注信息项（指令名称：RMK）

指令格式1：>RMK TJ AUTH CAN777

指令格式2：>RMK 自由文本（最多可以输入76个字符，内容可中英文混合输入）

（二）备注申请项（指令名称：SSR）

（1）身份信息指令格式：>SSR FOID Airline-Code HK/NI 证件号码/Pn

指令举例：>SSR FOID CA HK/NI110108200306016012/P1

特殊餐食指令举例1：>SSR：VGML CA NN1 PEKFRA 931 Y14JUN/P1

特殊餐食指令举例2：>SSR：VGML CA NN1/P1/S4（4为PNR中航段前对应的序号）

（2）常旅客指令格式：>SSR：FQTV CA HK/CA 卡号（正式卡）/P1（常旅客卡号的输入）

指令举例：>SSR：FQTV CA HK/CA 115679362/P1

（三）备注说明项（指令名称：OSI）

指令格式：>OSI：航空公司两字代码　自由文本/P#

（四）机上预留座位项（指令名称：ASR）

机上预留座位流程如下：

（1）用"AV"指令查航班，ASR航班在AV显示的时候有一个"^"标识。

（2）为旅客建立基础PNR信息，必须包括姓名组航段组（所订航班必须是ASR航班）。

（3）要确认航段后面有"R"标识才可以使用该功能。

（4）使用"ADM"指令，查看该ASR航班的座位图。

（5）使用"ASR"指令对ADM提供的座位中标记为"＊"的座位，为旅客提供机上座位的预订服务。

（6）旅客的订座记录中会自动加入SSR SEAT项，以及营业员为旅客预订的座位号。

（五）票价组（指令名称：FN）

（1）指令格式：>FN

（2）指令举例：

指令输入：FN：FCNY900.00/SCNY900.00/C3.00/TCNY50.00CN/
TCNY100.00YQ

指令输出：FN/FCNY900.00/SCNY900.00/C3.00/XCNY200.00/
TCNY50.00CN/TCNY150.00YQ/ACNY1100.00

需要注意以下几点。

① FN 中的 SCNY 项（实收票价）中的价格不能超过 FCNY 项（公布票价）中的价格，否则显示 AMOUNT。

② FN 中现可输入 1000 万元以下票款，税款可输入 10 万元以下票款。

③ CN 税一般是固定的，儿童和婴儿免收；YQ 税是随国家政策而调整的，成人与儿童的定价不同，婴儿免收。

（六）票价计算组（指令名称：FC）

1. 单程全价客票

PNR 中：1. CZ6802 Y WED02JUL SHASHE DK2 1555 1735
　　　　2. BJS187

指令输入：＞FC：SHA CZ SHE 1680.00Y CNY1680.00END

2. 往返全价客票

PNR 中：1. CZ182 Y　WED02JUL PEKHAK HK1 1205 1535
　　　　2. CZ181 F　FRI04JUL HAKPEK HK1 0800 1120

指令输入：＞FC：PEK CZ HAK 2130.00Y CZ PEK 4050.00F CNY6180.00END

3. 折扣票价

PNR 中：1. CA1182 K WED02JUL PEKHAK RR1 1205 1535
　　　　2. CA1181 K FRI04JUL HAKPEK RR1 0800 1120

指令输入：＞FC：PEK CA HAK 1920.00K CA PEK 1920.00K CNY3840.00END

需要注意的是，FC 中应输入折扣后票价。

（七）付款方式（指令名称：FP）

指令格式1：＞FP：CASH，CNY　　指令解释：付款方式为现金，人民币。
指令格式2：＞FP：CHECK，CNY　　指令解释：付款方式为支票，人民币。
指令格式3：＞FP：IN/CASH，CNY　指令解释：婴儿票 FP 项。

（八）签注信息（指令名称：EI）

指令格式1：＞EI：NONEND NONREF
指令格式2：＞EI：BUDEQUANZHUAN
指令格式3：＞EI：不得签转

需要注意的是，输入的内容不应超过 58 个字符，第 29 个字符应空出。

（九）自动生成运价指令（指令名称 PAT）

指令格式1：＞PAT：A＊CH　　指令解释：自动计算儿童运价。
指令格式2：＞PAT：A＊IN　　指令解释：自动计算婴儿运价。
指令格式3：＞PAT：　　　　　指令解释：自动计算成人运价。

（十）旅游信息（指令名称：TC）

指令格式：＞TC　F／自由文本（按航空公司指定内容输入）
注意：输入内容不要超过12个字符。

（十一）出票指令（指令名称：ETDZ）

指令格式1：＞ETDZ：1　　　　　　　指令解释：＞ETDZ：打票机序号。
指令格式2：＞ETDZ：1／P1，INF　　指令解释：＞ETDZ：1／P1，婴儿标识。
指令格式3：＞ETDZ：1／P1，ADL　　指令解释：＞ETDZ：1／P1，成人标识。
指令格式4：＞ETDZ：1／P1／P3／P5　指令解释：选择打印。

1. 预先订妥座位出票流程

（1）提取订座记录：

＞RT：M42T11

1．陈家亮 2．吴燕 3．杨晨
4．CA1302　Y　WE02JUL　CANPEK HK3　1200 1445
5 BJS／T BJS／T ASDFGHJKLASDFGJK
6．PEK／010 -12345678
7．TL／1200／30JUN／BJS158
8．SSR FOID CA HK1 NI110108197906133712／P1
9．SSR FOID CA HK1 NI110102197405182518／P2
10．SSR FOID CA HK1 NI110102197405177515／P3
11．BJS158

（2）出票操作：

＞4RR
＞XE7
＞FP：CASH，CNY
＞FN：FCNY1360.00／SCNY1360.00／C3.00／TCNY50.00CN／TCNY150.00YQ
＞FC：CAN CA PEK 1360.00Y CNY1360.00END
＞ETDZ：1

2. 直接出票流程

（1）显示当前建立的出票PNR（没有封过口）：

＞RT

1. WANG/ANAN

2. MU7382 Y WE02JUL　PEKHAK DR1 0820 1150 738　0 E

3. BJS/T BJS/T ADFASGDSFASGDG

4. PEK/010-12345678

5. FC/PEK MU HAK 2130.00Y CNY2130.00END

6. SSR FOID MU HK1 NI110107198707082990/P1

7. FN/FCNY2130.00/SCNY2130.00/C3.00/XCNY200.00/TCNY50.00CN/TCNY150.00YQ/ACNY2330.00

8. FP/CASH,CNY

9. PEK099

（2）直接出票：

＞ETDZ：3

（3）结果显示：

CNY2330.00　　QSW056

ET PROCESSING...　PLEASE WAIT！

ELECTRONIC　TICKET　ISSUED

需要注意的是，当 ETDZ 显示"DEVICE-01 OOS"时，OOS 是指 OUT OF STOCK，即输入打票机内的票号使用完了，此时应输入新的票号范围。ETDZ 显示"SSR FOID ELEMENT MISSING"时，其错误分析 PNR 中没有输入旅客身份信息，即需要输入"SSR FOID …"。

3. 出票后 PNR 的变化

（1）PNR 增加：票号组（T, SSR TKNE, TN, ＊＊ELECTRONIC TICKET PNR＊＊）。

　　PNR 缺少：FC EI TC 进入历史部分。

（2）旅客出票记录案例：

　　＊＊ELECTRONIC TICKET PNR＊＊

1. 王晓 P150MK

2. MU1355 Y SA13FEB PEKHAK RR1 0740 1125

3. BJS/T PEK/T 010-12345678/BEIJING BRANCH

4. PEK/010-86896096

5. T

6. SSR TKNE MU HK1 PEKHAK 1355 Y13FEB 7811698057717/1/P1

7. RMK CA/KC4FN

8. SSR FOID MU HK/NI110105740215658/P1

9. FN/FCNY2130.00/SCNY2130.00/C3.00/XCNY200.00/TCNY50.00CN/TCNY150.00YQ/ACNY2330.00

10. TN/784-6091708068/P1

11. FP/CASH, CNY
12. BJS158

需要注意的是,当客票出票后,应用"DETR"命令提取票面状态,用"TSL"命令查看当天的销售报表。

(3) 电子客票的票面提取方式有以下几种:

方法1:DETR:TN/13位票号

方法2:DETR:NI/身份信息

方法3:DETR:NM/旅客姓名

方法4:DETR:CN/记录编号

(4) 电子客票状态说明:

OPEN FOR USE——客票有效;

VOID——已作废;

REFUNDED——已退票;

CHECK IN——正在办理登机;

USED/FLOWN——客票已使用;

SUSPENDED——挂起状态,客票不能使用;

LIFT/BOARDED——过渡状态(登机);

EXCHANGE——客票换开。

(5) 信息保存时限:OPEN FOR USE 状态的客票将在代理人系统中保留一年,其他状态的电子客票记录将在代理人系统中保留一个月。

4. 出票失败

(1) 指令输入:＞ETDZ:3

(2) 指令输出:CNY1110.00   PF00S
            ET PROCESSING... PLEASE WAIT!!

提取记录显示如下:

ELECTRONIC TICKET PNR

1. GUO/YU BT60L9
2. MU563 B FR04JUL PEKPVG RR1 1910 2120   E T2T1
3. MU586 M SU06JUL PVGPEK RR1 2115 2320   E T1T2
4. BJS／T BJS／T 010－65221188－6510／GAOHANG AVATION PASSENGER CARGO SERVICE
5. BJS／01065862255
6. T
7. SSR FOID MU HK1 NI112316375／P1
8. SSR ADTK 1E BY BJS04JUL08／1354 OR CXL MU 563 B04JUL

9. SSR TKNE MU HN1 PEKPVG 563 B04JUL 7813111419594/1/P1

10. SSR TKNE MU HN1 PVGPEK 586 M06JUL 7813111419594/2/P1

11. RMK CA/BT60L9

12. FN/FCNY1810.00/SCNY1810.00/C3.00/XCNY400.00/TCNY100.00CN/TCNY300.00YQ/ACNY2210.00

13. TN/781-1234568379/P1

14. FP/CASH,CNY

15. BJS544

5. 客票需再次打印

ELECTRONIC TICKET PNR

1. GUO/YUE TV2ESK

2. MU563 B FR04JUL PEKPVG RR1 1910 2120 E T2T1

3. MU586 M SU06JUL PVGPEK RR1 2115 2320 E T1T2

4. BJS/T BJS/T 010-65221188-6510/AVATION PASSENGER SERVICE

5. BJS/01065862255

6. T

7. SSR FOID MU HK1 NI110102198711236375/P1

8. SSR ADTK 1E BY BJS04JUL08/1354 OR CXL MU 563 B04JUL

9. SSR TKNE MU HK1 PEKPVG 563 B04JUL 7813111419594/1/P1

10. SSR TKNE MU HK1 PVGPEK 586 M06JUL 7813111419594/2/P1

11. RMK CA/TV2ESK

12. FN/FCNY1810.00/SCNY1810.00/C3.00/XCNY400.00/TCNY100.00CN/TCNY300.00YQ/ACNY2210.00

13. TN/781-3111419594/P1

14. FP/CASH,CNY

15. BJS528

指令输入：>XE6/9/10/13

>FC PEK MU PVG 1020.00B MU PEK 790.00M CNY1810.00END

>EI 不得签转 改期收费

>ETDZ:1

指令输出：CNY 2210.00 TV2ESK

ET PROCESSING... PLEASE WAIT!

ELECTRONIC TICKET ISSUED

需要注意的是，一本客票打印完后，PNR 中的一些项，如 FC、EI、TC 会进入 PNR 的历史部分，再次打印时应注意添加这些项。

6. 出票 PNR 举例

(1) 单人单程实例：旅客杨晨购买 7 月 2 日北京—上海 CA1501 航班经济舱全票价客票一张，票价为 1130.00 元。

指令输入：

>AV：PEKSHA/02JUL

>SD：1Y1

>NM：1 杨晨

>CT：PEK/010-12345678

>FN：FCNY1130.00/SCNY1130.00/C3.00/TCNY50.00CN/TCNY150.00YQ

>FC：PEK CA SHA 1130.00Y CNY1130.00END

>FP：CASH, CNY

>SSR FOID CA HK/NI110101196604127643/P1

(2) 单人折扣客票实例：旅客周滢购买 12 月 18 日北京—广州南航 H 舱客票一张，票价为 1360.00 元，不得签转。

指令输入：

>NM：1 周滢

>AV：PEKCAN/18DEC

>SD：1H1

>CT：PEK/12345678

>FN：FCNY1360.00/SCNY1360.00/C3.00/TNCY50.00CN/TCNY150.00YQ

>FC：PEK CZ CAN 1360.00H CNY1360.00END

>EI：不得签转

>FP：CASH, CNY

>SSR FOID CZ HK/NI110104197803252178/P1

(3) 单人往返客票实例：旅客陈淳丽购买 7 月 2 日北京—海口和 7 月 7 日海口—北京的全价客票（如果旅客选择的两个航班是同一个承运人，则可以打印在同一本客票上；若旅客选择的两个航班是不同的承运人，则应分别打印在一本客票上）。

指令输入：>RT：NZ40BY

输出显示：

1. 陈淳丽　NZ40BY

2. HU7382 Y　WE02JUL　PEKHAK HK1　0800 1140　E T1-

3. HU7181 Y　MO07JUL　HAKPEK HK1　0800 1125　E -T1

4. BJS/T BJS/T 010-12345678/BTG TKT CO./SHI YU ABCDEFG

5. PEK/12345678

6. TL/1200/29JUN/BJS252

7. SSR ADTK 1E BY PEK02JUL14/1646 OR CXL HU7382 Y07JUL14

8．RMK CA/NZ40BY

9．BJS252

指令输入：

> FN：FCNY4500.00/SCNY4500.00/C3.00/TCNY100.00CN/TCNY300.00YQ

> FC：PEK HU HAK 2250.00Y HU PEK 2250.00Y CNY4500.00END

> FP：CHECK，CNY

> SSR FOID HU HK/NI110107197709236142/P1

（4）联程客票实例：旅客张文建购买7月2日北京—海口和7月7日海口—上海的客票。

票价：PEKHAK Y 2250.00、HAKSHA Y 1660.00。

指令输入：>RT：NZ40BY

输出显示：

1．张文健　NZ40BY

2．HU7382 Y WE02JUL　PEKHAK　HK1 0800　1140　　E T1 - -

3．HU7119 Y MO07JUL　HAKPEK HK1 0730　1000　　E - -T1

4．CT：BJS/010 -12345678

指令输入：

> FP：CHECK，CNY

> FN：FCNY3910.00/SCNY3910.00/C3.00/TCNY100.00CN/TCNY300.00YQ

> FC：PEK HU HAK 2250.00Y HU SHA 1660.00Y CNY3910.00END

> SSR FOID HU HK/NI110103195507185652/P1

（5）多名旅客在同一PNR中的实例：旅客王晓、潘晓影、李娟、Mchel/Johnson购买7月2日北京—杭州和7月7日杭州—广州的客票。

指令输入：

>NM：1王晓1潘晓影1李娟1MICHEL/JOHNSON

>AV/SD：2M4（去程）

>AV/SD：2M4（回程）

>CT：BJS/010 -85658976

>FN：FCNY1580.00/SCNY1580.00/C3.00/TCNY100.00CN/TCNY300.00YQ

>FC：PEK MU HGH 740.00M MU CAN 840.00M CNY1580.00END

>EI：NON - END

>FP：CASH，CNY

>SSR FOID MU HK/NI110108197510226581/P1

>SSR FOID MU HK/NI110108197510228582/P2

>SSR FOID MU HK/NIG2154625797979/P3

需要注意的是，应将旅客不同票价及其对应的票价基础输入FC中；FN中应输入的一个旅客的全程票价，与 PNR 中的人数无关。

（6）成人带儿童实例：一个成人和一个儿童（九岁）购买 7 月 2 日北京—海口普通舱、7 月 7 日海口—北京头等舱客票。票价：PEKHAK Y CNY2250.00；HAKSHA F CNY2490.00。

指令输入：

>NM：1 郭宇 1 齐妙佳 CHD

>AV/SD：6Y2（去程）

>AV/SD：6F2（回程）

>CT：BJS/010-12345678

>FP：CHECK，CNY

>FN：FCNY4740.00/SCNY4740.00/C3.00/TCNY100.00CN/TCNY320.00YQ/P1

>FN：FCNY2380.00/SCNY2380.00/C3.00/TEXEMPTCN/TCNY160.00YQ/P2

>FC：PEK HU HAK 2250.00Y HU SHA 2490.00F CNY4740.00END/P1

>FC：PEK HU HAK 1130.00YCH HU SHA 1250.00FCH CNY2380.00END/P2

>FP CHSH，CNY

（7）成人带婴儿实例：一成人和一个婴儿（生于 2013 年 9 月）购买 2014 年 7 月 2 日深圳—北京 CA 航班 M 舱。票价：SZX-PEK 1540.00，全价：1750.00 元。

指令输入：

>NM：1 郭宇

>AV/SD：1Y1

>CT：PEK/12345678

>FN：FCNY1540.00/SCNY1540.00/C3.00/TCNY50.00CN/TNCY150.00YQ

>FP：CASH，CNY

>FC：SZX CA PEK 1540.00Y CNY1540.00END

>SSR FOID CA HK/NI1101031980092274l2/P1

>EI：不得签转

>XN：IN/齐妙佳 INF（SEP12）/P1

>FN：IN/FCNY180.00/SCNY180.00/C0.00/TEXEMPTCN/TEXEMPTYQ

>FC：IN/SZX CA PEK 180.00YIN CNY180.00END

>FP：IN/CASH，CNY

需要注意的是，可以单独打印婴儿客票，指令为"ETDZ：1/P1，INF"；婴儿不占座位，不考虑婴儿座位数；由于婴儿票价及票价计算规则与成人不同，因此用 IN 标识特殊指明 FC、FN 和 FP、EI、TC 项；OVF/ XN/ IN/ DANFORD/ MAEVEESTHERINF（SEP13）/ P1，OVF 表示婴儿姓名超长。

五、旅客订座记录修改指令

（一）订座记录阅读（指令名称：RT \ RTC \ RTU \ RTA）

1. 根据记录编号提取

（1）指令格式：>RT：××××××

（2）格式举例：

输入指令：>RT：MES6Q2（只显示本OFFICE的PNR，有授权的情况下除外）

输出显示：>RT MES6Q

1．陈家颖 2．SAI／GM 3．吴海燕 MES6Q2

4．CZ6205 Y　　WE02JUL　HRBPEK HK3　　1800 1940

5．BJS／T PEK／T 010－12345678

6．65881919

7．TL／1800／29JUN14／BJS191

8．RMK CA／MES6Q2

9．BJS191

提取其他代理人建立的PNR，需要得到对方的授权，在记录中显示如下：

ELECTRONIC TICKET PNR

1．杨晨 JNPM7Z

2．MU5199 X　　SU08JUL　SHAPEK RR1　　2030 2305　　　　E T2T2

3．BJS／T BJS／T 010－68589990／PEK GOLDEN HOLIDAY TRAVEL CO.，LTD／XIAO LEI ABCDEFG

4．13810603217

5．T

6．SSR FOID MU HK／NI11010912225618／P1

7．SSR CKIN MU

8．SSR FQTV MU HK1 SHAPEK 5199 X08JUL MU610303562363／P1

9．SSR ADTK 1E BY BJS02JUL12／1753 OR CXL MU5199 X08JUL

10．SSR TKNE MU HK1 SHAPEK 5199 X08JUL 7812027502224／1／P1

11．RMK CA／JNPM7Z

12．RMK TJ AUTH BJS807（授权标识）

13．RMK AUTOMATIC FARE QUOTE

14．FN／A／FCNY570.00／SCNY570.00／C3.00／XCNY180.00／TCNY50.00C／TCNY130.00YQ／ACNY750.00

15．TN／781－2027502224／P1

16. FP/CASH,CNY

17. BJS472

2. 查看PNR历史部分

（1）指令格式：>RT：C/记录编号或在RT提出记录后做RTC

返回PNR的现部分指令格式：>RTA（先做PF1）

（2）格式举例：

ELECTRONIC TICKET PNR

1. 陈家颖 2. 吴海燕 MEY1M3

3. SC4732 Y   WE02JUL   WNZTAO RR2   1540 1730   E

4. T WNZ/WNZ/T 0577-55555555/WNZ LAI TE AIR SERVICE CO.LTD/ZE

5. T WNZ/NG JIU CHENG

6. B YOP/T 8006 2012/07/03 1315A

7. T

8. SSR FOID SC HK1 NI370783198708214370/P2

9. SSR FOID SC HK1 NI370783198707014414/P1

10. SSR TKNE SC HK1 WNZTAO 4732 Y02JUL 3242335092631/1/P2

11. SSR TKNE SC HK1 WNZTAO 4732 Y02JUL 3242335092630/1/P1

12. SSR OTHS 1E PNR RR AND PRINTED

输入指令：>RTC

　　　　　　　　ELECTRONIC TICKET PNR

008 SDH888 16117 0558 02JUL I

1. 陈家颖（001）2. 吴海燕（001）MEY1M3

001 3. SC4732 Y   WE02JUL   WNZTAO RR2   1540 1730   E

　　　　DK（001）　　HK（001）　　RR（004）

001 4. T WNZ/WNZ/T 0577-55555555/WNZ LAI TE AIR SERVICE CO.LTD/ZE

001 5. T WNZ/NG JIU CHENG

001 6. B YOP/T 8006 2014/08/03 1315A

006 7. T

3. 查看历史部分中的第六步操作

指令格式：>RTU6

输入指令：>RTU6

001/006 TL/0525/02JUL/BJS180

006/006 FC/A/PEK CA HRB 960.00Y CA PEK 960.00Y CNY1920.00END

006/006 FC/A/PEK CA HRB 480.00YCH50 CA PEK 480.00YCH50 CNY960.00END

　　　　**（CH）//SHIJIAYUCHD/

006/006 EI/GAIQITUIPIAOSHOUFEI 改期退票收费

006/006 EI/GAIQITUIPIAOSHOUFEI 改期退票收费/SHIJIAYU/

006   BJS180 15233 0907 02JUL I

（二）航段调整（指令名称：CS）

调整航段顺序指令格式：＞CS 航段序号/航段序号

格式举例：

1. 王晓 MWE042

2. ARNK TAOCAN

3. MU5114 F WE02JUL   PEKTAO HK1   1705 1755

4. BJS/T PEK/T 010-67786387/SHUANGGUANG

5. 84687097

6. TL/1200/29JUN/BJS296

7. RMK CA/MWE042

8. BJS296

输入指令：＞CS：3/2

输出显示：

1. 王晓 MWE042

2. MU5114 F   WE02JUL   PEKTAO HK1   1705 1755

3. ARNK TAOCAN

4. BJS/T PEK/T 010-67786387/SHUANGJING AGENCY/WANG ZHI HONG ABCDEFG

5. 84687097

6. TL/1200/29JUN/BJS296

7. RMK CA/MWE042

8. BJS296

（三）PNR 修改（指令名称：SP/XE）

指令举例：现取消显示的第 4 项，并更新为 53650006。

指令输入：＞RT MJN430

输出显示：

1. 刘佳

2. MU5116 M   WE02JUL   PEKTAO HK1   1945 2055

3. BJS/T PEK/T 010-67786387

4. 84019289

5. TL/1200/29JUN/BJS296

6. RMK CA/MJN430

7. BJS296

指令输入：

>XE4

>CT 53650006

>@

再次提取查看。

指令输入：＞RT MJN430。

输出显示：

1．刘佳

2．MU5116 M　WE02JUL　PEKTAO HK1　1945 2055

3．BJS／T PEK／T 010－67786387

4．53650006

5．TL／1200／29JUN／BJS296

6．RMK CA／MJN430

7．BJS296

（四）还原 PNR（指令名称：IG）

指令格式：＞IG 或 ＞I

将正在修改的 PNR 还原成上一次封口时的状态。尽管已经做了修改，只要没生效，即没有做封口操作，就可以将 PNR 还原到原始状态。

（五）删除 PNR（指令名称：XEPNR@）

取消完整的 PNR，提取记录后，输入"＞XEPNR@"指令，PNR 一旦取消便不能恢复。

第二节　开账与结算计划

一、国际航协代理人计划简介

国际航协代理人计划（IATA Agency Programme）是国际航协在 20 世纪 50 年代初创建的航空客货销售代理管理系统。其目的是为航空运输业提供一整套高效、可靠、统一、规范的专业化销售清算系统，用以适应航空运输市场不断发展变化的需要。

（一）国际航协代理人计划的主要服务项目

1．代理人管理

代理人管理是指国际航协通过所有国际航协的会员航空公司共同制定的客货销售代理规则，对其认可的销售代理人进行全球化管理。国际航协根据各地航空运输市场的具体特点，定期对这些规则进行修改，用以适应不同时期、不同国家或地区的个性化需要。

2. 代理人资格审定

根据所有国际航协的会员航空公司共同制定的标准，对申请成为国际航协认可销售代理人的企业进行财务、人员、营业地点等方面的审查、认可并颁发有关的资格证书。

3. 销售结算系统

BSP系统和货运结算系统（Cargo Account Settlement Systems，CASS）是国际航协根据航空运输代理行业的切实需要而建立的，供航空公司和其认可的销售代理人之间使用的销售结算系统。这两个销售结算系统的主要特点是采用统一规格的中性运输凭证进行销售，按照国际统一标准的计算机程序制作销售报告，并通过银行集中转账付款。销售结算系统简化了出票、报表及付款程序，使航空公司和销售代理人节约了大量结算领域的开支，大大提高了工作效率和服务质量。

4. 代理人培训

国际航协与世界旅行社协会联合会（UFTAA）和国际货运代理协会联合会（FIATA）共同制订了培训计划，为代理人提供专业的培训服务。国际航协按照国际行业标准举办的代理人培训班旨在广泛提高从业人员的专业素质和服务水平。国际航协指派从各专业中挑选的专家负责设置培训课程，选择、编写和及时更新培训教材，进行教学质量管理，以及组织实施考试等工作。

5. 代理人产品和出版物

国际航协为销售代理人提供了一系列高效益、高价值的服务，以此提高整个代理人计划的实用性。国际航协还提供了国际航协决议汇编手册和代理人手册，这些出版物是构成航空公司与销售代理人之间契约关系的主要依据。国际航空运输协会代理人卡作为国际航协向中国地区销售代理人提供的一项新增值服务，是专为全球从事旅游代理业务的专业人士设计的身份卡。该卡是旅游代理业专业人士的身份象征，得到了国际上众多航空公司和旅游旅行服务提供商的认可和接受。

（二）成为国际航协认可销售代理人的优越性

（1）有权使用国际航协认可销售代理人的专用标志。该标志在国际航空运输代理业中是专业化、高技能、高效率和良好信誉的识别标志，是能带给客户更多信任感的标志。

（2）国际航协认可销售代理人已被世界各大航空公司广泛接受。

（3）国际航协认可销售代理人会被列入国际航协定期向所有会员航空公司发放的代理人名册，供航空公司选择销售代理人时使用。这样可以提高销售代理人的知名度，有助于其扩大业务范围。

（4）获得世界各大航空公司提供的各种促销资料和业务指导。

(5) 参加国际航协和其指定培训中心举办的各类培训课程，以便提高从业人员的业务水平和工作效率，从而增强销售代理人的整体竞争力。

(6) 国际航协认可的销售代理人可以使用国际航协通过 BSP 系统和 CASS 配发的标准运输凭证，直接代理这些航空公司的客货销售业务。这样统一并简化的操作流程，有效地节省了销售代理人的时间和人力，有助于提高其销售能力和服务质量。

(7) 通过国际航协代理人计划在各国的执行委员会，对国际航协代理人计划的修改和发展提出建议。

（三）国际航协代理人计划的有关决议

国际航协是全世界航空公司的行业协会。它依据会员航空公司的提案，以专业大会的形式开展各项活动，以经由各会员航空公司举手表决而通过的决议实施对国际航空运输业的管理，旨在促进世界航空运输业的平等、合作、有序发展。

1. 客运销售代理规则—中国决议（国际航协 810C 决议）

客运销售代理规则—中国决议，简称 810C 决议。该决议是以国际航协旅客代理人大会通过的有关决议为准则，结合中国航空运输业的实际情况制定的。其主要内容为代理人资格认可和保持条件，以及开账与结算计划规则。中国 BSP 是客运销售代理规则—中国决议中的一项核心内容，是航空公司用以规范其销售代理人销售行为的有效办法。对经由国际航协认可的，在中国境内从事国际和/或国内航空运输销售代理业的销售代理人具有规范行为的严肃性和指导性。

2. 中国国内客运销售代理规则（国际航协 810Z 决议）

中国国内客运销售代理规则决议，简称 810Z 决议。该决议是以 810C 决议为准则，结合中国国内客运销售代理人的实际情况制定的，是国际航协 810C 决议的延伸。其旨在约束从事国内客运销售代理业务的代理人。国际航协 810C 决议的条款充分体现在中国国内客运销售代理规则中，是国际航协中国国内客运销售代理事务的指导性决议。

3. 国际航协 832 决议

国际航协 832 决议的主要内容包括通过 BSP 运作的报告与清算程序，直接与会员航空公司进行的报告和清算，以及违规与违约行为处理。

二、代理人资格认可和保持条件

代理人资格认可和保持条件主要规定了代理人申请成为国际航协认可销售代理人时应具备的条件和申请程序、国际航协认可销售代理人发生变更时应具备的条件和办理的程序、国际航协认可销售代理人为确保资格应保持的条件。

(一) 资格申请

1. 申请国际航协认可销售代理人需具备的资质

(1) 营业执照。申请人应具备独立法人资格,持有企业法人营业执照(售票处地址与法人营业执照注册地址不同时,需要提供售票处的非法人营业执照)。

(2) 人员证书。申请人(国际销售代理人/国内销售代理人)应有至少3名工作人员持有由中国航协颁发的(国际/国内)有效的客运销售代理人上岗证;申请人应有至少3名工作人员持有国内BSP培训证书(国内销售代理人);申请人应至少3名工作人员持有由中航信颁发的BSP自动打票培训合格证书。

(3) 财务要求。申请人应有令人满意的财务状况;申请人应按月平均运输销售量的50%提供经济担保。

(4) 营业场所。申请人的营业场所应有明显的旅行代理人标志,公众可以自由出入;申请人的营业场所不应位于与另一位销售代理人或某航空公司共同使用的办公区域内;申请人的营业场所应符合国际航协代理人手册中公布的最低安全标准。

(5) 名称要求。申请人不得与国际航协或某会员或某航空公司的名称相同和相似;申请人的营业场所不得被人们认作某会员或某组会员航空公司的办公地点。

(6) 其他要求。申请人不应为任何航空公司的销售总代理;申请人或其主要股东或其董事或其官员或其经理,在遵守合乎职业道德的商业准则方面,不应有令人不满意的记录,也不应是债务尚未清偿的破产人;申请人的董事或股东或管理人员,均不应为已从代理人名册中予以除名的销售代理人的董事或股东或管理人员,或已收到违约通知但仍未清偿债务的销售代理人的董事或股东或管理人员。

2. 申请及批准程序

(1) 递交申请材料。有意被录入代理人名册并将其营业地址同时作为经批准的地点录入代理人名册的销售代理人,或有意将其又一营业场所作为经批准的地点录入代理人名册的销售代理人,应向代理人事务经理提交完整的申请表和如下文件。国际航协认可国际(国内)客运代理人申请表;企业法人营业执照复印件;中国航协颁发的一类(二类)营业批准证书;经国家注册会计师事务所确认的验资报告的复印件;经国家注册会计师事务所审计的反映最近财务状况的财务审计报告的原件;企业法人营业执照的工商注册时间不足半年的销售代理人,仅提供开业时的验资报告正本;培训证书[3个国际(国内)客运上岗证书、3个国内BSP培训证书、3个自动打票培训合格证书];航空客运代理人主要印鉴备案表;售票处租房合同;法人公司章程复印件;售票处人员状况表(仅限国际销售代理人);营业场所内外照片4张;交纳相关费用的凭证复印件(仅限国内销售代理人);法定代表人的身份证复印件;已填妥的国际航协存档记录;主要经办人及负责人的名片(姓名/电话/手机/传真);销售代理人的信签样本(印有公司名称的信封和信纸)。

(2) 交纳相关费用。申请国际航协认可销售代理人（国际销售代理人）应交纳的费用有申请费（一次性，总部：USD375、分支机构：USD375）、加入费（一次性，总部：USD565、分支机构：USD450）、年费（每年，总部：USD125、分支机构：USD85）、专员费（总部：USD5、分支机构：USD5）、证书费（总部：USD20、分支机构：USD20）、代理人卡费（每年，总部：USD75、分支机构：USD75）。申请国际航协认可销售代理人（国内销售代理人）应交纳的费用有申请费（一次性，总部：CNY650、分支机构：CNY520）、加入费（一次性，总部：CNY1030、分支机构：CNY830）、年费（每年，总部：CNY500、分支机构：CNY400）。销售代理人应在接到通知后以人民币支票或电汇的形式直接向国际航协北京办事处交纳上述费用。

(3) 经济担保的办理。国际航协认可销售代理人资格审查办公室在收到销售代理人的申请文件后，按照规定的担保标准为销售代理人核定一个经济担保额。国际销售代理人的担保额标准为连续 12 个月月平均销售额的 50% 且不得低于 150 万元人民币。国内销售代理人的担保额标准为连续 12 个月月平均销售额的 50% 且不得低于 50 万元人民币。销售代理人应在代理人资格批准前向国际航协提交担保函。

(4) 申请的批准。国际销售代理人的批准要求：国际航协认可销售代理人资格审查办公室向全世界会员航空公司公布销售代理人的申请，销售代理人的所有申请文件提交完备后，如航空公司无异议，国际航协将批准销售代理人的申请。国内销售代理人的批准要求：国际航协认可销售代理人资格审查办公室向中国所有 BSP 航空公司公布的销售代理人的申请，自申请发出之日起满 15 个工作日，如航空公司没有异议，销售代理人的所有申请文件提交完备后，国际航协将批准销售代理人的申请。

(5) 协议的签署。国际航协认可销售代理人资格审查办公室批准销售代理人的申请后，将向销售代理人发出批准通知并与销售代理人签署《客运销售代理协议》，并将已批准的销售代理人名单通知所有会员及中国 BSP 航空公司。签署《客运销售代理协议》时应注意以下几点。该协议应由法定代表人或其被授权人签署，其被授权人需要出示法人授权委托证明原件；协议应加盖法人公司的公章；营业分点应同时加盖分公司的印章。

三、中国开账与结算计划概述

中国开账与结算计划（简称中国 BSP）是国际航协根据航空公司及其销售代理人的需要，依据适用的决议而建立的，由国际航协 BSP 委员会第 67 届大会通过并经中国民用航空局批准后实施，供 BSP 航空公司和经中国民用航空局或其地区管理局批准的，并被国际航协认可的客运销售代理人之间使用的，以清算和结算账为目的的销售结算系统。

（一）中国 BSP 的主要特点

(1) 销售代理人以中性的标准运输凭证为各 BSP 航空公司进行销售。

（2）销售代理人按统一的标准管理表格和程序向 BSP 数据处理中心报告销售情况。由数据处理中心采用先进的 BSP 系统计算并产生各类报表和账单。

（3）销售代理人的销售款定期通过 BSP 清算银行，以"直接借记"（不用账户所有人同意，自动扣款）的方式同 BSP 航空公司进行一次性结算。

（二）中国 BSP 对于航空公司的优越性

（1）按时收集集中传送的账单和票证，加强收入结算管理，随着电子客票的全面使用，目前 BSP 的数据收集也实现了电子化传递。

（2）按时进账，及时收款，加强财务控制，改善资金流通。

（3）利用录有账单数据的存储介质，促进自动结算过程。

（4）使用可靠的统计数据，提高销售管理水平。

（三）中国 BSP 对于代理人的优越性

（1）使用统一的标准运输凭证，以所授权的 BSP 航空公司名义开票，简化运作程序。

（2）简明统一的标准管理表格适用于所有的 BSP 航空公司，操作程序简单且成本降低。

（3）在规定时间内向同一指定地点提交销售报告和其他有关单据。

（4）通过"直接借记"的方式简化汇款手续。

（5）举办 BSP 培训班，提高代理人服务质量。

自 我 检 测

（1）简述民航代理人分销系统。

（2）简述航班可利用情况查询指令格式。

（3）简述国际航协代理人计划的目的。

（4）简述成为国际航协认可销售代理人的优越性。

（5）简述申请国际航协认可销售代理人需要具备的资质。

（6）简述中国 BSP 的主要特点。

第五章　解析真情服务理论和弘扬当代民航精神

第一节　民航真情服务底线思维的重要现实意义

一、民航运输场景的服务痛点

民航真情服务聚焦的是民航服务领域的质量问题，服务是民航行业各单位、各组织、各部门、各团队完成各岗位工作职责后系统性输出的最终结果，飞行安全、航班正常、品质服务是具体特征。但航班延误问题给人们带来了困扰。朱镕基在某年4月份访问西欧前，早晨到机场后才知道飞机不能按时起飞，原因是飞机油泵管坏了，需要更换，因此要晚点到下午2:30才能起飞。但是到2:30时飞机仍未能准时起飞，机长跟他解释说，这次延误的原因是给飞机装行李的临时工不懂装载业务，行李摆放得不平衡，后来是机长带头上机才把行李摆放好的。朱总理说机长身先士卒，很感谢机长。可是摆放行李的工作，是否有制度，是否该有人监督呢？怎么能让临时工随便摆放？如果有制度却没有严格执行，就要从内部去找原因。这是朱镕基总理在全国民航工作会议上讲的经历，他的这篇讲话的题目就是《"正点"是民航服务质量的中心》。

除了航班延误，还有一件服务的"意外"让朱总理又一次"挂不住脸"。当时，他在上海机场迎接一位外国总统，但在外国总统的专机抵达停机坪停稳之后，接机的客梯车突然出现了故障，使这位外国总统无法下飞机，在飞机上等了很久。对此，朱镕基讲："民航的一切作为，代表着国家的形象、民族的精神。外国人是从我们的民航、民航人员看这个国家的素质和精神状态的。你们是中华人民共和国的代表。要用这种感情来改善你们的服务态度。一个国家的民航服务水平很低，飞机老不正点，如果连这个都抓不上来，这个国家是没有前途的。应该有民族自尊心，中华民族是一个伟大的民族，这一点应该从民航的工作人员中体现出来。应该从民航的身上体现出社会主义的优越性。我们应该提到这个高度来检查我们的工作，改进我们的工作。"从党和国家的高度看，产品质量，以及服务质量方面的问题，已经不再仅关系到经济发展和企业效益，也关系到国家形象，关系到民族自尊，关系到社会主义制度的优越性。从这个意义上说，服务水平不仅是民航行业的事情，也是国家和民族的大事情。

二、真情服务为何成为民航发展的底线之一

民航是由航空公司、机场、政府机构、保障单位等组成的环环相扣、精密复杂而有效运行的现代服务性组织系统。民航系统中的各组成成员有的直接面向旅客提供运输服务,如航空公司和机场等;有的在幕后间接保障旅客出行,如空中管制、航空油料、民航信息、政府机构等。民航系统中的各个组成部分通过有效合作和业务协同保障整个民航系统安全、平稳、高效的运行。

服务是民航系统所有组成部分的共同业务属性,服务精神是民航发展必需的软实力。民航服务的方法、方式、途径、外在形式虽然千差万别,但其服务本质特征是一致的。注重服务质量、以真情对待旅客,这是新时代民航强国建设的应有之义。真情服务的本质是以真诚的情感服务,是真实诚恳、真心实意、坦诚相待的服务,是以发自心底的情感感动旅客而最终获得旅客认可的服务。

真情服务的底线思维是新时代民航强国建设顶层设计的有机组成部分,也是建设内容的关键。真情服务作为"飞行安全、廉政安全、真情服务"3个底线之一,绝对不能孤立地看待、思考和研究。这3个底线是民航行业回应新时代党和国家、人民群众的合理诉求,谋划民航强国建设伟大事业未来发展的基本遵循路径。其中,飞行安全的底线是前提、是基础,廉政安全的底线是政治保障、是发展基石,真情服务的底线是发展的关键指标、是建设的最终目标。正如中国民用航空局的一位领导所说:"飞行安全也好,廉政安全也罢,归根结底都是实现真情服务的基础和前提。真情服务是民航作为服务行业的本质要求,是全心全意为人民服务宗旨的根本体现,是坚持飞行安全、廉政安全的出发点和终极目标"。

三、真情服务是新时代民航高质量发展的关键

在21世纪,民航服务一贯是高质量服务的代名词,民航服务也一直是各行各业纷纷效法、学习的榜样、标杆。随着国民经济的持续高速发展,航空公司加速引进飞机、新开航线,我国民航旅客运输量快速增加,并于2005年实现旅客运输量1.38亿人次,成为仅次于美国的世界民航大国。2017年,我国航空公司旅客运输量达到5.52亿人次,同比增长13%。也正是因为跨越式地推进了民航大众化,民航服务相较于运输量明显发展滞后,民航服务质量也走下了"优质的神坛"。航班正常、票务服务、行李运输、特殊服务、餐食质量这5个方面,已经逐渐成为制约民航服务旅客满意度的短板。中国民用航局以真情服务为主题,以提升旅客获得感为目标的民航服务质量提升工作也主要聚焦在上述5个方面。以航班正常问题为例,近几年,航班延误一直都是广大旅客反映最强烈、投诉最集中、媒体最关注的首要问题。虽然从根本上来说这是行业快速发展与

空域资源不足的矛盾带来的后果，但民航从业人员还是要认真研究如何进一步挖潜，在保证飞行安全的前提下，进一步提升航班正常率，努力做好航班延误时的服务工作，让旅客切实感受到民航行业在狠抓服务质量改善和航班运行正常方面的提高和进步。同时，民航"真情服务"也是践行当代民航人"发展为了人民"思想共识的具体行动，是落实"一二三三四"民航工作总体思路的最终目标。如果没有"发展为了人民"的正确发展思想、理念这个"一"，后面"二三三四"的推动、坚守、构建、补齐得再好也等于"0"。人民是构建民航真情服务底线思维的出发点和落脚点。习近平同志指出："中国梦归根到底是人民梦""人民对美好生活的向往，就是我们的奋斗目标"。民航"发展为了人民"的理念乃是中国梦在民航行业的具象，建设新时代民航强国就是践行"发展为了人民"的理念，就是满足人民对美好生活的向往，就是服务于"中国梦""人民梦"的早日实现。民航发展的主体是人民——民航干部、职工，民航发展的客体更是人民——广大人民群众。因此，真情服务不应局限于对广大人民群众的真情，其内涵也应包括对民航干部、职工的真情。做好真情服务，信任是基础，监督是必要手段，真情服务最终要让数十万民航人和数亿民航旅客都能感受到满满的民航真情。

四、真情服务为民航高质量发展指明方向

当前，我国民航发展面临着国内外形势发生深刻而复杂变化的局面。在国内，我国经济发展呈现速度换挡、结构优化、动力转换等新特点，消费结构升级成为我国经济增长的新动力，个性化、多样化消费渐成主流，人民对航空运输产品服务创新、结构优化的要求更加迫切，对安全性、便捷性、质量性等提出了更高要求。

虽然，世界经济在深度调整中曲折复苏，但国际金融危机深层次影响依然存在，全球经济贸易增长乏力，地区保护主义抬头，地缘政治关系复杂变化，全球范围内的民航运输竞争和博弈更加激烈，安全压力依然突出。

在我国民航发展步入新时代的当下，我国东西部民航发展区域不平衡，区域空域资源、枢纽机场时刻供给不充分，民航服务质量与人民期望之间不匹配，民航对经济发展战略作用发挥尚不显著，运输航空和通用航空发展的不均衡等问题客观存在，并且将在相当长一段时间内持续存在。因此，人民日益增长的安全、便捷、有质量的航空出行需求同不平衡、不充分的航空运输资源供给之间的矛盾必将成为新时代民航发展的主要矛盾。这要求我们必须正视新时代民航发展实践所表现出来的新趋势、新特点、新需求，修正新环境下民航发展主体和客体之间的相互关系和合理位置，以务求取得让人民群众满意的民航发展成效作为我们开展各项工作的出发点和落脚点。如期实现新时代民航强国战略目标就是对民航行业"发展为了人民"的最生动、最具体、最圆满的诠释。

民航"发展为了人民"与践行"真情服务"是辩证统一的，前者是因、后者是果，前者是思想、后者是行动，前者是意义、后者是目标。在新时代民航发展中，务必要树

立"发展为人民"的理念,把握好"把方便留给旅客,把困难留给自己"的原则,把人民的利益放在心中,把人民的满意作为民航服务工作的标准,把如何让人民群众获得出行的最大便利作为民航服务工作的出发点。要通过民航真情服务,不断提高民航行业整体服务水平,让人民在航空出行中真实感受到民航优质、愉悦的服务。

民航是现代化综合交通运输体系的重要组成部分,民航服务质量有着重要的示范性作用。民航行业只有把真情服务作为一项民生工程来做,努力用真情打造民航服务品牌,方能真正扛起我国交通运输业的服务标杆这面大旗,才能真正让人民群众安心、放心、舒心地出行。提升民航运输服务质量,是民航改革发展的核心任务,也是民航供给侧结构性改革的主战场。民航行业要加强制度构建、形成联动合力,优化运营流程、提高保障能力,有效拓展关键资源,不断克服困难,最大限度提升运行质量、最大限度确保航班正常,让人民群众有更强的获得感。通过加强民航系统严格行业管理,强化科技支撑,加强产品创新,提升服务质量,不断满足多层次、个性化航空服务需求,让人民群众更加满意。

第二节 基于民航运输场景的真情服务理论框架

一、辩证唯物视角的真情服务解析

真情是指事情的真相、实情,其中"真"是指真实、真相、真诚,与"假"相对,客观本体、自然本性、返璞归真,"真"是客观的、绝对的、形象的;"情"是指性情、情感、情怀,主观感受、人性本体、吾心归情,"情"是主观的、相对的、抽象的。真情是以客观之维度展现主观、以绝对之尺度呈现相对、以形象之揣度凸现抽象,又是以自然返璞来诠释人心吾情。真情是一种发自内心的、融合自然万物的感情、感觉,真情可以为其付出者和接收者带来至真幸福感和至高愉悦感。

服务是指为他人做事,并使他人从中受益的一种有偿或无偿的活动。服务不以实物形式而以提供劳动的形式满足他人的某种需要。服务是一个熟悉的陌生词。说到熟悉,服务渗透到每个人的吃、穿、住、行、用、游各个环节并且无时无刻不存在着;提及陌生,服务因其无形、主观、场景等因素很难与产品区分,因此出现了产品服务和服务产品。产品是指能够供给市场,被人们使用和消费并能满足人们某种需求的任何东西,包括有形的物品、无形的服务、组织、观念及其组合。究其实质,认为可以从3个层面理解和具象服务:第一,服务是供给方满足需求方需求的过程,任何服务均存在供给和需求双方,服务适用于经济学的供求关系理论;第二,服务是供给方和需求方互动交流的过程,服务客观供给质量和服务主观满足程度会因供需互动交流的差异性普遍存在过程损耗,这需要来自服务供给和需求双方之外的第三方以中立视角对其效果、质量做出判

断；第三，服务是创造价值和交换价值的过程，供给方从服务中获得劳动报酬，需求方从服务中获得需要满足，服务适用于经济学的交换价值原理。

何谓"真情服务"？它辩证地将服务的客观与主观、绝对与相对、形象与抽象进行了有机统一。服务需要借助工具、环境、人员等外部因素，这都是客观、绝对、形象的，这属于"真"的层面；同时服务还需要辨识需求、赋予情怀、传递情感，这属于"情"的层面。

二、民航真情服务的具体特征诠释

真情服务具体到民航领域，应具备如下3个特征。

首先，民航服务的供给方和需求方是真实、客观的。例如，20世纪我国民航业受制于机队规模、机场数量、风控能力等诸多因素，民航行业能向服务需求方供给的航空运输服务数量十分有限，提供更多的航线、航班、座位是当时的"真情服务"。进入21世纪，民航持续加速在航空运输服务数量供给方面的扩容，民航客货周转量以两位数增长，越来越多的人民群众愿意并且可以承受选择航空服务作为其出行方式，对于需求方而言，民航行业实现了在数量层面的"真情服务"。随着人民群众能够飞、飞得起的需求被陆续满足，飞得准时、飞得舒适的需求逐渐萌生并成为新的主要服务需求。对于供给方而言，能提供准时、便捷、舒适、有品质的航空服务已经成为现今和未来"真情服务"的方向。民航服务供给和需求双方遵循着需求产生—供给满足—新需求产生—新供给满足……不断循环和迭代的动态发展过程。

其次，民航服务的供给方和需求方又是自然、主观的。近些年，民航行业开始正视需求方在基本满足了服务"数量"层面诉求后对服务"质量"层面的新需求，以航空公司和机场为代表的服务供给方始终高度重视服务质量的提升，但作为服务需求方的旅客并不满意，民航旅客反馈出来的民航服务水平也差强人意，具体表现为各类投诉事件层出不穷、旅客与民航冲突事件频发、航班延误问题日益凸显等。民航行业在提升服务质量方面不可谓不努力，旅客服务体验也有所改善。问题的症结在于民航服务互动交流过程环节的"错位"和"失位"。因此，民航行业亟须通过直接获取需求方在接收服务过程中的真实主观体验数据，来挖掘自身服务需要提升的"正位"，并竭尽全力做到"补位"。

最后，民航服务的供给方和需求方之间的交换行为是合理的。这一点是被我们忽视，但又极为重要的。民航服务质量的提升必然要求更高的服务成本作为支撑，其中包括来自软硬件设备设施的升级、服务人员的高技能养成等诸多方面的成本。供给方有动力和理由努力输出具备全流程、多元化、个性化和高质量的航空服务，但需求方也必须接受为其能得到升级服务增加的合理成本分摊而支付的溢价。任何只期待、要求接受高质量服务而拒绝为之付费的非经济行为都是无法持续的。作为供给方的民航行业必须正视和接受推进"真情服务"无法脱离需求方,而必须能够运用交换价值、客观理性的经济思维去支配其服务消费行为这一基本事实。

第三节 弘扬和践行当代民航精神应关注"4个关系"

弘扬和践行"忠诚担当、严谨科学、团结协作、敬业奉献"的当代民航精神是中国民航广大干部、职工的心声。"当代民航精神"的弘扬和践行工作对于进一步加强行业文化建设、增强干部队伍建设、促进民航强国建设具有十分重要的意义,为民航"十三五"规划目标的达成提供了思想保证。同时,弘扬和践行当代民航精神是一项根本性、引领性、长远性的工作,绝不能一蹴而就、只说不做,更不能只弘扬不践行。基于对此项工作的认知和理解,我们应从关注以下"4个关系"着眼,用当代民航精神重塑中国民航人的政治品格、专业精神、工作作风、职业操守。

一、正确认识行业精神与行业文化的相互关系

行业精神是一个行业基于自身特定的性质、任务、宗旨、时代要求和发展方向,为谋求生存与发展而在长期生产经营实践基础上,经精心提炼和培育而逐步形成的,并为整个员工群体认同的正向心理定式、价值取向和主导意识。行业文化是指行业内企业和员工共同遵守的行业道德规范。行业文化建设的核心就是要建设由行业核心价值观、行业使命、共同愿景、行业精神和职业道德等要素构成的行业核心价值体系。其中,行业精神是行业核心价值体系的精髓,是行业文化的灵魂。行业文化与行业精神的关系,不仅仅是简单的包含和被包含的关系,而是土壤与鲜花的关系,行业文化是孕育鲜花的土壤,行业精神是根植土壤的鲜花,只有在肥沃的行业文化土壤里,才能栽培和繁育出绚丽多彩的行业精神之花。因此,我们在重视弘扬和践行当代民航精神工作的同时,还应关注中国民航行业优秀企业文化的引导和养成。

二、正确认识行业精神与行业使命、愿景的联动关系

行业使命是指行业内企业在社会经济发展中所应担当的角色和责任。行业愿景是行业内企业员工共同持有的未来景象,是行业内企业的远大理想。民航的核心价值体系是行业发展的重要基础和精神家园,是一个内涵丰富、意蕴深厚的有机整体。其中,行业使命在行业核心价值体系中起到的是统领作用,解决服务方向和肩负责任的问题;行业愿景在行业核心价值体系中起到的是驱动作用,解决价值取向和奋斗目标的问题;行业精神作为行业全体职工思想意志和精神风貌的总结和概括,是中国民航人履行行业使

命、实现行业愿景的强大源动力，其内容必须彰显行业使命的要求，契合行业愿景的方向。因此，我们在重视弘扬和践行当代民航精神工作的同时，还应关注中国民航行业企业使命的明确和行业愿景的清晰。

三、正确认识行业精神形成与内外部影响因素的关系

影响行业文化的外部因素主要包括民族文化、制度文化、外来文化和地域文化等。在弘扬和践行当代民航精神的工作中，我们要客观地意识到，行业精神作为行业文化的精髓，其必然会受到民族文化、制度文化等外部因素的影响。切实做到符合社会主义核心价值观的要求，体现时代发展的新趋势将是我们始终坚持的原则。除此之外，行业精神源于企业一线的工作实践，源于员工们先进的群体意识，更源于领导人卓越的管理意识。行业精神集中反映了行业企业领导人的事业追求、理想目标和主导意识，这也正是行业精神形成的内部影响因素。因此，我们在重视弘扬和践行当代民航精神工作的同时，还应关注民族精神和时代精神在当代民航精神中的生动体现，这是民航广大从业者在社会主义核心价值体系的引导下共同创造的精神财富。

四、正确认识行业精神与行业价值体系的关系

明确弘扬和践行当代民航精神工作在构建民航行业价值体系的先导作用。我们要以弘扬和践行当代民航精神工作为契机，进一步重视和抓紧对中国民航核心价值观、行业使命、共同愿景、职业道德等方面的研究和总结工作，力争尽快构建起符合中国民航行业特点，兼具时代性、前瞻性、务实性、系统性、可行性的中国民航行业价值体系。笔者认为，在此过程中，要注意民航行业与其他交通运输行业的核心价值体系互相之间的匹配性和承接性，将行业特色鲜明、标准要求领先的中国民航行业价值体系建设成中国交通运输产业核心价值体系建设的重要参考依据和核心组成部分。因此，我们在重视弘扬和践行当代民航精神工作的同时，还应关注行业精神与行业价值体系的逻辑关系，将行业精神不仅置于民航行业，更置于大交通的范畴，来引领当代交通精神的提炼和培育。

在狭小的驾驶室里，飞行员专注地盯着仪表，他们要确保飞机上每一名旅客的安全；在干系重大的停机坪上，机务人员严谨地进行排故，他们要确保飞机上每一个部件的适航；在严密的指挥室中，管制员用心地注视屏幕，他们要确保航路上每一架飞机的位置正确；在鼎沸的出发厅里，值机员高效地办理手续，他们要使前来的每一位旅客满意；在拥挤的安检通道里，安检员尽责地核查细节，他们要排除上机的每一处可能的风险……在这里，在那里，在每个工作岗位上，无数中国民航人用自己的辛勤劳动维护和保障着中国民航安全、有序、高效地为社会服务。当代民航精神就孕育在这些看似普通

但绝不平凡的中国民航人的劳动中,从中提炼和培育的当代民航精神是对老一辈中国民航人的致敬,是对这一批中国民航人的鼓舞,更是对新一代中国民航人的激励。弘扬当代民航精神、践行当代民航精神,这条路负重致远,民航强国之路更是任重道远。

第四节　行业发展需要弘扬和践行当代民航精神

思想决定方向,方向决定道路,道路决定命运。一切伟大的事业,总是在承前启后、继往开来中不断推进。国家如此,行业亦然。2012年,《国务院关于促进民航行业发展的若干意见》明确指出:"民航行业是我国经济社会发展重要的战略产业"。如何更好地发挥民航行业的战略作用,做到延续辉煌、不辱使命、不负期望?关键在于思想;关键在于以何种精神凝聚当代民航人再创佳绩、达成使命、实现期望所必需的思想共识。这是当代民航人必须要直面并务必用实际行动圆满回答的新时代命题。新时代要求当代民航人以新精神开启新事业。

一、民航砥砺奋进发展实践孕育当代民航精神

作为经济社会发展的重要战略产业,民航行业坚持安全第一,稳中求进,深化改革,各项工作取得了优异成绩,为社会经济发展保驾护航。

当代民航人砥砺奋进,推动民航发展实践,在"十二五"和"十三五"期间取得了瞩目的成绩。

一是民航发展质量稳步提升。我国民航安全形势平稳,自2011年以来,未发生运输航空重大安全事故。2019年底,运输航空百万小时重大事故率10年滚动值为0.028,远低于同期世界平均水平的0.292,安全水平世界领先。在坚持"安全第一"的基础上,我国民航发展质量再攀新高峰,航班客座率、载运率和飞机日利用率持续处于历史较高水平,2019年分别达到83.2%、71.6%和9.33%。与此同时,民航发展更加注重绿色环保,节能减排效果显著。2019年,我国民航吨公里油耗为0.285升,较行业节能减排目标基年的2005年油耗下降了16.2%,机场每客能耗较"十二五"末均值下降15.8%。二氧化碳排放量减少约26.7万吨。

二是保障能力不断增强。我国民航坚持外延式和内涵式发展并重,着力提升空域资源、空管运行、机场保障、运行控制、人力资源五大核心保障能力的内涵建设、提质增效,努力使保障能力达到行业持续快速增长的客观要求。截至2019年年底,我国共有运输航空公司62家、通用航空企业478家,民航运输飞机期末在册架数3818架、通用航空企业在册航空器2707架,颁证运输机场238个,定期航班航线5521条,定期航班国内通航城市234个(不含香港、澳门、台湾),国内航空公司分别开通了由30个、19

个和 49 个内地城市往返香港、澳门和台湾地区的定期航班。2019 年，民航行业完成运输总周转量 1293.25 亿吨公里，继续稳居世界第二；完成旅客运输量 65993.42 万人次，货邮运输量 753.14 万吨；机场完成旅客吞吐量 13.52 亿人次，货邮吞吐量 1710.01 万吨，起降架次 1166.05 万架次；年旅客吞吐量超过 1000 万人次的机场数量到达 39 个。我国民航整体综合保障能力较好地完成了支撑行业规模持续增长的目标。

三是战略地位日益凸显。民航是我国综合交通运输体系的重要有机组成部分，其地位和作用随着人民群众消费升级时代的到来呈现不断提升的趋势，尤其是旅客运输方面更为明显。民航行业在自身加大固定资产投资带动区域经济发展的同时，更加重视行业发展与区域经济深度融合，临空经济成为推动地区转变发展方式的新亮点。2019 年民航行业企事业单位累计实现营业收入 10624.9 亿元，利润总额 541.3 亿元，应交税金 357.9 亿元。民航战略地位不仅体现在自身对我国经济社会发展的贡献，而且对相关产业和地方经济的带动作用和引导效果不断增强。

四是国际影响力逐步扩大。民航是国际性极强的行业。截至 2019 年年底，我国已与 127 个国家或地区签订双边航空运输协定。我国航空公司国际定期航班通航 65 个国家的 167 个城市，国际航线 953 条，国内航空公司在我国国际航空客运市场份额大幅提升，逐步接近 50%。我国继续高票当选国际民航组织一类理事国，我国候选人首次当选国际民航组织秘书长。我国民航国际影响力的增强也是我国长期支持多边贸易体制，促进自由贸易区建设，推动建设开放型世界经济的必然成果。

五是行业管理能力不断提高。民航持续安全理念不断深化，安全工作法治化进程不断深入，民航价格改革稳妥推进，市场管理手段不断丰富，行业财经政策逐步完善。适航审定能力实现突破，三大审定中心相继运行，颁发 ARJ21 国产支线客机获得型号合格证，C919 飞机型号合格审定工作有序推进。中国民用航空局与美国联邦航空局签署《适航实施程序》，从而实现中美两国民用航空产品的全面对等互认。我国民航提供高水平、高效率的行业管理能力是推动行业持续发展的核心保障。

除此之外，民航砥砺奋进发展实践还具体表现在以下几个方面。民航为百姓便捷出行，不断夯实民航强国基础，点连成线，线织成面，编织起保障亿万群众生活的幸福空中网；民航为推动"一带一路"建设，当好"先行军"，构建"空中丝路"，在经贸往来和文化交流中积极发挥桥梁、纽带的作用；民航积极响应国家建设世界级城市群的规划，主动作为，着力打造京津冀、长三角和珠三角 3 个世界级机场群，以机场群建设服务城市群建设。

当代民航人亟须找到全新的理论支撑和精神支柱，并以新时代理论和新时代精神，扎实、全面、科学地推进和实践建设新时代民航强国的伟大事业。当代民航精神必将从民航强国建设的实践中孕育产生，并为即将开展的新时代民航强国实践提供不可或缺的重要思想保障。

2016年4月8日,中国民用航空局的一位领导在南海永暑礁新建机场校验试飞总结表彰座谈会上的讲话中提出将"忠诚担当的政治品格、严谨科学的专业精神、团结协作的工作作风、敬业奉献的职业操守"作为当代民航精神,分别从政治品格、专业精神、工作作风、职业操守4个方面指明了当代民航人在精神层面应该追求的具体目标。当代民航精神是中国民用航空局顺应建设民航强国实践在新时代所必需的新要求,在总结新中国民航发展多年经验和教训的基础上,汇聚了集体智慧的极具方向性、思想性、指导性的行业文化成果。当代民航精神是用以总结、培育、形成符合建设新时代民航强国新要求的,并能启迪和激发当代民航人投身于民航发展事业的优秀行业思想、先进行业文化的工作方法和行动指南。

二、民航发展新时代亟须行业思想认知新高度

回顾国家"十二五"及"十三五"期间民航行业的发展实践,当代民航人在面对国内外环境的复杂变化和各种风险挑战的情况下,取得了全行业确保航空运输持续安全、发展质量稳步提升、保障能力不断增强、战略地位日益凸显、国际影响力逐步扩大、行业管理能力显著提高的可喜成绩。展望民航行业"十三五"的发展蓝图,中国民用航空局提出按照建设民航强国战略"两步走"的推进方案,以在2020年将我国初步建成民航强国为既定目标,在准确把握行业发展的阶段性特征、缜密研析行业发展的内外部环境的基础上,提出了极具全局性、战略性、前瞻性的"一二三三四"民航工作总体思路。即牢固树立"发展为了人民"的理念,推动运输航空和通用航空"两翼齐飞",坚守"飞行安全、廉政安全、真情服务"三条底线,构建机场网、航线网、运行信息监控网"三张网络",补齐空域资源、民航服务、适航审定能力、应急处置"四个短板"。如何将中国民用航空局的新思路在民航发展进入新时代的背景下转化为当代民航人的工作新目标、行动新举措?这要求当代民航人的思想认知必须提升到新高度,尤其是要牢固树立起"发展为了人民"的思想共识。

思想认识的深度决定工作开展的程度,实现民航强国任重道远。民航行业所承担的艰巨时代任务必然要求当代民航人在思想认知层面有更高的觉悟和更深的意识。纵观中国民航砥砺前行、勇于发展的历程,各种成功经验和失败教训让我们越发清晰地认识到和越发急切地感受到牢固树立"发展为了人民"的思想共识对于建设新时代民航强国这一伟大事业的重要性和紧迫性。作为新时代民航强国伟大事业建设者的全体民航干部、职工,急需补齐和增强在政治品格、专业精神、工作作风、职业操守方面的短板和内功,为即将在建设新时代民航强国道路上面临的惊涛骇浪、困难险阻,打下并夯实坚不可摧、毫不动摇的思想基础。

第五节 夯实以当代民航精神为内核的民航行业文化新基础

问题是时代的声音。当今世界,国际力量对比发生新的变化,我国在日益走近世界舞台中心的同时也面临着许多严峻的挑战。国家如此,行业亦然。如何应对国际环境的深刻复杂变化,在激烈的国际竞争中赢得主动权?今日之中国民航正处于由民航大国发展成为民航强国这一具有历史性、划时代意义的伟大事业建设的关键阶段。民航改革真正步入深水区,民航发展进入新常态,各种矛盾叠加,风险隐患集聚,发展不平衡、不充分、不协调、不可持续问题比较突出。如何更好地把握行业发展机遇,破解行业发展难题,厚植行业发展优势?这是当代民航人在建设新时代民航强国实践中需要回答的新命题。

"世异则事异,事异则备变。"在谋划和推进新时代民航强国建设的各项工作中,我们必须深入分析和准确判断当前世情、国情、行情,分析和判断的"指南针""方向盘"就是当代民航人与时俱进的思想共识。思想共识不可无中生有,更不可信手拈来,而是需要以能够充分彰显社会主义核心价值观的行业文化为土壤,才能从中孕育,才能做到不忘初心、方得始终。文化是什么?文化就是要相信自己的口号。当代民航精神就是当代民航人建设新时代民航强国伟大事业提出的口号,是当代民航精神层面的最强音。我们务必以当代民航精神之旗帜引领、培育当代民航文化之征程,务必将当代民航精神之口号变成当代民航文化之信仰。这是当代民航人的责任之所在,也是将新时代民航强国伟大事业向前推进的内生动力之源泉。

事非经过不知难,攻坚克难谱新篇。在建设新时代民航强国伟大事业的征途上,当代民航精神的弘扬和践行工作对于进一步促进新时代民航强国发展建设,增强全体民航干部、职工的凝聚力和执行力,加强当代民航文化的培育和形成,均具有极其重要的现实意义。弘扬和践行当代民航精神是民航未来发展规划乃至新时代民航强国战略目标如期达成所不可或缺的关键思想新保障和重要文化新基石。

一、铸就忠诚担当的政治品格,增强政治责任感

"人之忠也,犹鱼之有渊。"民航行业作为高技术要求和高服务需求的行业,有着独特且鲜明的行业特点,具体表现在安全水平要求高、专业技能标准高、服务需求规格高、国际交流频度高等方面。与其他行业相比,民航行业的特点决定了其对民航从业者有着更高的政治要求,这是党和国家对当代民航行业人的基本要求。因此,忠诚担当的政治品格绝不只是评判民航领导干部的底线,更是对每一名民航从业者的统一标准和必然要求。作为当代民航人,必须要铸就忠诚担当的政治品格,增强政治责任感。

忠诚担当是当代民航精神要求的政治品格，也是当代民航文化的政治基础。忠诚担当首先要做到对党绝对忠诚。要牢固树立"四个意识"，特别是核心意识和看齐意识，坚定理想信念，在大是大非面前头脑清醒，旗帜鲜明，具体表现为当代民航人在思想上、政治上、工作上、行动上坚如磐石、毫不动摇。民航承担着国家领导人的专、包机保障工作，维护着国家的核心利益。在这方面，当代民航人忠诚担当的政治品格是具体的，是看得见、摸得着的。忠诚担当其次要做到对人民绝对忠诚。要牢固树立发展为了人民的理念，要时刻秉持并持续强化民航"发展为了人民"的理念，不断加深对人民群众的感情，把人民群众的期盼作为民航各项工作开展的方向。民航始终在抗震救灾、维和行动、海外撤侨等关乎人民群众生命财产安全的最危急时刻，当仁不让、义无反顾地冲向第一线，维护着人民的核心利益，展现着对人民的忠诚之心。在这方面，当代民航人忠诚担当的政治品格是生动的，是能被真切感受得到的。忠诚担当最后要做到对民航事业绝对忠诚。党中央要求民航行业要把稳中求进的工作总基调贯彻到各个方面。稳定是发展的基石，行稳是致远的前提。具体到当代民航工作，确保民航安全就是最大的"行稳"，只有在确保民航安全的基础上，才能真正谋求民航行业的高质量发展，才能扎实推进由民航大国向民航强国迈进的伟大事业。在这方面，当代民航人忠诚担当的政治品格是明确的，是能经得起时间检验和实践证明的。

忠诚担当充分体现了当代民航人围绕中心、服务大局的高度政治责任感和时代使命感，展现了当代民航人在关键时刻能挺身而出、拼搏奉献，为党分忧、为民解困的时代传承、崇高境界和庄严承诺。我们必须坚持不懈、毫不动摇地把确保民航安全在内的各项工作职责扛在肩上。全体民航干部、职工要敢于面对各种现实矛盾，要做到矛盾面前不躲闪、挑战面前不畏惧、困难面前不退缩，关键时刻和危急关头能豁得出去、顶得上来，增强和保持当代民航人的政治责任感，最终能经受住各种考验，将忠诚担当的政治品格书写到当代民航文化的新时代丰碑上。

二、塑造严谨科学的专业精神，寻求行业归属感

"天下将兴，其积必有源。"当今时代，日新月异，要做到紧跟时代进步，行业发展必有其正确之法，而法则源自寻觅之人以严谨科学之态度对事物客观发展规律持之以恒的追求。民航行业是一个专业性极强的行业，也是高技术密集的行业。做好新时代民航工作必然要求其从业者具备扎实的专业素养。这种专业素养远不止"狭义"的提升各种专业技术技能，而更应是"广义"的在全行业倡导塑造崇尚严谨科学的专业精神的文化氛围。严谨科学的专业精神，其含义不仅包括了当代民航人做好本职工作所必须具备的专业技术技能，也包括了当代民航人为建设新时代民航强国所必备的学习科学、尊重科学、严谨细致、精益求精的工作态度。

在提升安全监管能力方面，以严谨科学的专业精神创新安全管理体制、机制和方

式、方法；深化安全管理体系建设，推进安全绩效监管试点，积极探索和试行基于安全绩效的安全监管模式；建立科学合理、简明有效、分类分级的民航安全保障衡量体系。在提升枢纽机场集散功能方面，以严谨科学的专业精神推动国家综合机场体系建设，力争早日建成功能健全、相互协调、相互支撑的运输机场网络，以及覆盖面广、衔接度高、通达性强的航空网络。在提升运行信息监控能力方面，以严谨科学的专业精神建立健全民航运行信息资源管理机制，加快形成信息开放、资源共享、协同决策的运行信息监控网络。在提升空域资源保障能力方面，以严谨科学的专业精神推动国家空管调整改革，深化军民航联合运行，扩大民航可用空域资源，提高民航空域使用效率。在提升民航服务品质方面，以严谨科学的专业精神完善民航服务管理体系，持续改进服务质量，打造民航"真情服务"品牌，增进旅客对民航真情服务的获得感。在提升适航审定能力方面，以严谨科学的专业精神健全适航审定体系，全面提升适航审定能力，满足我国民航和国产民机发展需求。在提升应急处置能力方面，以严谨科学的专业精神健全规章制度、强化工作机制，全面提高民航应对各类突发事件的能力。在提升通用航空服务能力方面，以严谨科学的专业精神制定通用航空发展政策，建成功能齐全、服务规范、类型广泛的通用航空服务体系。在提升民航行政管理能力方面，以严谨科学的专业精神持续推进政府职能转变，进一步简政放权，在促进行业发展中更好地发挥政府作用。在提升民航科教支持能力方面，以严谨科学的专业精神深化民航科技教育改革，为行业持续发展提供科技和智力支撑。

"严谨科学"是开展进一步深化民航改革工作的"金钥匙"，是建设新时代民航强国伟大事业的"百宝囊"，充分体现了当代民航人围绕行业的科学发展、持续安全发展的路径和方法选择，展现了当代民航人运用自己的聪明才智完成新时代民航强国战略目标的正确实践道路。全体民航干部、职工要善于运用严谨科学的专业精神，在民航这个高技术、高专业、高要求的行业，以攻坚克难、勇往直前的大无畏精神，寻找和探求当代民航人的行业归属感，实现建设新时代民航强国的目标，以实实在在的行业发展成就将严谨科学的专业精神书写到当代民航文化的新时代丰碑上。

三、形成团结协作的工作作风，启迪事业认同感

端起历史规律的望远镜，打开发展规律的探照灯。在建设新时代民航强国的现阶段，我们面临着许多深层次的矛盾，安全保障资源不足、发展结构不平衡、发展方式比较粗放等问题还没有得到根本改善，制约民航发展和民航强国实现的体制机制障碍仍然存在。众所周知，民航行业是一个涵盖了航空公司、民航机场、空中管理、服务保障、运行监管等多个子系统的复杂系统。这是由民航的行业特性所必然决定的。相比其他运输方式，民航行业的最高安全水平正是得益于和源自其系统的复杂性。民航系统不会因为其某一个子系统的某一点疏漏而导致不可挽回的全系统性的不安全后果。

民航系统的复杂性是民航行业安全保障的需要，但同时也对其自身运行、管理提出了更高要求和更多挑战。民航行业向来注重各子系统、各单位、各部门之间的团结协作，这是民航能够保持安全高效顺畅运行的基础要求。当代民航人正在如火如荼地进行着建设新时代民航强国的伟大事业，必须仰仗民航各子系统、各单位、各部门内部的上下协调、牢固树立本位职责的思想认识，以及它们之间"打破边界齐心协力、目标统一协同奋进"的工作作风方能顺利开展。"内部团结、外部协作"要求当代民航人拧成"一股绳"，以团结协作的工作作风投身到建设新时代民航强国伟大事业的实践中去。这样，就没有克服不了的困难，再艰巨的任务也能被出色地完成。

团结协作的工作作风不仅要体现在思想认识的协同上，更要体现在建设新时代民航强国的行动中。当代民航人唯有秉持团结协作的精神才能实现进一步深化民航改革工作的既定目标。没有团结协作，就无法建成提升安全保障能力、巩固民航发展安全基础的安全管理系统；没有团结协作，就无法制定促进行业调整结构、提质增效、转型升级的政策措施；没有团结协作，就无法推出提高政府行政效率、增强行业监管能力的体制机制；没有团结协作，就无法构建激发市场活力、规范市场行为的法规体系；没有团结协作，就无法实现民航治理体系和治理能力的现代化。

团结协作简明扼要地阐释了建设新时代民航强国伟大事业的工作方针。民航各子系统、各单位、各部门必须要共同努力打造团结协作的工作作风，坚决打破系统、单位、部门的本位思想和"一亩三分地"思维，既要做到守土有责，还要秉承大局意识、树立全局思想。建设新时代民航强国，就要在继续推动民航发展的基础上，着力解决好发展不平衡、不充分的问题，大力提升民航发展质量和效益，更好地满足人民在航空出行的安全、便捷、品质等方面日益增长的需求，更好地推动民航的全面发展与进步。完成这一艰巨任务需要涉及方方面面，需要民航各子系统、各单位、各部门的团结协作、密切协助、协同发力、共同推进，努力在关键领域和重点环节实现改革新突破，形成重点牵引、全面推进的改革整体效应。全体民航干部、职工要保持团结协作的工作作风，在民航这个由多个子系统构成的复杂系统中，勇于打破本位主义、摒弃局部最优思想，启迪和召唤当代民航人的事业认同感。最终以团结协作的"一盘棋"思想、"一股绳"意识，实现新时代民航强国战略，在具有复杂性的民航发展过程中谱写彰显和谐、合作、协同精神的新篇章，将团结协作的工作作风书写到当代民航文化的新时代丰碑上。

四、坚守敬业奉献的职业操守，增加职业荣誉感

"长风破浪会有时，直挂云帆济沧海。"建设新时代民航强国伟大事业、服务两个一百年目标的时代重托和历史使命被托付给我们这一代民航人。当代民航人如何做到不负重托、不辱使命？唯有爱岗敬业、甘于奉献，才能担负起祖国的重托，才能对得起时代要求和使命，才能经得起时间检验和历史考验。民航行业虽然由航空公司、民航机

场、空中管理、服务保障、运行监管等相对独立的各子系统、各单位、各部门构成，但"全国民航是一家"的情结始终魂牵梦绕在当代民航人的内心深处。这是新中国历代民航人的历史传承和精神延续。

当代民航人具有强烈的职业荣誉感和自豪感，具有爱岗敬业、甘于奉献的优秀品质。这种品质是其可以肩负起祖国重托的宝贵精神财富，是激励当代民航人为实现新时代民航强国伟大事业而奋斗的强大精神动力之源。随着持续安全战略、大众化战略、全球化战略的实施初见成效，尤其是大众化战略，让越来越多的人民群众体验到建设民航强国伟大事业的初步效果，让更多人民群众有机会体验和共享当代民航发展的累累硕果，这也让人民群众对新时代民航强国的实践成果有了更多的诉求和更高的期待。当代民航人从广大人民群众对民航服务的满满获得感中，收获了爱岗敬业的自豪感和乐于奉献的满足感。当代民航人有机会亲自经历并投身于建设新时代民航强国这一划时代的伟大事业中，奋斗本身就是当代民航人能真正体会到的获得感。这更激发了当代民航人加倍努力，为人民群众提供更加安全、便捷、有品质的民航运输服务的决心、信心和恒心。

敬业奉献是对民航行业以实际行动践行"发展为了人民"理念的庄重誓言。它充分体现了当代民航人紧紧围绕进一步提升广大人民群众的对民航发展的获得感要求的积极响应，展现了当代民航人在越是压力大、困难多的条件下，越能爱岗敬业、甘于奉献的优秀品质。全体民航干部、职工要勇于克服困难，做到知难而上、迎难而进，高举敬业奉献的大旗，心无杂念、持之以恒地投入建设新时代民航强国伟大事业的各项工作中，增加和获取当代民航人的职业荣誉感，最终以敬业奉献汇聚民航职业的感召力和凝聚力，全身心地扑在建设新时代民航强国的现实工作中，将敬业奉献的职业操守书写到当代民航文化的新时代丰碑上。

不言而喻，夯实以当代民航精神为理论内核的民航行业文化新基础是弘扬和践行当代民航精神所不可或缺的关键有机组成部分。

附录 A 常见民航飞机信息汇总表

机型代码	配置座位数	制造商	飞机型号
AB3	181~317	空中客车公司	A300 客机
AB4	211~317	空中客车公司	A300-B2/B4/C4 客机
AB6	207~317	空中客车公司	A300-600 客机
AN4	40~50	安东诺夫设计集团	安-24 客机
AN6	50~N/A①	安东诺夫设计集团	安-26/30/32 客机
ARJ	98~105	中国商飞	ARJ21-900 客机
ATP	64~68	英国宇航公司	ATP 客机
CRJ	50~90	庞巴迪宇航集团	CRJ-100/200/700/900 客机
DC3	18~30	原麦道公司	DC-3 客机
DC6	52~80	原麦道公司	DC-6B 客机
DC8	125~250	原麦道公司	DC-8 客机
DC9	60~139	原麦道公司	DC-9 客机
D1C	229~357	原麦道公司	DC-10-30/40 客机
D1M	195~235	原麦道公司	DC-10 客货混装机
D10	229~374	原麦道公司	DC-10 客机
D11	237~374	原麦道公司	DC-10-10/15 客机
D8F	50~73	原麦道公司	DC-8 50-73 货机
D8M	118~N/A	原麦道公司	DC-8 客货混装机
D9S	84~139	原麦道公司	DC-9-30/40/50 客机
D91	60~90	原麦道公司	DC-9-10 客机
D92	75~90	原麦道公司	DC-9-20 客机
D93	84~115	原麦道公司	DC-9-30 客机
D94	100~128	原麦道公司	DC-9-40 客机
D96	107~139	原麦道公司	DC-9-50 客机
EMJ	70~110	巴西航空工业公司	EMB170/190/195 客机
EM2	26~35	巴西航空工业公司	EMB120 巴西利亚客机
EQV			各种机型
ERD	44~50	巴西航空工业公司	RJ140 客机

① N/A 表示不确定,或配置不同。

续表

机型代码	配置座位数	制造商	飞机型号
ERJ	37~50	巴西航空工业公司	ERJ135/140/145 客机
ILW	132~195	伊柳辛设计集团	IL-86 客机
IL8	235~350	伊柳辛设计集团	IL-18 客机
MD9	11~32	原麦道公司	MD90"探险者"客机
M11	112~172	原麦道公司	MD-11 客机
M80	125~165	原麦道公司	MD-80 客机
M81	132~165	原麦道公司	MD-81 客机
M82	131~165	原麦道公司	MD-82 客机
M83	109~134	原麦道公司	MD-83 客机
M87	112~142	原麦道公司	MD-87 客机
M88	150~187	原麦道公司	MD-88 客机
M90	114	原麦道公司	MD-90 客机
SHB	18~19	肖特公司	"贝尔法斯特"客机
SH3	30~36	肖特公司	330（SD3-30）客机
TU3	143~180	图波列夫设计集团	TU-134 客机
TU5	164~210	图波列夫设计集团	TU-154 客机
Y20	69~74	图波列夫设计集团	TU-204-214
YK2	20~40	雅可列夫设计局	YAK-42 客机
YK4	17	雅可列夫设计局	YAK-40 客机
YN2	48	哈尔滨飞机制造厂	运12 客机
YN7	38~64	西安飞机工业公司	运7、MA60 客机
YS1	85~109	纳姆公司	YS-11 客机
14F	75~88	英国宇航公司	146 货机
141	88~94	英国宇航公司	146-100 客机
142	93~112	英国宇航公司	146-200 客机
143	75~112	英国宇航公司	146-300 客机
146	167~246	英国宇航公司	146 客机
310	169-246	空中客车公司	310 客机
312	167~222	空中客车公司	A310-200 客机
313	107~117	空中客车公司	A310-300 客机
318	112~134	空中客车公司	A318 客机
319	107~220	空中客车公司	A319 客机
32S	123~180	空中客车公司	A318/A319/A320/A321 客机
320	174~220	空中客车公司	A320 客机
321	256~412	空中客车公司	A321 客机
330	256~412	空中客车公司	A330 客机

续表

机型代码	配置座位数	制造商	飞机型号
332	256~412	空中客车公司	A330-200 客机
333	228~420	空中客车公司	A330-300 客机
340	228~335	空中客车公司	A340 客机
342	253~420	空中客车公司	A340-200 客机
343	313~359	空中客车公司	A340-300 客机
345	380~419	空中客车公司	A340-500 客机
346	380	空中客车公司	A340-600 客机
380	550~800	空中客车公司	A380-800 客机
70M	150~160	波音公司	B707 客货混装机
703	130~219	波音公司	B707-320/320B/320C/330B 客机
707	106~123	波音公司	B707/720B 客机
717	126~164	波音公司	B707-200 客机
72M	126~189	波音公司	B727-100 客货混装机
72S	92~119	波音公司	B727-200/200 客机
721	145~167	波音公司	B727-100 客机
722	92~189	波音公司	B727-200 客机
727	109~148	波音公司	B727-100/200/200 客机
73G	162~189	波音公司	B737-700 客机
73H	69~79	波音公司	B737-800 带小翼客机
73M	100~130	波音公司	B737-200 客货混装机
73S	126~149	波音公司	B737-200/200 改良系列
731	106~189	波音公司	B737-100 客机
732	102~145	波音公司	B737-200 客机
733	144~171	波音公司	B737-300 客机
734	104~171	波音公司	B737-400 客机
735	110~119	波音公司	B737-500 客机
736	104~189	波音公司	B737-600 客机
737	162~189	波音公司	B737-700 客机
738	17~189	波音公司	B737-800 客机
739	270~N/A	波音公司	B737-900 客机
74C	250~304	波音公司	B747-200 客货混装机
74D	287~420	波音公司	B747-300 客货混装机
74E	287~420	波音公司	B747-400 客货混装机
74L	238~400	波音公司	B747SP 客机
74M	374~563	波音公司	B747-200/300-400 客货混装机
741	351~493	波音公司	B747-100 客机

续表

机型代码	配置座位数	制造商	飞机型号
742	375~428	波音公司	B747-200 客机
743	362~569	波音公司	B747-300 客机
744	244~569	波音公司	B747-400 客机
747	351~569	波音公司	B747 客机
752	192~239	波音公司	B757-200 客机
753	243~289	波音公司	B757-300 客机
757	192~289	波音公司	B757-200/300 客机
762	181~255	波音公司	B767-200/200ER 客机
763	225~269	波音公司	B767-300/300ER 客机
764	161~290	波音公司	B767-400 客机
767	181~290	波音公司	B767-200/300 客机
772	281~440	波音公司	B777-200 客机
773	281~440	波音公司	B777-300 客机
777	281~440	波音公司	B777-200/300 客机
787	210~330	波音公司	B787-3/8/9/10 客机

附录 B 国内主要城市/机场三字代码

代　码	城市全称	所在省/市/自治区
AAT	阿勒泰	新疆
AKA	安康	陕西
AKU	阿克苏	新疆
AQG	安庆	安徽
BAV	包头	内蒙古
BHY	北海	广西
BPX	昌都	西藏
BSD	保山	云南
CAN	广州	广东
CGD	常德	湖南
CGO	郑州	河南
CGQ	长春	吉林
CHG	朝阳	辽宁
CHW	酒泉	甘肃
CIF	赤峰	内蒙古
CIH	长治	山西
CKG	重庆	重庆
CNI	长海	辽宁
CSX	长沙	湖南
CTU	成都	四川
CZX	常州	江苏
DAT	大同	山西
DAX	达县	四川
DDG	丹东	吉林
DGM	东莞	广东
DLC	大连	辽宁
DLU	大理	云南
DNH	敦煌	甘肃
DOY	东营	山东
DYG	大庸	湖南

续表

代　码	城市全称	所在省/市/自治区
DYG	张家界	湖南
ENH	恩施	湖北
ENY	延安	陕西
FOC	福州	福建
FUG	阜阳	安徽
FUO	佛山	广东
GHN	广汉	四川
GOQ	格尔木	青海
GYS	广元	四川
HAK	海口	海南
HEK	黑河	黑龙江
HET	呼和浩特	内蒙古
HFE	合肥	安徽
HGH	杭州	浙江
HLD	海拉尔	内蒙古
HLH	乌兰浩特	内蒙古
HMI	哈密	新疆
HNY	衡阳	湖南
HRB	哈尔滨	黑龙江
HSC	韶关	广东
HSN	舟山	浙江
HTN	和田	新疆
HYN	黄岩	浙江
HZG	汉中	陕西
INC	银川	宁夏
IQM	且末	新疆
IQN	庆阳	甘肃
JDZ	景德镇	江西
JGN	嘉峪关	甘肃
JGS	井冈山	江西
JHG	西双版纳（景洪）	云南
JIL	吉林	吉林
JIU	九江	江西
JJN	晋江	福建
JMU	佳木斯	黑龙江
JNZ	锦州	辽宁

续表

代　码	城市全称	所在省/市/自治区
JUZ	衢州	浙江
JZH	九寨沟	四川
KCA	库车	新疆
KHG	喀什	新疆
KHN	南昌	江西
KMG	昆明	云南
KNC	吉安	江西
KOW	赣州	江西
KRL	库尔勒	新疆
KRY	克拉玛依	新疆
KWE	贵阳	贵州
KWL	桂林	广西
LHW	兰州	甘肃
LJG	丽江	云南
LLF	永州	湖南
LUM	芒市	云南
LUZ	庐山	江西
LXA	拉萨	西藏
LYA	洛阳	河南
LYG	连云港	江苏
LYI	临沂	山东
LZH	柳州	广西
LZO	泸州	四川
LZY	林芝	西藏
MDG	牡丹江	黑龙江
MIG	绵阳	四川
MXZ	梅州	广东
NAO	南充	四川
NDG	齐齐哈尔	黑龙江
NGB	宁波	浙江
NKG	南京	江苏
NLT	那拉提	新疆
NNG	南宁	广西
NNY	南阳	河南
NTG	南通	江苏
NZH	满洲里	黑龙江

续表

代　码	城市全称	所在省/市/自治区
PEK	北京（北京首都机场）	北京
PKX	北京（北京大兴机场）	北京
PVG	上海（上海浦东国际机场）	上海
SHA	上海（上海虹桥国际机场）	上海
SHE	沈阳	辽宁
SHF	山海关	河北
SHP	秦皇岛	河北
SHS	沙市	湖北
SIA	西安	陕西
SJW	石家庄	河北
SWA	汕头	广东
SYM	思茅	云南
SYX	三亚	海南
SZV	苏州	江苏
SZX	深圳	广东
TAO	青岛	山东
TCG	塔城	新疆
TEN	铜仁	贵州
TGO	通辽	内蒙古
TNA	济南	山东
TSN	天津	天津
TXN	黄山	安徽
TYN	太原	山西
URC	乌鲁木齐	新疆
UYN	榆林	陕西
WEF	潍坊	山东
WEH	威海	山东
WNH	文山	云南
WNZ	温州	浙江
WUH	武汉	湖北
WUS	武夷山	福建
WUX	无锡	江苏
WUZ	梧州	广西
WXN	万县	重庆
XEN	兴城	辽宁
XFN	襄樊	湖北

续表

代　码	城市全称	所在省/市/自治区
XIC	西昌	四川
XIL	锡林浩特	内蒙古
XMN	厦门	福建
XNN	西宁	青海
XNT	邢台	河北
XUZ	徐州	江苏
YBP	宜宾	四川
YIH	宜昌	湖北
YIN	伊宁	新疆
YIW	义乌	浙江
YNJ	延吉	吉林
YNT	烟台	山东
YNZ	盐城	江苏
YUA	元谋	云南
YUC	运城	山西
ZAT	昭通	云南
ZHA	湛江	广东
ZUH	珠海	广东
ZYI	遵义	贵州

附录C 国内各主要航空公司退改签改政策

客服电话:95583

国航(CA)

舱位	产品/折扣	退票手续费		变更手续费		自愿签转	备注
		起飞(含)前退票	起飞后退票	起飞(含)前变更(含签转)/次	起飞后变更(含签转)/次		
P	300%	免费退票	10%	免费变更	5%	允许	1. 2012年12月17日起(以旅行日期为准)国航客票(OW/RT)、两舱直减产品(OW/RT)、两舱折扣促销产品(OW/RT,限F、A、D、Z舱),退改签规定以NFD显示为准。 2. 客规仅供参考,以航司审核结果为准。 3. 往返联程YWB(折上折优惠)产品按照飞后收取手续费。 4. 如变更航班、日期与变更航班、日期进行,低舱位改高舱位同时进行,变更手续费和票价差额须同时收取
F	300%						
C	230%						
A	250%	对应舱位公布运价的10%		对应舱位公布运价的5%		不允许	
D	180%						
Z	160%						
Y/W	100%	5%	10%	免费变更	5%	允许	
B	90%						
M	88%	20%	30%	10%	20%	不允许	
H	80%						
K	75%						
L	70%						
Q	60%	50%	不允许	30%	50%	允许	
G	50%						
V	45%						
F/C/Y	儿童票	免费退票		免费变更			
	婴儿票						
E/T	3.5折(含)以上	50%		不得改签		不允许	
	3.5折以下	票款不退,只退民航发展基金和燃油附加费		不得改签			

适用范围:出票日期为2013年3月1日(含)以后的客票

东航、中联航、上航（MU、KN、FM）

客服电话：东航 95530　上航 0806-21-95530　中联航 400-102-6668

舱位	产品/折扣	退票手续费 航前 7天（含）之前	退票手续费 航前 7天之内	退票手续费 航班起飞前2小时内及起飞后	变更手续费 航班起飞前2小时之前	变更手续费 航班起飞前2小时内及飞后	自愿签转	备注
F	280%						允许	部分航线特殊优惠P舱按顺序使用，东航班按照《中国东方航空班机国内运输总条件》及东航业务通告等的有关规定执行，上航班按照《上海航空旅客行李国内运输总条件》及上航业务通告等的有关规定执行，中联航班按照《中国联合航空旅客行李国内运输总条件》及中联航业务通告等的有关规定执行。
P		免费退票			免费变更	5%	不允许	
J							允许	
Y	100%	5%		10%				
B	90%							
M	85%							
E	80%							
H	75%	20%		30%	10%	20%	不允许	1. 客票各航程按行李国内运输总条件使用，旅客行李国内运输总条件的有关规定按东航业务通告等的有关规定执行及上航业务通告执行，及中联航业务通告等执行。 2. 特殊旅客折扣：革命伤残军人，因公致残人民警察凭"中华人民共和国革命伤残军人证"和"中华人民共和国人民警察伤残抚恤证"，按适用成人普通票价(F/J/Y)的50%计算；儿童按适用成人普通票价(F/J/Y)的50%计算；不占座婴儿按适用成人普通票价F/J/Y的10%计算。
K	70%							
L	65%							
N	60%							
R	55%							
S	50%	40%	80%	100%	30%	50%		购买上述特殊票价的旅客，自愿更改航班、自愿退票时，购买其他舱位及票价使用条件执行的客票，至少收取50元的手续费。2013年9月6日以后，不再办理升舱业务。名错换开、重购业务，只能按自愿退票处理。
V	45%	40%	80%	100%	30%	50%		
T	40%							
Q	40%							从2014年1月10日（以原始客票出票之日为准）起，东航、中联航、上航国内Q舱联程客票办理退票时，如果全部未使用，则按照国内客规定的规则退还；如果部分使用，则所有未使用航段的票价和燃油附加费(YQ)一律不得退还，其他未使用税费可以退还

适用范围：出票日期为2013年7月22日（含）起飞日期为2013年7月22日（含）以后的客票

续表

东航、中联航、上航（MU、KN、FM）

客服电话：021-95530

舱位	产品/折扣	退票手续费			变更手续费		自愿签转	备注
		航前		航班起飞前2小时内及起飞后	航班起飞前2小时之前	航班起飞前2小时内及飞后		
		7天（含）之前	7天之内					
F/J/Y	儿童票							
	婴儿	免费退票			免费变更		允许	3. 团队规定：团体旅客购票后自愿要求退票，按下列规定收取退票手续费（不适用于G舱）。 1）在航班规定离站时间72小时（含）以前，收取客价20%的退票手续费。 2）在航班规定离站时间前72小时以内至航班规定离站时间一日中午12:00（含）以前，收取客价30%的退票手续费。 3）在航班规定离站时间一天中午12:00以后至航班规定离站时间以前，收取客价50%的退票手续费。 4）在航班规定离站时间以后，客票作废，票款不退。 5）持联程、未回程客票要求退票，除客票附有限制条件者外，分别按本条第1/2/3项的规定收取各航段的退票手续费。 6）团体旅客中部分成员旅客要求退票，除客票规定的最低团体人数外，按"团体旅客自愿退票"规定办理： ①如乘机的旅客人数不少于该票价规定的最低团体人数时，应将团体旅客原折扣实付票款总金额扣除乘机旅客按正常票价计算的票款金额后，再扣除"团体旅客自愿退票"规定的退票手续费，差额多退少补。 ②如乘机的旅客全部未使用，应将团体旅客原付扣除票价总金额及"团体旅客自愿退票"规定的退票手续费，差额多退少补。 ③如客票部分未使用，应将团体旅客按正常票价计算已使用航段的票款金额及"团体旅客自愿退票"规定的退票手续费后，再扣除乘机旅客计算已使用航段的未使用航段的票款金额及"团体旅客自愿退票"规定的退票手续费，差额多退少补

适用范围：出票日期为2013年7月22日（含）以后，起飞日期为2013年7月22日（含）以后的客票

南航（CZ）

客服电话：020-95539　4000095539　电子商务：020-86133399　020-28295539

舱位	产品/折扣	退票手续费 航班规定离站时间前2小时（含）前	退票手续费 航班规定离站时间前2小时（不含）后	变更手续费 航班规定离站时间前2小时（含）前	变更手续费 航班规定离站时间前2小时（不含）后	自愿签转	备注
F	头等舱 280%	5%	10%	免费变更	5%	允许	1. 如果更改后的订座舱位（包括物理舱位和经济舱子舱位）与原客票上列明的舱位将不相符或同等级舱位变更前后票价不同，按以下规定办理。 （1）从较高等级舱位改为较低等级舱位或较高票价变更到较低票价，按自愿退票办理。 （2）从较低等级舱位改为较高等级舱位或较低票价变更到较高票价，收取票价差。如客票价变更与舱位变更同时进行，则需同时收取变更费和票价差。 （3）订座舱位变更后如需再变更，其变更收费按变更改后的订座舱位使用条件办理。 （4）散客票或集体票的自愿变更，联程客票、缺口程，仅限南航的直属售票处、南航呼叫中心，授权南航代理并需使用"国内客运退票单"上变更收费单位如需变更，变更收费说明，并准确区分和填列变更的客票原号、变更后的客票号，两者不能混淆。 2. 更改航段：按自愿退票处理。 3. 公布来回程运价的客票完全未使用或部分使用后要求变更的，均按对应航段1/2 来回程运价计算变更手续费。如果变更后有公布来回程运价，则票价差为相应1/2 来回程运价后舱位的差额；如果变更后舱位有公布运价的差额；客票价变更后差为变更单程运价与变更舱位对应的新票价之间的差额。 4. 客票变更后，所收变更手续费不退；如又发生退票，票价差部分按新票价舱位规则的退票手续费予以退还。如果公布运价没有公布来回程运价，则票价差为公布来回程运价前1/2 来回程运价。
A	明珠头等舱 400%						
P	头等舱 230%	5%	10%	具体文件使用条件		不允许	
J	230%						
C	公务舱 180%	5%	10%	免费变更	5%	允许	
D	公务舱 180%						
W	100%	10%	20%	具体文件使用条件		不允许	
S	高端经济舱						
Y	100%	10%	20%	免费变更	10%	允许	
B	90%						
M	80%						
H	75%						
K	70%						
L	60%						
E	50%	30%	50%	10%	30%	不允许	
V	45%						

适用范围：适用于出票日期为2013年8月12日（含）以后，起飞日期为2013年10月27日（含）以后的客票

南航（CZ）

客服电话：020-95539　4000095539　电子商务：020-86133399　020-28295539

舱位	产品/折扣	退票手续费		变更手续费		自愿签转	备注
		航班规定离站时间前2小时（含）前	航班规定离站时间前2小时（不含）后	航班规定离站时间前2小时（含）前	航班规定离站时间前2小时（不含）后		
Z	经济舱	不得退票		不得变更		不允许	5. 续费收取标准办理，其他变更前订座舱位退票手续费标准办理，合计收取退票费。 旅客要求退票，最迟应在开始旅行之日起（客票完全未使用的，从填开之日起）13个月内提出，逾期不予办理。客票已逾期票款、机场建设费与燃油附加费不予退回。 6. 公布未回程运价客票部分使用后要求退票，扣除已使用航段相应舱位单程运价，余额按相应顺序使用，否则按各乘机联对应订座舱位的退票规定办理退票。 7. 客票乘机联必须按相应顺序使用，否则按各乘机联对应订座舱位的退票规定办理退票。 8. 病退规定： （1）接到旅客病退申请后，必须在航班规定起飞时间前将座位在系统中旅客的原定座位取消，以免造成座位虚耗。 （2）旅客需提交的医疗证明：本人身份证复印件；县级（含）相当于三级甲等以上的医疗机构出具的客票所列明的航班飞行期间不适宜乘机的原件（包括诊断证书原件、病历和旅客不能乘机的证明），出诊当日医药费在200元以上的父费单原件。如患病旅客不能提供上述材料，则按自愿退票办理。 （3）患病旅客的陪伴人员的要求。每一位患病旅客必须与患病旅客同时同地办理，并满足起飞前退票的要求。每一位患病旅客陪伴人员不超过2人，陪伴人员的客票航程和购票地不同，须同时在直属售票处办理。如陪伴人员与患病旅客完全相同，陪伴人员和旅客所购客票有"不得退票"的使用条件限制，不能办理因病退票。 （4）旅客所购客票有"不得退票"的使用条件限制，不能办理因病退票。
N	中转舱						
T	产品舱						
C/J	儿童票	5%	10%	免费变更	5%	允许	
J		10%	20%		10%		
W/Y	婴儿	免费退票		免费变更			

续表

南航（CZ）

客服电话：020-95539　4000095539　电子商务：020-86133399　020-28295539

舱位	使用条件				备注
	退票手续费		变更手续费		
	航班规定离站时间前2小时（含）前	航班规定离站时间前2小时（不含）后	航班规定离站时间前2小时（含）前	航班规定离站时间前2小时（不含）后	自愿签转
产品折扣					（5）经销售单位审核，退票时间和医疗证明均符合上述要求的患病旅客及其陪伴人员因病办理退票，完全未使用时可退还全部票款（含税款）费；已经部分使用的，退还的票款金额为旅客原付全部票价付全部票款（含税款）减去已使用航段相同折扣率的票价和已使用税费，剩余部分全部退还给旅客，不收取退票手续费。所退金额不得超过原付票款金额。导致团队现有人数低于团队规定最低成团人数时，其余旅客必须补足团队票价和散客票价之间的票款差额。（6）团队旅客中的患病旅客及其陪伴人员退票后，导致团队现有人数低于团队规定最低成团人数时，其余旅客必须补足团队票价和散客票价之间的票款差额

南方航空（CZ）P、D舱使用客规

舱位	票价级别	退票手续费	变更手续费	自愿签转	备注
P/D	P/D	收取对应公布运价的10%退票手续费	收取对应公布运价5%的变更手续费	不得签转	票价级别： 1. P、D 代表头等舱、公务舱的促销公布运价。 2. PPRL*、DPRL*代表票价水平低于Y105的头等舱、公务舱促销运价。 3. PPRK*、DPRK*代表票价水平低于Y105、且低于Y150的头等舱、公务舱促销运价。 4. PPRH*、DPRH*代表票价水平等于或高于Y150的头等舱、公务舱促销运价
	PPRH*/DPRH*	收取对应公布运价的20%退票手续费	收取对应公布运价5%的变更手续费		
	PPRK*/DPRK*	收取对应公布运价的30%退票手续费	收取对应公布运价10%的变更手续费		
	PPRL*/DPRL*	收取对应公布运价的50%退票手续费	收取对应公布运价30%的变更手续费		

附录 C 国内各主要航空公司退改签政策

海航/大新华（HU/CN）

客服电话：95339

舱位	产品/折扣	退票手续费		改期手续费		自愿签转	备注
		航班离站时间（含）前	航班离站时间后	航班离站时间（含）前	航班离站时间后		
R	350%	5%	10%	免费变更	10%	允许	一、注意事项 1. 从低等级舱位改为高等级舱位或低票价变更至高票价，换开客票时，收取票价面价与变更后适用舱位票价的票款差额。同时，按各舱位对应规则收取变更手续费。 2. 升舱后的客票，如旅客提出退票，须提取原客票信息，将收取票价差部分退回旅客，不收取客票手续费，剩余部分按原客票舱位及退座时间（多次升舱按第一张客票退座时间）收取退票手续费。 3. 各销售单位在办理海航航班相关业务时，必须同时取消订座编码，不得虚假航班座位。若导致座位虚耗，则按照相关规定对责任单位进行处罚。 4. 客票的所有航段，从始发地点开始顺序使用。 二、新旧规定过渡期票务处理原则 1. 出票日期在2013年7月26日前，若发生的客票变更、退票、改签业务操作业务仍按照原国内航班
F	200%						
F1	150%						
Z	头等舱子舱位	依据产品规则执行		依据产品规则执行		不允许	
P	头等舱子舱位						
A	舒适A舱100%						
C	170%	5%	10%	免费变更	10%	允许	
C1	130%						
J	公务舱子舱位	依据产品规则执行		依据产品规则执行		不允许	
D	公务舱子舱位/100%						
I	公务舱子舱位	20%	30%	10%	20%	允许	
Y	100%	5%	10%	免费变更	10%		
B	90%						
H	85%						
K	80%						
L	75%	20%	30%	10%	20%	不允许	
M	70%						
M1	65%						
Q	60%						
Q1	55%						
X	50%	50%	不得退票	20%	30%		
U	45%						
E	40%						

适用范围：出票日期为2013年7月26日（含）以后的客票

续表

海航/大新华（HU/CN）

客服电话：95339

舱位	产品/折扣	退票手续费		改期手续费		自愿签转	备注
		航班离站时间（含）前	航班离站时间后	航班离站时间（含）前	航班离站时间后		
T		不得退票		依据产品规则执行		不允许	多等级舱位管理规定办理（国内业务通告HUGN2012-013号文件）：出票日期在2013年7月26日（含）以后，若发生的客票变更、退票、改签业务操作按本文件执行。 2. 出票日期在2013年7月26日前的客票，若变更至2013年7月26日后再进行退改签业务处理，则按本规定本文件办理。
V							
N							
O							
S							
G							
F/C/Y	婴儿票 儿童票	5%	10%	免费变更	10%	允许	本文件自2013年7月26日起开始执行，原国内业务通告HUGN2012-013、HUGN2012-014号文件同时废止。原国内业务通告HUGN2012-192关于舱产品票务操作《HUGN2012-123关于下发南航国内航班I舱管理规定的通知》《HUGN2013-085关于下发南航空国内航班F、C、Z、I舱同舱变更操作规定的通知》等，涉及变更、退票操作通知中，涉及变更、退票面差面价的条款一律以本文件为准
A	100%/舒适A舱	5%	10%	同等价格允许免费变更，补价格升舱齐差价	同等价格的改签费，不同价格收取10%的改签费加票面差价	可自愿签转至其他航空公司的经济舱，按航空公司对应舱位规则办理；非自愿签转至其他航空公司只得签转至其他航空公司经济舱	
D	100%/悦享公务舱	5%	10%	同等价格允许免费变更，补价格升舱齐差价	同等价格的改签费，不同价格收取10%的改签费加票面差价	可自愿签转至其他航空公司的经济舱，按航空公司对应舱位规则办理；非自愿签转至其他航空公司只得签转至其他航空公司经济舱	
Z	130%	5%	10%	同等价格允许免费变更，补价格升舱齐差价	同等价格的改签费，不同价格收取10%的改签费加票面差价	可自愿签转至其他航空公司的经济舱，按航空公司对应舱位规则办理；非自愿签转至其他航空公司只得签转至其他航空公司经济舱	

附录 C 国内各主要航空公司退改签政策

山航（SC）

客服电话：95369

适用范围：出票日期为2013年6月1日（含）以后的客票

舱位	产品/折扣	退票手续费 订座系统中航班起飞（含）前办理	退票手续费 订座系统中航班起飞后办理	变更手续费 订座系统中航班起飞（含）前办理	变更手续费 订座系统中航班起飞后办理	签转	备注
F	200%						1. 其他舱位多等级舱位销售的管理规定详见《山东航空股份有限公司多等级舱位销售的管理规定》。 2. 用于由山航承运的使用山航国内运输代码（包括324代码确认的BSP票）航班；非山航实际承运挂山航代码的代码共享航班。 3. 各舱位价格一律项开实付票价。改期费、退票手续费，按舱位价格计算。 4. 米回程、多程航班子舱位可组合使用。 5. 子舱位变更，高舱位改低舱位不收舱位差额退，低舱位改高舱位补收舱位差额。 6. 如客票改期与低舱位改高舱位同时进行，比较舱位差额和改期费，按高者收取。 7. 过期客票，仅退还民航发展基金和燃油附加费。 8. 客票订座变更后如又发生退票、全额退票舱补收的差额后，按变更前订座舱位退票手续费标准办理
C	130%					允许	
W	100%	5%	10%	免费变更	5%		
Y	100%						
B	90%						
M	85%					不允许	
H	80%						
K	75%	10%	30%	10%	20		
L	70%					不允许	
P	65%						
Q	60%						
G	55%	30%	50%	20%	30%	不允许	
V	50%						
U	45%						
Z	40%	5%	10%	免费变更	5%	允许	
F/C/Y 儿童票						允许	
婴儿票 特价			免费			不允许	
S/R/E		50%		S/R/E 舱票客票，票升舱至全价改期			

深航（ZH）

客服电话：95361

适用范围：出票日期为 2012 年 3 月 1 日（含）以后的客票

舱位	产品/折扣	退票手续费		变更手续费		自愿签转	备注
		航班起飞前 2 小时之前	航班起飞前 2 小时之内及航班起飞后	航班起飞前 2 小时之前	航班起飞前 2 小时之内及航班起飞后		
F	销售系统查询为准	免费退票	5%	免费变更	5%	允许	除票价另有规定外，客票有效期自旅行开始之日起，一年内运输有效；如果客票全部未使用，则从填开客票之日起，一年内运输有效。儿童/婴儿/革命伤残军人和因公致残人民警察客票免收退票手续费。同等舱位不同折扣客票改期或不同舱位之间改期、高舱改低舱，票价差额不退并收取相应改期费；低舱改高舱，票价差额与改期费比较按高收取
C	销售系统查询为准						
Y	100%						
B	90%		5%		10%		
M	85%						
H	80%						
K	75%		20%		10%	不允许	
L	70%						
J	65%						
Q	60%		50%		20%		
Z	55%						
G	50%						
V	45%						
W	40%						
F/C/Y	儿童票	免费退票		免费变更			
	婴儿票						

续表

深航 (ZH)

客服电话: 95361

				特殊舱位	
P	头等舱特价舱位	免费退票	5%	免费变更	1. 免费改期仅允许改期至同舱位不同折扣；如果改期至同舱位同折扣，多不同折扣，多不有差不退差额不退差价，只收取实际改期费。 2. 高舱位改低舱位（变更子舱），按自愿退票处理；同等舱位较高票价变更到较低舱位，票价差额不退并收取票价改期费。 3. 客票办理改期后，如需再次改期按照最新客票改期规定执行，退票按照首次购买客票的舱位收取退票手续费，不收改期费。 4. 多程客票（如往返程、缺口程或中转联程客票）必须按航段顺序使用，前一段未使用，后段已使用的情况下，后段只能自愿退票处理，不允许对前段改期。 5. 公布运价E/T组合来回程+自定义舱位E/T回程，其退改签规定比较E/T和公布回程改签规定，整个回程按其中舱位限制条件最严格的规定执行
	往返程套票	客票完全未使用，免收退票手续费。客票部分使用，扣除已使用航段对应运价和单程运价的航段退票手续费 5%，退回剩余票款			
A/D	超值头等舱	免费退票	5%	免费改期。 同等舱位变更，如变更后舱位运价高于变更前的舱位运价，需补齐差价；如变更后舱位运价低于变更前的舱位运价，票价差额不退。如无同等舱位开放，不允许变更。 升舱至公布运价舱位	不允许签转
	提前购票产品		20%		
	随定随售产品				
5折以上特殊运价 (E/T)	往返程套票	不允许单程退票，两段均未使用方可退票，退票收取票面价 20%的手续费	10%		

续表

深航（ZH）

客服电话：95361

		特殊舱位	
4折（含）~5折（含）特殊运价（E/T舱）	提前购票产品	50%	20%
	随定随售产品		
	往返程套票	不允许单程退票，两段均未使用方可退票，退票收取票面价50%的手续费	
4折以下（E/T舱）	提前购票产品	不允许退票	不允许改签
	随定随售产品		
	往返程套票		
经济舱舱位子舱位（U舱）	7.5折~Y舱全价（含）（U舱）	5%	免费改签
	5折（含）~7.5折（含）（U舱）	10%	10%
	4折（含）~5折（含）（U舱）	20%	20%
	4折以下	50%	
S舱中转联程		不允许退票	不允许改签
		1. 自愿退票必须全程退票，不得分段退票。 2. S+S的中转产品，退票收取面价格50%的手续费。 3. S+多等级的产品按照多等级正常舱位相关退票规定进行操作	1. S+S的中转产品。 （1）必须两段同时改期，不得单段改期，每次改期单段收取票面价格20%的改期费。 （2）任何等级扣除两段舱位开放的情况下，旅客仍要求变更，当日其他航班。 （3）若无S+S中转舱位开放，则按照旅客自愿退票处理。 2. S+多等级的产品。 （1）必须两段同时改期，不得单段改期，每次改期单段改为当日其他航班。 （2）S+多等级舱位在改期变更时，若没有同时开放两段舱位，若两段舱位正常等级多等级的舱位变更（递增的舱位变更）进行操作。 （3）S+多等级多等级联程和多等级正常舱位按照多等级正常舱位顺序进行升舱变更，则需按照NFD查询，改期费按照多等级变更规定操作。 （4）若变更当天中转舱位均未开放，则按照旅客自愿退票处理	E/T+E/T来回程以及E/T+公布运价来回程组合来回程，其退改签操作按其中舱位限制条件最严格的规定执行

附录 C 国内各主要航空公司退改签政策

川航（3U）

客服电话：95378

舱位	产品/折扣	退票手续费			变更手续费		备注
		航班规定离站时间2小时（含）前	航班规定离站时间2小时内及起飞后		航班规定离站时间2小时（含）前	航班规定离站时间2小时内及起飞后	
F	Y150%（含）以上	免收退票手续费	收取对应舱位公布运价10%的退票手续费		免费变更	收取对应舱位公布运价5%的变更手续费	YA舱客规适用于出票时间为2013年10月25日（含）以后、起飞时间为2013年11月1日（含）以后的客票
A	YA100%（高端经济舱）	收取对应舱位公布运价10%的退票手续费	收取对应舱位公布运价15%的退票手续费		收取对应舱位公布运价5%的变更手续费	收取对应舱位公布运价10%的变更手续费	1. 除票价另有规定外，客票全部未使用，客票有效期自填开客票之日起，一年内运输有效。如果客票已部分使用，客票有效期自旅行之日起一年内运输有效。客票有效期的计算，从旅行开始或填开客票之日的次日00:00至有效期满之日的次日00:00为止。
C	Y150%（含）以上	免收退票手续费	收取对应舱位公布运价10%的退票手续费		免费变更	收取对应舱位公布运价5%的变更手续费	
J	Y120%（含）以上	收取对应舱位公布运价5%的退票手续费					
I	101%（含）以上						
Y	91%~100%						2. 使用婴儿、革命伤残军人和因公致残人名警察客票，类别和票价的客票，免收退票手续费。
T	86%~90%	收取对应舱位公布运价10%的退票手续费	收取对应舱位公布运价20%的退票手续费		收取对应舱位公布运价5%的变更手续费	收取对应舱位公布运价10%的变更手续费	
W	81%~85%						
H	76%~80%						
M	71%~75%						
G	66%~70%	收取对应舱位公布运价20%的退票手续费	收取对应舱位公布运价30%的退票手续费		收取对应舱位公布运价10%的变更手续费	收取对应舱位公布运价20%的变更手续费	3. 按F/C/Y舱退票、客票变更，航班规定离站时间2小时（含）之前，F/C舱位免费退票；Y舱位收取对应舱位公布运价5%的退票费；航班规定离站后，F/C/Y舱位公布运价10%的退票手续费；航班规定离站时间2小时内反起飞后，F/C/Y舱位公布运价10%的退票手续费
S	61%~65%						
L	56%~60%						
Q	51%~55%						
E	46%~50%	收取对应舱位公布运价30%的退票手续费	收取对应舱位公布运价40%的退票手续费				
V	41%~45%						
R	36%~40%						
K	31%~35%						
N	30%	不得自愿改期、升舱。退票：仅退民航发展基金和燃油附加费，票款不退					

适应出票日期：2012年8月1日（含）以后，起飞日期为2012年8月1日（含）以后的客票

续表

川航（3U）

客服电话：95378

舱位	产品/折扣	退票手续费		变更手续费		备注
		航班规定离站时间2小时（含）前	航班规定离站时间2小时内及起飞后	航班规定离站时间2小时（含）前	航班规定离站时间2小时内及起飞后	
F/C		免费变更	收取对应舱位公布运价10%的退票手续费	免费变更	收取对应舱位公布运价5%的变更手续费	
Y	儿童票	收取对应舱位公布运价5%的退票手续费	收取对应舱位公布运价10%的退票手续费			
	婴儿票	免费退票		免费变更		
N	可销售3折以下舱位运价，客票类别项项填写Y+实际订座舱位字母代码，即YN。替代散客（Y0-29%）票代码，即YN	不得自愿改期、升舱。退票：仅退民航发展基金和燃油附加费，票款不退				
X	若销售3折（含）以上舱位运价，填写该运价所对应的舱位客票类别代码	按照该客票类别所对应的规定执行				
X	若销售3折以下舱位运价，则为Y+实际订座舱位字母代码，即YX	1. 不得自愿改期、升舱。 2. 仅退民航发展基金和燃油附加费，票款不退				
X	客票类别为YGV+折扣率（单程）、RT（往返）	按照团队相关规定执行				
D	远期铺垫产品，可销售7天外任何票价区间运价（Y0-100%）	1. 不得自愿改期、升舱。 2. 仅退民航发展基金和燃油附加费，票款不退				
U（国内航线的中转联程及随意飞产品舱位）		客票类别项以下发布的业务通告为准。不得自愿签转/改期/变更，允许自愿退票。自愿退票见川航特殊客票规定				

续表

川航（3U）

客服电话：95378

舱位	产品/折扣	退票手续费		变更手续费	
		航班规定离站时间 2 小时（含）前	航班规定离站时间 2 小时内及起飞后	航班规定离站时间 2 小时（含）前	航班规定离站时间 2 小时内及起飞后
B（国际、地区航线的中转联程产品舱位）		相关业务管理规定以国际业务通告为准			
P（头等舱产品子舱位）	按对应产品销售代码填写	不得自愿签转，改期/变更退票见相关业务管理规定			
P（头等舱签发证优免票）	F00 或 F+扣率	凭川航签发退票办理			
A（头等舱常旅客免票舱）	F+扣率或 F00	不得自愿签转，改期/变更退票见相关业务管理规定			
O（经济舱免票舱）	Y00	不得自愿签转，改期/变更退票见相关业务管理规定			
Z（经济舱签发证优免票）	Y00 或 Y+扣率	凭川航签发退票办理，随订随售/允许 OPEN/不允许自愿签转/允许改期/免费退票			
团体旅客退票规定		团队客票自愿退票。 1. 团队客票全程未使用，不得单退其中任意航段：（1）在始发航班规定离站时间 72 小时（含）以前取消订座，收取全程票面总价 10%的退票手续费；（2）在始发航班规定离站时间前 72 小时以内至始发航班规定离站时间前一日中午 12:00（含）以前取消订座，收取全程票面总价 30%的退票手续费；（3）在始发航班规定离站时间前一日中午 12:00 以后至始发航班规定离站时间，仅退民航发展基金和燃油附加费；（4）始发航班规定离站时间后提出退票，票款不退。 2. 团队客票部分航段使用情况下的退票手续费：应首先取已使用航段的 Y 舱全价，剩余航段的退座时间以剩余航段的首发航段时间为界定，以全程票面价为基数，按照团队客票全程未使用造成剩余旅客不成团，则剩余旅客自愿签转或自愿退票后造成全体团队旅客不成行，否则全体团队旅客不退票处理 3. 团体部分航段客自愿要求退票，参照以上团队自愿退票规定执行。如果旅客退票后造成剩余旅客不成行，则剩余旅客全部航段需全部补齐 Y 舱全价后方予成行，否则全体团队旅客不退票处理			

厦航（FM）

客服电话：8008582666　0592-95557

舱位	产品/折扣	退票手续费（航班起飞时间前2小时，含2小时）	退票手续费（航班起飞时间前2小时内，不含2小时，及航班起飞后）	变更手续费（航班起飞时间前2小时，含2小时）	变更手续费（航班起飞时间前2小时内，不含2小时，及航班起飞后）	自愿签转	备注
P	300%	收取对应舱位等级全票价（P/F/J/Y）5%的退票手续费	收取对应舱位等级全票价（P/F/J/Y）10%的退票手续费	收取对应舱位等级全票价（P/F/J/Y）5%的变更手续费	收取对应舱位等级全票价（P/F/J/Y）10%的变更手续费	允许	1. 客票有效期。除票价另有规定外，客票有效期指旅客所持客票的运输有效期。客票有效期自旅行开始之日起，一年内运输有效；如果客票全部未使用，则从填开客票之日起，一年内运输有效。 2. 自愿变更。自愿升舱需同时收取变更费以及新、旧舱位之间的票价差额。 注意：此升舱权限仅供参考，代理人权限以准，升舱换开改签或者提交申请前请咨询客服或做处理。 B1/Q1/V1舱位使用日期：2014年12月27日至2014年3月29日（航班日期）
F	250%						
J	230%						
Y	100%						
B	90%	1. ≤3次，免费。 2. >3次，收取经济舱全票价（Y）5%的退票手续费	收取经济舱全票价（Y）10%的退票手续费	1. ≤3次，免费。 2. >3次，收取经济舱全票价（Y）5%的变更手续费	收取经济舱全票价（Y）10%的变更手续费		
B1	85%						
M	85%	收取经济舱全票价（Y）10%的退票手续费	收取经济舱全票价（Y）20%的退票手续费	收取经济舱全票价（Y）10%的变更手续费	收取经济舱全票价（Y）20%的变更手续费		
L	80%						
K	75%						
N	65%						
Q	60%	收取经济舱全票价（Y）20%的退票手续费	收取经济舱全票价（Y）40%的退票手续费	不得更改	不得更改	不允许	
Q1	55%						
V	55%						
V1	45%						
T	50%	不得退票	不得退票	不得更改	不得更改		
特价票 W/U/G/H		不得退票	不得退票	不得更改	不得更改	不允许	
儿童票 P		免费退票	免费退票	免费变更	免费变更	允许	
儿童票 F/J/Y		收取对应舱位等级全票价（P/F/J/Y）5%的退票手续费	收取对应舱位等级全票价（P/F/J/Y）10%的退票手续费	收取对应舱位等级全票价（P/F/J/Y）5%的变更手续费	收取对应舱位等级全票价（P/F/J/Y）10%的变更手续费		
婴儿票							

适用范围：出票日期为2013年9月12日（含）以后，起飞日期为2013年10月27日（含）以后的客票

厦航（FM）

客服电话：8008582666　0592-95557

舱位	产品/折扣	退票手续费		变更手续费		自愿签转	备注
		航班规定离站时间前	航班规定离站时间后	航班规定离站时间前	航班规定离站时间后		
P	300%	收取对应舱位等级（P）5%的退票手续费	收取对应舱位等级（P）10%的退票手续费	同舱位免费变更	同舱位免费变更	允许	
F	250%	收取对应舱位等级（F）5%的退票手续费	收取对应舱位等级（F）10%的退票手续费		收取经济舱全票价（Y）5%的变更手续费		
Y	100%	收取经济舱全票价（Y）5%的退票手续费	收取经济舱全票价（Y）10%的退票手续费	同舱位免费变更			自愿升舱需同时收取变更费以及新、旧舱位之间的票价差额。取消升舱免收变更手续费的规定。
B	90%						注意：此升舱客规仅供参考，以代理人权限为准，升舱换开前请咨询客服或者提交改签申请等待审核后再做处理
H	85%					不允许	
K	80%			收取经济舱全票价（Y）5%的变更手续费	收取经济舱全票价（Y）10%的变更手续费		
L	75%	收取经济舱全票价（Y）20%的退票手续费					
M	70%						
N	65%						
Q	60%			收取经济舱全票价（Y）10%的变更手续费	收取经济舱全票价（Y）15%的变更手续费		
T	55%	收取经济舱全票价（Y）25%的退票手续费					
V	50%						
X	45%						
R	40%						
P		收取对应舱位等级（P）5%的退票手续费	收取对应舱位等级（P）10%的退票手续费	同舱位免费变更	同舱位免费变更	允许	
F		收取对应舱位等级（F）5%的退票手续费	收取对应舱位等级（F）10%的退票手续费				
Y		收取Y舱公布运价5%的退票手续费	收取Y舱公布运价10%的退票手续费	免费变更	收取Y舱公布运价5%的变更手续费		
儿童票							
婴儿票		免费退票		免费变更			

适用范围：出票日期为2012年3月8日（含）以后，起飞日期为2012年3月25日（含）以后的客票

成都航空（EU）

客服电话：028-66668888

舱位	产品折扣	退票手续费	变更手续费	签转	备注
A	150%	5%	免费变更	可以签转，仅限与成都航空有协议的航空公司	1. 升舱换开：3折（含）以上可自行升舱换开，当改期费和升舱费同时发生时，两者按较高者收取；名字中名（偏旁、音同字不同、异体字、形似字、英文名个别错）等可免费换开；必须是正常舱位的单程机票，两张票名字、证件、行程一致，升舱费大于备注日项；出票前备注日项；飞前两个小时必须取消编码，原编码飞机起成为误机状态，特殊备注的不能办理升舱全退。注意：此升舱客规仅供参考，以代理人权限为准，升舱换开请咨询客服或者提交改签申请待审核后再做处理。
J	120%				
Y	100%				
T	90%		免费变更		
H	80%				
M	75%	10%	10%	不得签转	
G	70%				
S	65%				
L	60%	30%	20%		
Q	55%				
E	50%				
V	45%				
R	40%				
K/I	特价舱位	退民航发展基金和燃油附加费，票款不退	不得自愿改期、升舱	不得签转	
F/C/Y	儿童（正常儿童票）	免费退票	免费变更	可以签转，仅限与成都航空有协议的航空公司	
O	（儿童专用舱位）				
婴儿票					

适用范围：出票日为2010年1月23日（含）以后的客票

续表

成都航空（EU）

客服电话：028-66668888

舱位	产品/折扣	退票手续费	变更手续费	签转	备注
	特价：N/D/Z	若3折（含）以上，按照该客票类别所对应的规定执行	若3折（含）以上，按照该客票类别所对应的规定执行		
		若3折以下，实际订座舱位字母代码为YN、YZ、YD时，仅退民航发展基金和燃油附加费	若3折以下，实际订座舱位字母代码为YN、YZ、YD时，不得自愿改期		
往返W舱		限在原出票地办理，不得单退第一航段，也不得在前面航段未使用的情况下，单退后面任意航段，否则按全程自愿退票处理。 （1）客票全部未使用：第一航段起飞前退票按实收价的30%计收退票手续费，第一航段起飞后退票按实收价的50%计收退票手续费 （2）客票已部分使用：按实收票价扣减已使用各航段按实收总额的30%计收标准退票后，如有余额分别按Y舱公布标准退价扣除余额退还旅客；如未有余额则不补不退	1. 改期：在未使用航段对应的相同舱位开放的前提下，可为旅客对航班单独或同时办理自愿改期。 （1）每次改期应按退票规定计算退票手续费，补齐票价，或按产品实收总收的20%收取改期费。改期费与补差费同时发生时，按较高者收取一项。 （2）改期权限在代理人处办理，改期指定代理人处办理，航空指定航空直属售票处或成都航空指定客票号舱位变更航班前后的时间间隔皆不得超过72小时。 2. 变更后的客票如旅客要求退票，变更后的客票舱位，将票手续费后一次舱位价格扣除该退票手续费后的余额退还旅客，已收费不退	不得签转	2. 变更后的客票如旅客要求退票，应按首次购票的客票舱位，将价及退票规定计算退票手续费，最后一次舱位价格扣除该退票手续费后的余额退还旅客，已收取的改期费不退。 3. 升舱：重新出一张票（如果打印）复印件或新出客票的历史记录附在原票后，注意：须在新开客票号舱位提出变更时日指令数；用REMARK指令备注原客票订座信息及退款信息单一同上交财务结算
来回程及多航段客票的退票		客票全部未使用时，按照单程的退票规则分别收取各段的退票手续费；若客票已部分使用提出退申请，扣除已使用航段的舱位运价后，剩余航段按照单程的退票规则分别计收各段的退票手续费			

续表

成都航空（EU）

客服电话：028-66668888

舱位	产品/折扣	退票手续费	变更手续费	签转	备注
	团队退票	1. 客票全部未使用情况下，在航班规定离站时间前72小时（不含）之前提出退票，收取票面价20%的退票手续费；离站时间前72小时（含）至航班规定离站时间（不含）以前提出退票，收取票面价50%的退票手续费；航班规定离站时间（含）及之后提出退票，仅退民航发展基金和燃油附加费，票款不退。 2. 部分使用情况下提出退票，需扣除已使用航段的Y舱全价，剩余未使用航段的Y舱客票在扣除已使用航段的Y舱客票后如没有剩余金额，则不予退票；如有剩余金额，未使用航段客票退票则参照团队客票全部未使用的规定予以退票。 3. 团体部分旅客自愿要求退票，如果旅客退票后造成剩余旅客不成团，则剩余旅客各航段需全部补齐Y舱全价后方予成行，否则全体团队旅客做自愿退票处理			

附录 C 国内各主要航空公司退改签政策

吉祥航空（HO）

客服电话：021-95520

适用日期：自2014年1月16日零时起执行，以出票运日期为准

舱位等级	票价级别	折扣率	备注	退票手续费（按照对应舱位明折扣公布运价标准收取，退票手续费不得低于50元）		变更手续费
				航班起飞前2小时（含）之前	航班起飞前2小时内及航班起飞后	
F	F	220%	头等舱	免费退票	免费退票	免费变更
A	F		头等舱子舱位			
C	C		商务舱			
D	C		商务舱子舱位			
Y	Y	100%	经济舱			
B	B	90%		收取10%的退票手续费	收取15%的退票手续费	
L	L	85%				
M	M	80%		收取20%的退票手续费	收取30%的退票手续费	
T	T	75%				
E	E	70%				
H	H	65%	经济舱子舱位	收取40%的退票手续费	收取50%的退票手续费	
V	V	60%				
K	K	55%				
W	W	50%				
R	R	45%				
Q	Q	40%				
Z	Z	35%	经济舱自定义舱位	不得变更、退票	不得变更、退票	
P	P		经济舱自定义舱位	不得变更、退票	不得变更、退票	

吉祥航空（HO）

客服电话：021-95520

舱位等级	票价级别	折扣率	备注	退票手续费（按照对应舱位明折明扣公布运价标准收取，退票手续费不得低于50元）		变更手续费
				航班起飞前2小时（含）之前	航班起飞前2小时内及航班起飞后	
X	X		经济舱提前购票舱位	收取50%的退票手续费	不得退票	免费变更
N	优惠票		经济舱免票舱位			不得变更
J			头等舱免票舱位			
O			商务舱免票舱位			
G	YGOW/YGRT		中转联程舱位	详情参见《吉祥航空中转联程舱位使用细则》		
S	YSOW/YSRT					
I	YIOW/YIRT					
U	U		官网特价舱位	参见官网特价具体规定		
F/C/Y	FCH/CCH/YCH	50%	儿童票			
F/C/Y	FIN/CIN/YIN	10%	婴儿票	不收取退票手续费		
W	YWHOM50	50%	伤残军人经济舱			
W	FWHOM50	50%	伤残军人头等舱			
W	YWFPP50	50%	伤残警察经济舱			
W	FWFPP50	50%	伤残警察头等舱			

附录 C 国内各主要航空公司退改签政策

华夏航空（G5）

客服电话：4006006633

舱位	产品/折扣	退票手续费			变更手续费			自愿签转	备注
		航班规定离站时间 2 小时（含）前取消订座	航班规定离站时间 2 小时内取消订座	航班规定离站时间 2 小时（含）前取消订座	航班规定离站时间 2 小时内取消订座				
F	300%	免费退票	5%	免费变更	5%		允许	1. 姓名错误不能免费换开，按退票处理。 2. 升舱（变更舱位等级）：重新出票，新出票的行程单复印件附在原票后，原票申请全退。 3. 客票自愿变更：如果更改后的订座舱位与原客票上列明的舱位不相符，按以下规定办理。 （1）从高票价舱位改为低票价舱位，按自愿退票办理。 （2）从低票价舱位改为高票价舱位，收取舱位变更费（即低票价到高票价的价格差额），如果客票航班/日期变更与航班和舱位变更同时进行，则同时收取航班/日期变更费和舱位变更费。 （3）舱位更改后的客票如需再变更，其变更收费按变更后的舱位使用条件办理。
Y	100%	5%	10%	5%	10%			
P	96%							
T	92%	10%	20%	5%	10%			
K	88%							
H	84%							
M	80%	15%	30%	10%	20%			
G	76%							
S	72%							
L	68%							
Q	64%	30%	50%	20%	40%		不允许	
E	60%							
V	56%							
R	50%							
O	45%	不得退票		不允许自愿变更				
U	40%							
Z	35%							
X	30%							

适用范围：出票日期为 2012 年 7 月 25 日（含）以后的客票

续表

华夏航空（G5）

客服电话：4006006633

舱位	产品/折扣	退票手续费		变更手续费		自愿签转	备注
		航班规定离站时间2小时（含）前取消订座	航班规定离站时间2小时内取消订座	航班规定离站时间2小时（含）前取消订座	航班规定离站时间2小时内取消订座		
F	儿童票	5%	5%	免费变更	5%	允许	附：航班/日期变更费是指旅客自愿改乘航班或乘机日期所收取的手续费。舱位变更费是指旅客自愿改为较高等级舱位的手续费，舱位变更，按原舱位退票规定从较低等级舱位退票，并按原客票舱位规定收取退票手续费，收取票价差额。 4. 客票变更后退票不允许，后续航段不得退票
Y		10%	10%	免费变更	10%		
	婴儿票	免费退票		免费变更			
R	无陪儿童	10%		不允许自愿变更			
R	军残	20%		不允许自愿变更			
R	警残						
B/J/I		按照具体文件规定执行					
明折明扣对应舱位	团队	航班规定离站时间72小时前（含）之间，收取50%的退票手续费；航班规定离站时间72小时至24小时前（含）之间，收取80%的退票手续费；航班规定离站时间24小时内，不得退票。来回程、缺口程团队，如全部航段未使用按各航段对应时间计算退票手续费，如第一航段已使用则后续航段不得退票。团队客票不允许自愿变更				不允许	
W	中转联程	全部航段未使用退票：航班规定离站时间24小时（含）内收取20%的退票手续费；航班规定离站时间24小时（含）后不得退票。航班规定离站时间24小时（含）内收取50%的退票手续费；航班规定离站时间24小时（含）后不得退票。如使用了第一航段，后续航段不得退票。联程客票不允许自愿变更					

附录 C 国内各主要航空公司退改签政策

奥凯航空 (BK)

客服电话: 95307

舱位	产品/折扣	退票手续费		变更手续费		签转	备注
		起飞前 2 小时(不含)之前	起飞前 2 小时以内及飞机后取消座位	起飞前 2 小时(不含)之前	起飞前 2 小时以内及航班起飞后		
F	200%	收取对应舱位公布运价10%的退票手续费	收取对应舱位公布运价20%的退票手续费	同舱位免费变更	收取Y舱公布运价5%的变更手续费	可以签转,仅限与奥凯消有签转协议的航空公司	1. 姓名变更。(1) 代理人售出的电子客票中旅客姓名: 音同字不同、音似字(如前鼻音/后鼻音或N/L混淆)、异体字、形似字、个别字偏旁差错、英文名的个别字母变更的,需在航班规定离站时间前提出,按非自愿退票处理,另出新票。营业部或售票处柜台等奥凯直属售票处售出的客票可以进行更改。(2) 即: 姓氏变更、名字变更,姓氏、名字变更,允许变更、姓氏、姓名就不再允许变更。(3) 重新出票须保证姓名、证件号码、行程与原客票一致,且必须在日签注栏备注XMBG原票号。2. 升舱。1) 升舱处理申请办理全退票、原客票申请办理全退,但全退必须满足以下3个条件。
F1	150%						
Y	100%						
B	90%	收取Y舱公布运价20%的退票手续费		同等舱位免费变更	收取Y舱公布运价5%的变更手续费		
H	85%						
K	80%					不得签转	
K1	78%						
M	75%	收取Y舱公布运价25%的退票手续费	收取Y舱公布运价35%的退票手续费	收取Y舱公布运价5%的变更手续费	收取Y舱公布运价10%的变更手续费		
M1	73%						
L	70%						
L1	68%						
N	65%						
N1	63%						
Q	60%						
Q1	58%						
X	55%						
X1	53%						
E	50%	收取Y舱公布运价30%的退票手续费		收取Y舱公布运价10%的变更手续费	收取Y舱公布运价15%的变更手续费		
U	45%						
T	40%						
O	30%	只退机场建设基金及燃油附加费		不得自愿变更航班、日期,不得升舱			

适用范围: 出票日期为 2013 年 7 月 3 日(含)以后的客票

续表

奥凯航空（BK）

客服电话：95307

舱位	产品/折扣	退票手续费 起飞前2小时（不含）之前	退票手续费 起飞前2小时以内及起飞后取消座位	变更手续费 起飞前2小时以内（不含）之前	变更手续费 起飞前2小时以内及航班起飞后	签转	备注
F		收取对应舱位票面价10%的退票手续费	收取对应舱位票面价20%的退票手续费	同舱位免费变更	同舱位免费变更	可以签转，仅限与奥凯有签转协议的航空公司	（1）办理舱位变更的代理人必须是原出票代理，且出票office号相同。（2）新票必须在日签注栏备注：原舱位/新舱位，原票号，不得签转。（3）薪票使用后，原客票方可申请办理退款（如新票未使用，新旧客票应按自愿退票办理）。退票时代理人需填写退票单，将原客票行程单复印件附后，一并递交航协DPC（BSP数据处理中心）。2）升舱处理差价，收取差价，日签注"不得签转"。客票未使用，按OI指令做换开，若提出退票，新客票按自愿退票处理，且收取原票价100%的退票手续费；同时还原旧票状态，按自愿退票处理。若多次升舱后提出退票，仅第一张客票可以收取自愿退票，其他客票均收取票价100%的退票手续费
Y	儿童票	收取Y舱公布运价20%的退票手续费	收取Y舱公布运价30%的退票手续费	同等舱位免费变更	收取Y舱公布运价5%的变更手续费		
	婴儿票	免费退票		免费变更			
I	中转联程（YZZLC）						
ZJ	中转北京	按产品规定及特价销售政策执行，未做产品特别说明的，按本文件中订座折扣舱位对应规定办理				不得签转	
A	网站专享						
S	提前销售						
R/W/P	特价						
D	往返舱	客票全部未使用，按相应折扣舱位办理退票；分段不予退票		按产品规定及特价销售政策执行，未做产品特别说明的，按本文件中订座折扣舱位对应规定办理			

186

续表

奥凯航空（BK）

客服电话：95307

舱位	产品/折扣	退票手续费		变更手续费		签转	备注
		起飞前2小时（不含）之前取消座位	起飞前2小时以内及起飞后取消座位	起飞前2小时（不含）之前	起飞前2小时以内及航班起飞后		
G	团队（YG）	（1）全部未使用的团队（含单段、多段及往返团队），退票手续费计算首先分别判断相应航段折扣，再按照第一航段退票在航班规定的退票费率。①五折以上：团体旅客自愿退票在航班规定离站时间前一天中午12:00（含）前提出，按照航班规定相应舱位折扣的退票规定进行办理；在航班规定离站时间前2小时（含）至航班规定离站时间前2小时之前提出，收取票面价50%的退票手续费；在航班规定离站时间前2小时（含）内及航班规定截载前提出退票，客票作废，票款不退。②五折（含）以下，无论何时提出退票，只不予退票。②五折（含）以下，无论何时提出退票，只不予退票，造成乘机人数少于该票价规定的最低成团人数时，退还民航发展基金及燃油附加费。（2）若多段及往返团队使用其中一段后，其余段提出申退，只退还民航发展基金及燃油附加费		团队客票不得自愿变更航班、日期，不得升舱			3）4折以下舱位不得升舱 4）如客票改高舱位同时进行，只收取变更手续费，不收舱位差价 5）主舱位与子舱位之间的变更，需补齐差价。例如，K1变更至K、X1变更至M、Q变更至K1，需补齐差价
V	职工/宾客优惠票	未成行可申请全退。操作办法详见《奥凯航号关于修订下发《奥凯航空有限公司宾客及员工出差使用公司机票管理规定（暂行）》的通知》（如有更新，请以最新下发文件为准）		同舱位免费变更			

河北航空（NS）

客服电话：0311-96699

订座舱位	客票类别		票价区间	自愿退票			同舱改期		自愿签转	备注
	公布运价/折上折运价			航班规定离站时间2小时前取消订座	航班规定离站时间2小时（含）之内及起飞后取消订座		航班规定离站时间2小时前取消订座	航班规定离站时间2小时（含）之内及起飞后取消订座		
F	F 或 FF		Y161%~Y200%	免费退票	10%		免费改签	5%	允许	1. 一舱多价，按照同舱改期处理。 2. 改期费与升舱费同时产生时，只收升舱费
A	A 或 FA		Y101%~Y160%						不允许	
Y	Y 或 YY		Y91%~Y100%		10%		5%	5%	允许	
T	T 或 YT		Y86%~Y90%		20%			10%		
H	H 或 YH		Y76%~Y80%							
M	M 或 YM		Y71%~Y75%		30%		10%	20%	不允许	
G	G 或 YG		Y66%~Y70%							
S	S 或 YS		Y61%~Y65%							
L	L 或 YL		Y56%~Y60%		40%		20%	30%		
Q	Q 或 YQ		Y51%~Y55%							
E	E 或 YE		Y46%~Y50%							
V	V 或 YV		Y41%~Y45%		10%		免费改签	5%		
R	R 或 YR		Y36%~Y40%	免费退票						
A	儿童票									
F				免费退票	10%		5%	5%		
Y										
	婴儿票			免费退票			免费改签			

适应范围：自2014年1月16日出票，2014年1月22日乘机日期起执行

续表

河北航空（NS）

客服电话：0311-96699

订座舱位	客票类别	票价区间	自愿退票		同舱改期		自愿签转	备注
	公布运价折上折运价		航班规定离站时间 2 小时（含）前取消订座	航班规定离站时间 2 小时（含）之内及起飞后取消订座	航班规定离站时间 2 小时前取消订座	航班规定离站时间 2 小时（含）之内及起飞后取消订座		
K/Z/D	若销售 3.6 折（含）以上舱位运价，填写该运价所对应的舱位类别代码 若销售 3.6 折以下舱位运价，则为 Y+实际座舱位字母代码即 YK、YZ、YD	可销售任何票价区间运价，Y-R 舱位运价区间仅作为 K/Z/D 舱位客票类别的依据 不作为明折明扣、折上折的依据	按照该客票类别所对应的规定执行	仅退民航发展基金和燃油附加费，票款不退	按照该客票类别所对应的规定执行	不得自愿改期开舱	不允许	
W/X/B/U/O/I			见河北航空相关特殊舱位产品销售管理规定					
P（头等舱各类优免票）			F00 或 F+折扣率					
J（经济舱常旅客优免票）			Y00 或 Y+折扣率					
N（经济舱优免票）			Y00 或 Y+折扣率					
客票有效期			除票价另有规定外，客票全部未使用，客票有效期自填开客票之日起，一年内运输有效；如果客票已部分使用，客票有效期自旅行之日起一年内运输有效					

首都航空（JD）

客服电话：0898-95071999

舱位	产品	退票 航班起飞（含）前	退票 航班起飞后	改签 航班起飞（含）前	改签 航班起飞后	签转	备注
F	头等舱	5%	10%	免费改签	10%	允许	注意事项： 1. 各销售单位在销售各类客票时，必须事先向旅客说明相关舱位或产品规定、使用条件、限制条件、签转、变更、退票规定，尽到提前告之义务，以免发生不必要的投诉。 2. 本通知自2014年1月1日起生效。出票日期在2014年1月1日前的客票，仍按北京首都航空客票务规定（第四版）执行，改签业务按本文件执行；2014年1月1日后的客票，退票、改签业务按本规定执行。若发生客票变更、退票，改签业务按北京首都航空票务规定（第四版）同时废止。 3. 出票日期在2014年1月1日前的客票，若变更至1月1日后再进行退签改业务办理，则按本规定办理。
P	头等舱免票舱（公务，宴客优惠票，金鹏会员积分兑换免票）	依据相应规定执行		依据相应规定执行			
A	CZTD						
C	公务舱	5%	10%	免费改签	10%	允许	
Y		5%	10%	免费改签	10%	允许	
B	9折	20%	30%	10%	20%	不允许	
H	8.5折						
K	8折						
L	7.5折						
M	7折						
M1	6.5折						
Q	6折						
Q1	5.5折						
X（航班起飞前5天内出票）	5折	50%	100%	20%	30%		
U（航班起飞前5天内出票）	4.5折						
E（航班起飞前5天内出票）	4折						
T	3.5折	不得自愿签转、变更、退票					
T1	3.3折						

首都航空（此规定从2014年1月1日开始执行）

续表

首都航空（JD）

客服电话：0898-95071999

舱位	产品	退票		改签		签转	备注
		航班起飞（含）前	航班起飞后	航班起飞（含）前	航班起飞后		
T2	3.1折						4. 升舱变更时，收取原舱面价与适用新舱位差额，同时按各舱位对应规则收取改票变更手续费。 5. 升舱后退票，舱位间票价差额退回旅客，不收取退票手续费，只收取原客票对应舱位的退票手续费。 6. I舱任何时候不允许同舱变更，若升舱必须升至E舱以上且高于原舱位，并征收舱位间差价和对应折扣的变更手续费
T3	2.9折						
T4	2.7折						
Z	2.5折						
Z1	2.3折						
Z2	2折						
Z3	折扣不定			不得自愿变更			
Z4	折扣不定						
N	团队舱	50%	100%	按具体产品规定			
G	Y100						
S	折扣不定						
D	任返无忧产品舱			依据产品规则执行			
J	网站产品销售专用舱						
I	中转联程专用舱						
V/R	PCK 免票舱						
W	免票舱	免费退票		免费改签			
O	FIC/FBS/PPB/FNP						
F/C/Y	儿童票	5%	10%	免费改签	10%	允许	
	婴儿票	免费退票		免费改签			

191

客服电话：4008680000

幸福航空（JR）

舱位	产品折扣	退票手续费		变更手续费		备注
		航班规定起飞前取消座位	航班规定起飞后取消座位	航班规定起飞前取消座位	航班规定起飞后取消座位	
Y	100%	5%		免费变更		**团队票票务规定** 1. 退票规定 （1）整团旅客自愿退票规定：在航班规定离站时间72小时（含）以前，收取客票价10%的退票费；在航班规定离站时间前一天中午12:00以后至规定离站时间前一天中午12:00以后至规定离站收取客票价30%的退票手续费；在航班规定离站时间前一天中午12:00以后至航班截载办理乘机手续之前，收取票面价格50%的退票手续费；在航班截载办理乘机手续以后，客票作废，票款不退。
B	90%					
H	80%	10%		免费变更一次，再次变更，收取10%的变更手续费。无同等舱位时，升舱变更与变更手续费比较取其两者	航班规定起飞后取消座位	
M	70%					
R	60%	20%				
S	55%					
V	50%	50%				
T	45%					
W	70%~99%	10%		不允许同舱位变更。允许升舱一次且至6折（含）以上舱位再次变更参照升舱后舱位相应规定办理		
X	55%~69%	20%				
G	40%~54%	50%				
I	40%以下	不得自愿退票，只退民航发展基金和燃油附加费				
儿童票		5%		免费变更一次，再次变更，收取10%的变更手续费		
婴儿票		免费变更		免费变更		

适用范围：
出票日期为2012年11月13日（含）以后的客票

续表

幸福航空（JR）

客服电话：4008680000

舱位	产品/折扣	退票手续费		变更手续费		备注
		航班规定起飞前取消座位	航班规定起飞后取消座位	航班规定起飞前取消座位	航班规定起飞后取消座位变更座位	
O	100%	自愿退票收取票面价 5%的退票手续费	自愿退票收取票面价 5%的退票手续费	实际超售情况下，允许同舱位变更或变更至最后续航班 Y 舱	航班规定起飞后取消变更	（2）部分旅客自愿退票规定。如团队剩余乘机人数不少于政策中规定的最少成团人数，则未使用的客票按团队退票（即已部分使用的团队客票，缺口程付折扣票价总金额扣除规定办理；已使用的单程扣款，联程、来回程客票退原价使用）航段退票规定，再按团队退票规定向退票旅应将团体款后，再按团体退票规定向退票旅客收取团队最所退票手续费。如团队取所退余乘机人数少于政策中规定的最少成团人数，则不允许退票
K	团队舱位	根据团队对应的适用销售政策执行		不得变更		
Q	中转联程	由特定政策规定				
E	以NFD查询为准					
N	特殊产品	不得自愿退票		航班起飞前 24 小时提出，否则不予变更		
L						
U						
J				不得变更		
Z	免票	由特定政策规定		由特定政策规定		

西藏航空（TV）

客服电话：956096

涉藏航线 Y 舱自愿改期、退票规定

适用范围：自 2013 年 12 月 8 日起（以出票日期为准），销售 2013 年 12 月 8 日至 2014 年 2 月 24 日期间航班日期的客票	订座舱位	退票手续费		变更手续费		备注
		航班起飞前 2 小时（含）之前取消订座（以客票上的航班起飞时间为准）	航班起飞前 2 小时之内及航班起飞后取消订座（以客票上的航班起飞时间为准）	航班起飞前 2 小时（含）之前取消订座（以客票上的航班起飞时间为准）	航班起飞前 2 小时之内及航班起飞后取消订座（以客票上的航班起飞时间为准）	1. 适用范围：各销售代理人使用 BSP、B2B 销售的客票。 2. 涉藏航线 Y 舱销售林芝、邦达、阿里、日喀则进出港航班的客票，票规定；适用于销售婴儿、军（警）残旅客不儿童、适用。 3. 不走此期间的客票改期到此期间，均按照此规定执行。 4. 此期间的客票改期到不是此期间，均按照此规定执行。 5. Y 舱自愿改期、退票规定办理
	Y	20%	30%	10%	20%	

续表

西藏航空（TV）

客服电话：956096
普通航线

舱位	产品/折扣	退票手续费 航班起飞前2小时之前取消订座	退票手续费 航班起飞前2小时之内及航班起飞后取消订座	变更手续费 航班起飞前2小时之前取消订座	变更手续费 航班起飞前2小时之内及航班起飞后取消订座	自愿签转	备注
F	250%	免费退票	10%	免费变更	5%	允许	此升舱客规仅供参考，以代理人权限为准。升舱开前请咨询客服或者提交改签申请等待审核后再做处理
A	220%	免费退票	10%	免费变更	5%	允许	
Y	100%	5%	10%	免费变更	5%	允许	
B	90%	5%	10%	免费变更	5%	允许	
M	88%	10%	20%	免费变更	10%	允许	
H	80%	10%	20%	免费变更	10%	允许	
K	75%	10%	20%	免费变更	10%	允许	
L	70%	30%	40%	20%	30%	不允许	
J	65%	30%	40%	20%	30%	不允许	
Q	60%	30%	40%	20%	30%	不允许	
G	50%	30%	40%	20%	30%	不允许	
V	45%	30%	40%	20%	30%	不允许	
R	40%	30%	40%	20%	30%	不允许	
特价	T/U/W/Z	3折以上的客票：(1)客票全部未使用，按照该客票类别所对应的规定执行。(2)客票已部分使用，扣除已使用航段的Y舱公布票价，如有余额，则退还旅客，不再另行收取退票手续费、票款民航发展基金和燃油附加费。3折（含）以下仅退民航发展基金和燃油附加费，票款不退		若销售3折以上舱位的运价，按照该客票类别所对应的规定执行；3折（含）以下，不得自愿改期，升舱			
	I/D/P舱						
	(OW/RT)产品						
儿童票	F/Y	免费退票		免费变更		允许	
婴儿票							

适用范围：出票日期为2012年1月11日（含）以后的客票

续表

西藏航空（TV）

客服电话：956096

普通航线

舱位	产品折扣	退票手续费		变更手续费		自愿签转	备注
		航班起飞前2小时之前取消订座	航班起飞前2小时之内及航班起飞后取消订座	航班起飞前2小时之前取消订座	航班起飞前2小时之内及航班起飞后取消订座		
S	联程	（1）客票全部未使用：收取票面价格30%的退票手续费，余额退还。 （2）客票已部分使用：扣除已使用航段的Y舱公布票价，如有余额，则退还旅客，不再另行收取退票手续费		每次收取票面价格20%的改期费			
团队		1. 团体旅客自愿退票。 （1）在航班规定离站时间72小时（含）以前，收取客票10%的退票手续费。 （2）在航班规定离站时间前72小时以内至航班规定离站时间前一日中午12:00（含）以前，收取客票30%的退票手续费。 （3）在航班规定离站时间前一日中午12:00以后至航班规定离站时间以前，收取客票50%的退票手续费。 （4）在航班规定离站时间以后，客票作废，票款不退。 （5）持联程/来回程客票的团体旅客要求退票，分别按本条第（1）、第（2）款的规定收取各航段的退票手续费。 2. 部分团体旅客自愿退票，除客票附有限制条件者外，按下列规定办理。 1）如乘机的旅客人数不少于该票价所规定的最低团体人数时，分别按下列规定办理。 2）如客票全部未使用，应按团体旅客原付扣票价折扣票价总金额扣除该团体已使用航段乘机旅客按正常票价计算的退票手续费及"团体旅客自愿退票"规定的退票款总金额，差额多退少不补。 （2）如客票部分未使用，再扣除乘机旅客按正常票价计算的退票手续费，及"团体旅客自愿退票"规定的退票款总金额，差额多退少不补。 （1）如乘机的旅客人数少于该票价所规定的最低团体人数时，应按团体旅客原付折扣票价总金额扣除该团体已使用航段的未使用航段按乘机旅客数退票金额，差额多退少不补		不得更改			

续表

西藏航空（TV）

客服电话：956096

特殊航线

		退票手续费		变更手续费		自愿签转	备注
使用时间	折扣	航班起飞前2小时（含）之前取消订座（以客票上的航班起飞时间为准）	航班起飞前2小时之内取消订座及航班起飞后取消订座（以客票上的航班起飞时间为准）	航班起飞前2小时（含）之前取消订座（以客票上的航班起飞时间为准）	航班起飞前2小时之内及航班起飞后取消订座（以客票上的时间为准）		
西藏航空（TV） 自2013年6月20日起（以出票日期为准，销售2013年7月1日至2013年9月15日期间航班日期的客票	Y	20%	30%	10%	20%		适用于销售拉萨、林芝、邦达、阿里、日喀则进出港航班的客票；儿童、婴儿、军（警）残旅客不适用
自2013年7月23日起（以出票日期为准），销售2013年7月23日至2013年8月31日期间航班日期的客票	Y	20%	30%	10%	20%		适用于销售林芝、邦达、阿里、日喀则进出港航班的客票；儿童、婴儿、军（警）残旅客不适用

昆明航空（KY）

客服电话：0871-96598

舱位	产品折扣	退票手续费			变更手续费（每次）		备注
		航班起飞前2小时之前	航班起飞前2小时之内及航班起飞后		航班起飞前2小时之前	航班起飞前2小时之内及航班起飞后	
F	销售系统查询为准	免费退票			免费变更		1. 儿童/婴儿/革命伤残军人和因公致残人民警察客票免收退票手续费。2. 改期时无同等舱位开放，如客票改期至低舱位改高舱位同时进行，则只收取实际票价差额
C	销售系统查询为准						
Y	100%	5%	5%		免费变更	5%	
B	90%						
M	85%	10%	10%				
H	80%						
K	75%						
L	70%	20%	20%		10%	10%	
J	65%						
Q	60%	50%	50%		20%	20%	
Z	55%						
G	50%						
V	45%						
W	40%						
F/Y/C	儿童票	免费退票			免费变更		
	婴儿票						

适用范围：出票日期为2012年3月1日（含）以后的客票

西部航空（PN）

客服电话：95373

舱位	产品/折扣	退票手续费		变更手续费		签转	备注
		航班计划离站时间24小时（含）前	航班计划离站时间24小时内及离站时间后	航班计划离站时间24小时（含）前	航班计划离站时间24小时内及离站时间后		
Y	100%	15%	25%	10%	15%	允许	
B	90%						
H	82%						
K	74%						
L	67%						
M	61%						
R	55%						
Q	50%						
D	45%						
X	40%						
U	特殊舱位	不得退票		不得变更		不允许	此升舱客规仅供参考，以代理人权限为准，升舱换开申请咨询客服或者提交改签申请待审核后再做处理
A							
E							
W							
Z							
T							
I							
婴儿票							
Y 儿童票		15%	25%	10%	15%	允许	
J 备用舱位		按对应舱位规则执行					
V							
S 网站促销		按产品规则执行				不允许	
N 秒杀产品		按产品规则执行		免费变更			
P							
G 团队舱		按团队入规则执行					
O 免票舱		按西部航空规定执行					

适用范围：
出票日期为2013年05月08日（含）以后的客票

天津航空（GS）

客服电话：95350

适用范围：出票日期为 2013 年 8 月 15 日（含）以后的客票

舱位	产品/折扣	退票手续费 航班规定离站时间（含）前	退票手续费 航班规定离站时间后	变更手续费 航班规定离站时间（含）前	变更手续费 航班规定离站时间后	自愿签转	备注
F	200%	5%	10%	免费变更	10%	允许	一、舱位间的变更 1. 从高等级舱位改为低等级舱位或高价变更至低票价，按自愿退票办理，重购客票。 2. 从低等级舱位改为高等级舱位或低票价变更至高票价，客票换开时，收取原票面与变更后适用舱位差额的票款差额，同时，按各舱位对应规则收取变更手续费。升舱变更时，收取原舱位票面价对应规则适用规则执行，价与适用新舱位间票价差额，同时按各舱位对应规则收取变更手续费。 二、升舱后退票 1. 升舱后的客票如旅客要求退票，应先退还退票操作间票款，再按客舱"票舱差额"或"票舱级别"栏标注的原票价规定办理（多次升舱按第一次升舱座舱间）收取退票手续费。 注：BSP ET 升舱及网站电子客票升舱后的退票操作规定参照现行天津航空 BSP 及电子客票网站国内电子客票变更操作规定办理。 2. 客票变更后若提出退票，所收变更手续费不退
F1	150%	依据产品规则执行	依据产品规则执行	依据产品规则执行	依据产品规则执行	不允许	
P	PCK/FBS/FPB/BBB					依据产品规则执行	
A	FCTD						
C	130%	5%	10%	免费变更	10%	允许	
D	公务舱子舱位	依据产品规则执行	依据产品规则执行	依据产品规则执行	依据产品规则执行	不允许	
J	公务舱子舱位						
Y	100%	5%	10%	免费变更	10%	允许	
B	90%						
H	85%						
K	80%	20%	30%	10%	20%	不允许	
L	75%						
M1	70%						
M1	65%						
Q	60%						
Q1	55%	50%	不得退票	20%	30%		
X	50%						
U	45%						
E	40%						
T		不得退票	不得退票	按各舱位对应规则执行	按各舱位对应规则执行	根据产品及特价销售政策执行	
Z		按各舱位对应规则执行					
V	GSVC	不得退票	不得退票				
T	TQGP	5%	10%	免费变更	10%	允许	
F/C/Y	儿童票						
	婴儿票	免费退票		免费变更			

附录C 国内各主要航空公司退改签政策

祥鹏航空（8L）

客服电话：95326

舱位	产品折扣	退票手续费 航班规定离站时间（含）前	退票手续费 航班规定离站时间后	变更手续费 航班规定离站时间（含）前	变更手续费 航班规定离站时间后	签转规定	备注
F	250%	5%	10%	免费变更	10%	允许	1. 舱位间的变更。 （1）从高等级舱位改为低等级舱位或票价变更至低票价，按自愿退票、重购客票。 （2）从低等级舱位改为高等级舱位或票价变更至高票价、客票换开时，收取原票面价与变更后适用舱位的票价对应规则收取变更费。同时，按各舱位对应规则收取变更费。 （3）升舱变更时，同时收取原票面价与适用新舱位票价差额，同时按各舱位对应规则收取。 2. 升舱后退票。 升舱后的客票如旅客要求退票，应先退还旅客舱位间票款差价，再按客票"票价级别"或"签注"栏标注的原舱位的退票规定办理（多次升舱按第一张客票退座时间）收取退票费。
F1	头等舱子舱位			依据祥鹏规则执行		不允许	
P	头等舱子舱位			依据产品规则执行			
A	头等舱子舱位						
C	公务舱	5%	10%	免费变更	10%	允许	
Y	100%						
B	90%						
H	85%						
K	80%						
L	75%						
M	70%						
M1	65%	20%	40%	10%	20%	不允许	
Q	57%~60%						
Q1	52%~55%						
X	47%~50%						
U	42%~45%						
E	37%~40%						
D	35%						
J	30%						
Z(Z1-Z4)	3折（不含）以下特价		不得自愿退票				
F/C/Y	儿童票	5%	10%	免费变更	10%	允许	

适用范围：出票日期为2013年10月27日（含）以后的客票

续表

祥鹏航空（8L）

客服电话：95326

舱位	产品/折扣	退票手续费 航班规定离站时间（含）前	退票手续费 航班规定离站时间后	变更手续费 航班规定离站时间（含）前	变更手续费 航班规定离站时间后	签转规定	备注
N	婴儿票	免费退票	依据产品规则执行	免费变更	依据产品规则执行	允许	注：BSP ET升舱及网站电子客票升舱后的退票操作规定参照现行天津航空BSP及电子客票网站国内电子客票变更操作规定办理
T	YMS					不允许	
I	产品舱位 TQGP						
O	FIC/FBS/PPB						
S	/FAG/FNP						
G	PCK(积分兑换)	依据祥鹏规定执行		依据祥鹏规定执行		不允许	
	YGV(团队)						

旧客规

舱位	产品/折扣	退票手续费 航班规定离站时间（含）前	退票手续费 航班规定离站时间后	变更手续费 航班规定离站时间（含）前	变更手续费 航班规定离站时间后	自愿签转	备注
F	200%	免费退票	10%	免费变更	5%	允许	1. 新旧规定过渡期票务处理原则：(1) 出票日期在2013年5月1日前，若发生的客票变更、退票、改签业务操作规定仍按原国内航班多等级舱位管理规定的通知（GSYW2012-014关于下发天津航空国内航班多等级舱位管理规定的通知）在2013年5月1日（含）以后，若发生的客票变更、退票、改签业务操作按原文件执行。(2) 出票日期在5月1日后再进行退改签业务处理，则按本规定办理
F1	150%					不允许	
P	PCK/FBS/FPB/BBB	依据产品规则执行		依据产品规则执行		依据产品规则执行	
A	FCTD	免费退票	10%	免费变更	5%	允许	
C	130%					不允许	
D	公务舱子舱位	依据产品规则执行		依据产品规则执行		允许	
J	公务舱子舱位	免费退票	10%	免费变更	5%	允许	
Y	100%					允许	
B	90%	5%				不允许	

适用范围：出票日期为2013年5月1日（含）以后的客票

续表

祥鹏航空（8L）

客服电话：95326

航空公司	舱位	产品折扣	退票手续费 航班规定离站时间（含）前	退票手续费 航班规定离站时间后	变更手续费 航班规定离站时间（含）前	变更手续费 航班规定离站时间后	自愿签转	备注
	H	85%	5%	10%	免费变更	5%	不允许	2. 升舱后的客票如旅客要求退票，应先退还旅客舱间客票差价，再按客票"票价别"或"签注"栏标注的原舱位的退票规定办理。 3. 客票变更后若提出退票，所收手续费不退。 4. 客票有效期：除另有规定外，客票有效期自旅行之日起，一年内承运有效。 5. 舱位变更。 （1）从高等级舱位改为低等级舱位或低价票，收取变更与变更后适用舱位高价票面价与变更后适用舱位高价票面额差额，不再收取变更手续费。 （2）从低等级舱位改为高等级舱位或高价票，客票换开客票，票款差额多退少补，不再收取变更手续费。 说明：若因国内客票公布运价调整，同舱间变更，则需换开客票。如果客票全部未使用，则从填开客票之日起，一年内承运有效，变更后客票的有效期仍以原客票有效期为准。 注意：此升舱规定仅供参考，以代理人权限为准，升舱换开申请审核后再做处理，交改签申请审核后再做处理
	K	80%						
	L	75%						
	M	70%	10%	20%	5%	10%		
	M1	65%						
	Q	60%						
	Q1	55%						
	X	50%	30%	40%	10%	20%		
	U	45%						
	E	40%						
	T	T	按各舱位对应规则执行		按各舱位对应规则执行			
	Z	Z						
	V	YPON						
	I	TQGP						
	N	YBSN						
	W	THTG						
	R	/					根据产品及特价销售政策执行	
	O	FIC FBS FPB FAG FNP YDGP FJS						
	S	PCK/BBB						
	G	YGV						
	F	儿童票	10%		免费变更	5%	允许	
	C							
	Y							
		婴儿票	免费退票		免费变更			

参 考 文 献

[1] 綦琦. 民航国内国际客票销售[M]. 北京：国防工业出版社，2014.
[2] 綦琦. 值机业务与行李运输实务[M]. 北京：国防工业出版社，2012.
[3] 马广岭. 民航旅客运输[M]. 北京：国防工业出版社，2011.
[4] 王娟娟. 民航国内客票销售[M]. 北京：中国民航出版社，2006.
[5] 万青. 航空运输地理[M]. 北京：中国民航出版社，2006.